LA

SERBIE ET LE MONTÉNÉGRO

LA SERBIE

ET

LE MONTÉNÉGRO

PAR

J. REINACH

PARIS

CALMANN LÉVY, ÉDITEUR

ANCIENNE MAISON MICHEL LÉVY FRÈRES

RUE AUBER, 3, ET BOULEVARD DES ITALIENS, 15

A LA LIBRAIRIE NOUVELLE

1876

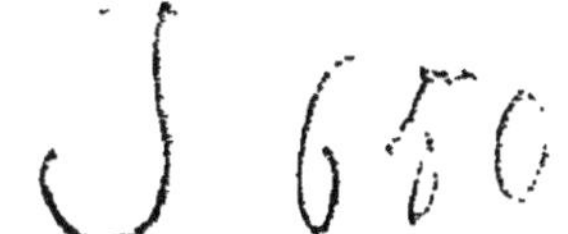

LA
SERBIE ET LE MONTÉNÉGRO

I

LES ORIGINES DE LA SERBIE.

L'origine des Slaves se perd dans la nuit des temps. Avant l'ère chrétienne, les Slaves occupaient toute cette partie de l'Europe qui s'étend de la mer Baltique au Pont-Euxin. On ignore l'origine de leur nom. Vient-il du mot *Slova* qui signifie *parole*, ou bien du mot *Slava* qui signifie *gloire?* Faut-il admettre ici les savantes hypothèses de Vouk, faut-il ajouter foi aux chants primitifs des bardes d'Illyrie? « Les sages nous ont enseigné, et d'après eux nous répétons que chaque peuple ici-bas a sa vertu distinctive, dont il a été gratifié par le Dieu tout-puissant. Or, ce qui distingue la nation slave de toutes les nations de la terre, c'est l'indomptable bravoure et la fidélité. Alexandre lui-même, le grand roi du monde entier, a porté ce témoignage sur les vertus de notre race. Il a dit qu'elle abondait en cœurs héroïques, et méritait pour cela de porter le beau nom de Slave ou d'*illustre*. Oui, ce nom nous l'avons reçu de la bouche même d'Alexandre. Admirant notre courage, le héros de Macédoine déclara, avant d'expirer, qu'il maudissait quiconque dans l'avenir parlerait mal de la nation slave; et pour la récompenser de ses hauts faits, il lui laissa toutes les contrées, depuis la mer latine de l'Adriatique jusqu'aux mers glacées du Septentrion. Et aujourd'hui, comme au temps d'Alexandre, l'héroïsme et la fidélité demeurent nos vertus distinctives [1]. »

Véritable chaos que ces époques lointaines, où Chafardik et Robert s'efforcent de lire, essaient de diviser en trois branches la grande famille des Slaves : les Antes, les plus courageux de tous, s'il faut en croire Jornandès, qui habitaient les bords de la mer Noire ; au Nord, sur les bords de la Vistule, les Vendes, mêlés, au dire de Pline, à des Sarmates et à des Hires venus d'Asie, ἔθνος μέγιστον, ajoute Ptolémée, et, comme leur nom l'indique, adorateurs de la lumière ; les Slovènes, entre les Antes et les Vendes. Chose curieuse, cette division tripartite de l'histoire se trouve en germe dans les vieilles

1. Traduction de C. Robert dans *le Monde slave*. I, 51.

légendes ; mais les dates sont incertaines, les faits vagues. Les voici cependant dans leur simplicité primitive [1].

« C'était au temps des Césars romains : trois bans de race antique, Tchekh, Lekh et Russ régnaient alors sur la riche et féconde Zagorie ; mais chaque année, au printemps, César envoyait ses hommes lever des tributs, et, quand ils ne trouvaient ni argent ni moissons, ils enlevaient les femmes et les filles. Alors les trois frères se dirent : « Que sommes-nous pour souffrir une telle honte? serions-nous cloués à la terre des Romains? » et comme ils levaient les yeux au ciel, trois aigles traversèrent l'espace, venant des chauds rivages de la Priorie, et à tire-d'ailes ils se dirigaient vers le Nord : « Frères, dit Tchekh, suivons le vol de ces aigles, fuyons cet empire d'Occident où l'Empereur lui même vit esclave dans ses palais dorés; frères, suivons les aigles qui viennent de Rome et s'en vont indignés raconter aux Scythes que le jeune Romain est ici chargé de chaines. » Alors, Russ et Lekh s'écrièrent : « Debout! debout! » et les trois frères chargent sur leurs chariots leurs armes, leurs charrues, leurs instruments de labour, et leurs familles les suivent et leurs tribus.

» C'est ainsi qu'ils marchèrent longtemps et traversèrent trois fleuves, jusqu'au jour où ils arrivèrent dans une vaste contrée qu'entourait une triple enceinte de montagnes. Alors Tchekh qui était l'ainé s'arrêta, et se décida à échanger son camp nomade et ses tentes de

1. Ibid.

peaux de bêtes contre une blanche citadelle à murailles de pierre; et, sitôt, il traça avec la charrue l'enceinte de la cité; puis s'adressant aux vilas célestes qui conduisent les nuages, et dirigent dans les airs le vol des oiseaux, il les conjura d'écarter de sa ville les coucous, les corbeaux et tous les oiseaux de mauvais augure; de chasser vers les montagnes lointaines les nuées dont les flancs portent la grêle et l'orage, et de faire luire constamment un doux soleil sur la tête de ses enfants. Ainsi fut fondée la capitale des Tchekhs, la ville joyeuse et dorée.

» Quand Tchekh eut bâti sa cité, Lekh à son tour chercha un royaume et longtemps il erra entre la Moldau et la Vistule, jusqu'au jour où il s'arrêta avec sa troupe au pied d'un rocher noir. Une aire d'aiglons blancs en couronnait la cime, et leur mère qui les nourrissait étendit aussitôt ses larges ailes à l'approche des voyageurs, comme pour se préparer à défendre sa couvée. A cette vue Lekh comprit que l'oiseau était l'interprète du destin et, autour de la ville que protégeait l'aigle blanc, il traça un sillon. Bientôt un château fort s'éleva sur les rochers et la ville qui se forma à l'entour prit le nom de Gnène, c'est-à-dire le nid de la famille de Lekh.

» Russ resta à la cour de Lekh; mais l'ennui vint, et, ayant appelé les siens, il prit son arc de chasseur et traversa la steppe scythique, marchant vers les lieux où le soleil se lève, parcourant d'immenses forêts, jusqu'au jour où il arriva sur les bords du fleuve Dnieper: Russ s'arrêta, la majesté des eaux le frappa d'étonnement et il se mit à gravir une haute montagne. Alors, comme lui et les siens gravissaient avec peine le sentier escarpé, tout à coup une troupe d'oiseaux carnassiers sortit avec fracas des cavernes : « J'accepte l'augure, dit Russ; ici finira la Lekhie, ici commencera mon empire, le Dniéper séparera deux czars et deux peuples à jamais rivaux, et de même que mon frère a mis dans ses armes une aigle blanche, moi j'étendrai sur les miennes l'aigle noire qui sera la terreur du monde. »

La période la plus importante de l'histoire des anciens Slaves, dit Léopold Ranke, est la seconde moitié du IXe siècle, alors que les grandes migrations étaient terminées : migrations paisibles, dont l'histoire ne rassemble qu'avec peine les indices, du nord-est vers le sud et vers l'ouest, pendant trois siècles, sans qu'il y eût de guerres sanglantes, mais de paisibles conquêtes où les Slaves n'avaient qu'à remplir les vides de l'Occident dépeuplé. Chaque année, raconte Jornandès, le Danube gèle; alors les eaux prennent la dureté des pierres, et peuvent donner passage non-seulement à l'infanterie, mais à la cavalerie, à de gros chars attelés de trois chevaux, à toute espèce de convoi; d'où il suit que l'hiver une armée envahissante n'a besoin ni de radeaux ni de barques. — Aussi, lorsqu'à la mort de Denghizikh, fils d'Attila, soldat terrible qui fit trembler Constantinople et l'empereur Zénon, les tribus hunniques, voyant leur puissance sur le point d'être effacée du monde, appelèrent à leur secours les barbares de l'Oural et de la Vistule, ce fut pendant un hiver[1], celui de 498 à 499, que les bandes slaves passèrent le Danube.

Je n'ai pas à raconter ici les guerres des Slaves contre l'empire de Byzance, le règne de Justinien qui était un des leurs, les exploits de Zabergan et de Solakh, la domination des Avars sur le Danube, le règne de Baïan, la révolte de Samo. Byzance apprit à ses dépens que ces peuples n'étaient point de ces vulgaires barbares qui passent comme un torrent, dévastent tout sur leur passage et disparaissent ensuite sans laisser de traces. L'empereur Héraclius demanda leur alliance : « Donne-nous des terres à cultiver, » dirent les Croates au successeur de Constantin. L'empereur leur donna la Dalmatie. Peuplades sauvages, au dire de Procope, aux mœurs rudes, aux coutumes grossières : la chasse et la guerre, cette chasse humaine, étaient leurs seules occupations ; l'idée du mariage leur était inconnue ; leur religion était un vulgaire fétichisme ; la plupart des tribus avaient adopté le dualisme de l'Orient, la divinité blanche et la divinité noire, surtout la divinité noire, Zernéboch, qui seule avait des temples et des autels.

Quand Héraclius eut donné la Dalmatie aux Croates, un grand mouvement se produisit parmi les Slaves. Alors, dit Constantin Porphyrogénète, des bords de l'Elbe à ceux de la Vistule, on vit des masses énormes se mettre en marche pour profiter des dispositions de l'empereur. C'étaient des hommes de la tribu des Vendes,

1. Agathon. *Hist.* V. 171.

membres de la grande confédération des Srp, les Serbes, que les Grecs appellent Σέρβλοι, et les écrivains latins du moyen âge *Sorabi, Spori*, les dispersés. Héraclius leur céda la Mésie supérieure, la Dacie, la Dardanie, toute la Voïvodie serbe d'aujourd'hui. Le lot leur sembla faible, ils retournèrent sur leurs pas ; puis ils se ravisèrent, implorèrent le pardon de l'empereur, qui ajouta à sa première concession toute la contrée située au sud, depuis la Macédoine jusqu'à Durazzo et les frontières de l'Épire. Mais bientôt les Serbes étendirent leurs conquêtes. Unis aux Croates [1], ils passèrent le mont Ardie, vainquirent les Avars et partagèrent la Dalmatie en deux parts : celle de l'ouest, où s'établirent les Croates ; celle de l'est qui prit le nom de Serbie.

La contrée qui devint le lot des Serbes formait jadis, sous les empereurs romains, la vaste province d'Illyrie. Elle n'avait d'autres limites que la mer Adriatique, le Danube, les Balkans ; aujourd'hui elle se trouve resserrée entre le Timok et la Save. Deux fleuves la parcourent : la Drina, comme l'Ister, *turbidus et torquens flaventes arenas* ; la Morava, qui naît dans la vallée sombre de Sténitza et que grossissent de leurs ondes vertes les torrents du Rudnik. De hautes forêts couvrent les flancs des montagnes, contre-forts des Alpes Bosniaques ; c'est dans leurs retraites profondes que les pâtres conduisent au printemps leurs troupeaux de porcs, s'élevant de pla-

1. Georges Pray, cité par Henri Thiers. *La Serbie*, p. 11. Cyprien Robert : *les Slaves d'Orient*.

teau en plateau, vers la région des mousses alpestres, fraîches encore, au dire du voyageur, lorsqu'au-dessous tout le reste de la verdure est déjà consumé ; puis à la mi-octobre, chassés par les premières neiges, ils descendent de nouveau dans ces gorges et ces défilés, attentifs à saisir le moindre rayon du soleil ; c'est sous les chênes séculaires de la Schoumadia que Georges le Noir appellera ses frères au combat pour la liberté. La nature est âpre et rude ; une étrange tristesse s'empare de l'âme quand du haut d'un pic élevé on contemple cette contrée, peu peuplée, avec ses hautes chaînes de montagnes, ses étroites vallées où de loin en loin s'élèvent quelques villages. Le sol est peu fertile ; jadis l'empereur Probus y planta quelques vignobles ; le maïs et le froment viennent sur les bords de la Save ; les fruits du midi manquent. Mais les pâturages sont excellents, le sol renferme du fer et du cuivre. — Les premiers, dans ces noires forêts, deux frères, Cyrille et Méthode osèrent pénétrer pour prêcher la parole de l'Évangile aux adorateurs de Zernéboch, aux sauvages fils de Svatopluk. Pourtant les Serbes se convertirent facilement à l'Évangile ; cette religion nouvelle, n'était-ce pas la victoire de la divinité blanche sur cette divinité noire qu'ils avaient invoquée jusqu'alors, comme les Grecs d'Homère invoquaient les Euménides ?

La conquête de la Dalmatie n'avait été pour les Serbes que le premier pas vers des conquêtes plus brillantes encore. Bientôt ils occupèrent l'Herzégovine, la Bosnie, la Rassie, la république de Raguse, tout le pays compris entre le fleuve Verbas et le Timok, entre la mer Adriatique et le Danube [1]. Ni Constantin, ni Farlati ne nous ont conservé les noms de leurs premiers chefs; Doubrovnik fut pendant longtemps leur capitale, aujourd'hui Raguse, où le zoupan Voïslav prit le nom de prince. On connaît, parmi ses successeurs qui régnèrent au IXe siècle, Radoslav; Vlastimir qui vainquit les Bulgares; ses trois fils, Muntimir, Stroïmir et Goïnik. Deux signes caractéristiques: l'amour de l'indépendance, la haine du fisc. De là, les longues luttes contre les Bulgares où, vaincus souvent, les Serbes ne furent jamais domptés; et les pesmas célèbrent encore aujourd'hui les exploits de leurs anciens princes, Pierre, fils de Goïnik, qui, pendant vingt annés, conduisit, chaque printemps, ses troupes contre les hordes de la Bulgarie; Paul, fils de Stroïmir, qui eut à combattre à la fois son rival Zacharie et Romain Ier, empereur à Byzance; Tscheslav, qui fut sept années captif des Bulgares; Tichomil, qui vengea la défaite de son beau-père. De là, les premières luttes contre Constantinople, contre les collecteurs d'impôt chassés et vaincus, alors qu'une comète annonce à Constantin Commène la perte de ses légions dans les défilés de Kopavnik [2]. Mais le véritable fondateur du royaume serbe fut Étienne Nemania, arrière-petit-fils de Tichomil [3].

1. Raïtch *Hist. des Serbes*... Saint-René Taillandier : *La Serbie au XIXe siècle.*
2. Glykas, s. 594. Éd. Bonn. ap. L. Ranke 6.
3. *Histoire du prêtre Dioclias.*

Étienne Némania est à Douchan, ce que Clovis est à Charlemagne (1114 - 1195). Par sa situation même, la Serbie ne pouvait prospérer qu'en se plaçant sous la protection d'une puissance voisine. Jusqu'ici l'empire d'Orient avait été cette puissance; c'était de Constantinople que les Serbes avaient reçu leurs lois, leur culte, les dogmes de l'Église grecque; mais les souverains de l'Allemagne venaient de relever l'empire d'Occident. Étienne songea à changer de suzerain. A peine arrivé au pouvoir, il engagea la lutte contre l'empereur de Constantinople, lutte sanglante, où le prince serbe fut vainqueur, conquit les forteresses de Srédatz et de Nisch, étendit ses frontières jusqu'au Danube et à la Sava. Frédéric d'Allemagne eut alors avec Étienne une entrevue célèbre sur la Morava; les deux princes échangèrent des présents; puis, tandis que l'empereur se rendait en Terre-Sainte, Némanïa « fit » beaucoup de guerres, remporta beaucoup de victoires » et parvint de la sorte à s'environner d'une grande » crainte [1]. » Bientôt le titre de prince ne suffit plus à son ambition; maître des deux Zinta, de la Rassie, de la Dioclétie tout entière, il prit le titre de roi, et Isaac l'Ange dut s'incliner devant le hardi usurpateur. N'était-ce point un grave indice que cette humiliation de l'empereur d'Orient? Pour le moment, les croisades retenaient en Asie les légions des infidèles; mais le jour approchait déjà où la foi affaiblie ne fournirait plus au vicaire du Christ des soldats pour aller combattre les sectateurs de Maho-

1. Saint-Grégoire-de-Tours, en parlant de Clovis, II, 37.

met. Alors ce torrent contenu quelque temps se déchaînerait, il se répandrait sur l'Europe ; le Bas-Empire était incapable de l'arrêter, ses princes abâtardis étaient impuissants à relever leur trône ébranlé. Les rois serbes manquèrent d'audace : eux à Constantinople, l'empire d'Orient se régénérait, puisait dans la domination d'une race neuve la jeunesse qui lui avait toujours manqué. Telle devait être la politique des successeurs d'Étienne ; au lieu de s'affaiblir eux-mêmes par des luttes sans cause et sans but, ils devaient tenter de se substituer à ces grecs dégénérés. Ils ne le firent pas ! ils laisseront tomber Constantinople aux mains des infidèles, et la bataille de Kossovo sera la suite naturelle et logique de la chute du Bas-Empire.

Dans la longue série des rois de sa dynastie, seul Étienne Némania a fixé l'attention de l'histoire, seul dans les pesmas il a été célébré sur les bords de la Save. Lui mort et ses trois fils ayant fait trois parts de son héritage, la tradition se perd, de nouvelles ténèbres enveloppent pendant deux siècles l'histoire de la Serbie ; à peine si d'arides chroniques relatent quelques noms de guerriers ou de champs de bataille. Un homme cependant a laissé un souvenir vivant encore aujourd'hui ; c'est Rastéo, le troisième fils d'Étienne, qui, embrassant la vie monacale dans le couvent de Chilandar, devint, sous le nom de Sabbas, le père de l'Église nationale, assura au clergé serbe une entière indépendance en obtenant du patriarche de Constantinople la création de l'archevêché d'Uchitzé.

Mais sur un fond d'obscures légendes dont les historiens byzantins ont péniblement fixé quelques traits, ce nom seul se détache avec quelque éclat. Que ce fùt contre le Bas-Empire, contre la Hongrie ou les Bulgares, les Serbes allaient à la guerre, comme ils allaient à la chasse, tantôt victorieux, tantòt vaincus, jamais assujettis. Quels furent alors leurs chefs, les princes de la dynastie némanienne? il est bien difficile d'en retracer la série avec quelque exactitude depuis Étienne II, le premier couronné, qui descendit du trône et, simple moine, alla mourir dans un couvent sous le nom de Simon; et à travers les XIIIe et XIVe siècles avec Étienne Radislav, qui triompha des zoupans de Rassie et de Bosnie; avec Vladislas de Zinita, qui fut l'allié de Raguse; avec Ourosch, surnommé le Grand, parce qu'il protégea le clergé et construisit quelques monastères; avec Dragoutine, roi très-chrétien, qui combattit l'hérésie manichéenne; avec Miloutine, qui gouverna par les prêtres; avec Ourosch, qui s'appelait pompeusement roi de Rassie, de Dioclétie, d'Albanie, de Bulgarie et de tout le littoral adriatique jusqu'au Danube. De tous ces rois le peuple serbe lui-même a perdu la mémoire. Un seul a laissé un éternel souvenir et les pesmas le chanteront toujours, tandis que les princes n'auront toujours qu'un rêve : reconstruire l'édifice qu'il avait entrepris d'élever. Cet homme, c'est le Grand Empereur, c'est le Charlemagne de la Serbie, le czar Étienne Douchan.

II

ÉTIENNE DOUCHAN. — LA BATAILLE DE KOSSOVO.

Depuis Étienne Némania, la politique des rois serbes s'était bornée à conclure des traités d'alliance avec ceux des partis de la cour de Constantinople qui faisaient à l'empereur la plus violente opposition. C'est ainsi que ces princes avaient soutenu tour à tour Andronicus, Syrgiane de Macédoine, Sphranze de Béotie. Telle fut également la politique d'Ourosch III. Andronicus Paléologue était alors empereur d'Orient. Or il arriva que le prince bulgare, Michel, beau-frère d'Ourosch, s'éprit d'un violent amour pour la princesse grecque, Théodora. Répudier sa première femme, Néda, et engager le roi de Hongrie à passer le Danube, tout cela n'arrêta pas un instant l'ambitieux bulgare. Une guerre sanglante éclata. Douchan, fils d'Étienne Ourosch, commandait l'armée serbe. Intrépide comme les héros chantés par les pesmas, le jeune prince s'élance à la tête de ses troupes, tue de sa propre main l'insolent Michel, et rétablit l'autorité de

Néda. Le gouvernement de la Zinta fut la récompense de cette victoire.

Une vive inquiétude régnait à Constantinople. Les Turcs commençaient à devenir menaçants en Asie, Douchan suppliait son père de lui donner une armée pour punir, dans les murs mêmes de sa capitale, l'allié de Michel. Mais Andronicus rassura ses courtisans ; au lieu d'une armée, le meurtrier incestueux de Manuel Paléologue se borna à envoyer vers Étienne une belle grecque, Sinicha, « princesse par son rang, courtisane par sa vie [1]. » Cela suffit : le faible prince ne sut pas résister aux séductions du dangereux présent que lui faisait Andronicus ; il épousa Sinicha et en eut un fils, auquel il donna le nom de la nouvelle reine. Bientôt toute l'affection d'Étienne se concentra sur le fils de la belle grecque, et Douchan fut relégué dans la Zinta. Le rude soldat était inhabile à feindre. « Il ne sera pas dit, s'écria-t-il, que le royaume de Némania est tombé en quenouille ! » et il se souleva contre son père. L'armée aimait Douchan, elle se souvenait de ses exploits, un premier échec ne découragea pas le jeune prince ; il surprit son père dans les environs de la forteresse de Pétrik [2], le fit prisonnier et l'envoya mourir dans la citadelle de Zvetchan, 1336.

Le simple titre de kral ne suffisait pas à l'ambition de Douchan. Mais pour pouvoir prendre celui de czar, il lui fallait d'autres lauriers que ceux d'une guerre civile.

1. Gibbon. v. VII., *p*. 88.
2. H. Thiers.loc. cit., *p*. 49.

C'est alors que le jeune prince puisa dans son génie une grande pensée. Les Ottomans venaient de s'emparer de Brousse, en Asie-Mineure, et ils menaçaient l'Europe. « Je renouvellerai l'empire d'Orient, s'écria Douchan, je ferai de Constantinople ma capitale, j'opposerai aux Turcs de vraies troupes et un vrai peuple. » Peut-être était-il trop tard pour tenter cette entreprise, au moment même où les Turcs s'apprêtaient à passer le Bosphore. Mais la conception du kral n'en était pas moins belle et hardie ; ce que Charles-Martel fit à Poitiers, ce que Sobieski fera à Vienne, Douchan voulut l'essayer à Byzance. Il échoua dans cette tentative, ou plutôt la mort ne lui laissa pas le temps de la réaliser ; le peuple serbe fut juste : le souvenir de l'homme qui a voulu fonder un Empire Serbe-Byzantin vivra toujours.

A peine monté sur le trône, Douchan entreprit contre le misérable Andronicus une guerre qui ne ressemblait en rien aux expéditions de pillage de ses prédécesseurs. La lutte dura trois années (1341-1344). La vaste province de Macédoine, jusqu'à Négrepont et Salonique, fut définitivement conquise ; l'empereur trembla à Constantinople et demanda la paix. Douchan ne consentit qu'à une trêve. Andronicus mourut ; son successeur était un enfant de neuf ans, Jean Paléologue, que son tuteur, l'ambitieux Cantacuzène, se hâta de renverser pour revêtir lui-même à Démotica la pourpre impériale : « Sois mon allié, dit-il » au kral serbe, travaillons ensemble à fortifier nos peuples, » à consolider nos provinces, à nous secourir l'un l'autre,

» comme deux frères, comme deux pobratimes [1]. » — Douchan repoussa ses offres, et, l'âme pleine de ses grandes pensées, recommença la guerre. L'Albanie et l'Épire, l'Acarnanie et la Thessalie, Costour et Janina, Stronitza et Sérès, se soumirent tour à tour à l'audacieux conquérant. En même temps, les Turcs occupaient l'Asie-Mineure tout entière : « Hélas, dit Cantacuzène, ce n'est » pas de la guerre ottomane que je me plains; elle est » semblable à ces chaleurs de l'été toujours supportables, » souvent utiles. Mais la guerre de Douchan causera la » ruine de mon Empire; c'est la funeste chaleur de la » fièvre qui consume sans remède tous les organes de la » vie [2] ! » Ces poétiques paroles ne pouvaient sauver Constantinople; l'empereur mendia le secours des Ottomans contre les Serbes.

De jour en jour, la puissance et la gloire du kral Douchan augmentaient, le peuple voyait en lui le défenseur de la chrétienté, le successeur des héros des croisades. Partout son génie militaire, joint à l'enthousiasme qu'il savait inspirer à ses troupes, lui rendait la victoire facile. Pendant que Jean Cantacuzène [3] était en Thrace, il poursuivait avec énergie ses conquêtes en Macédoine, s'emparait de Phéra et de Berrhoé. Les Byzantins, qui supportaient toujours aisément leurs défaites, quand

1. Nicéphore Grégoras, XIII, *p*. 656.

2. Nicéphore Grégoras. Liv. XII, Ch. XIV. Gibbon. VII., 63-100.

3. Ranke. *Hist. de la Rév. serbe*, 14.

elles leur fournissaient l'occasion de dire un bon mot ou d'arrondir une subtile période, comparaient[1] Douchan tantôt à un incendie qui s'étend sur une vaste campagne, tantôt à un fleuve qui déborde et couvre de ses eaux les plaines voisines.

Bientôt l'empire de Douchan eut pour frontières, d'un côté la Save, de l'autre la Raschska supérieure. La Hongrie fut effrayée de voir s'élever à côté d'elle une puissance aussi considérable; au printemps 1346, le roi Louis passe le Danube, le kral accourt, lui livre bataille au pied du mont Lomnik, le bat et le force à regagner ses États. Une seconde campagne du prince hongrois n'eut guère plus de succès; son armée fut taillée en pièces et culbutée dans la Save. Ces éclatants succès, les travaux de fortification exécutés autour de Belgrade, découragèrent le roi Louis; il demanda la paix. Douchan se rendit à Raguse, qui l'accueillit avec les plus grands honneurs; les Schkypétares d'Albanie sollicitèrent comme une grâce la permission de servir sous ses drapeaux.

Le kral serbe put alors prendre le titre d'empereur, qu'il avait si longtemps rêvé. A la Skouptchina de 1340, tenue à la citadelle de Scopié, il fut proclamé czar des Serbes, Grecs et Bulgares, fils aîné du Christ; il se mit à porter la tiare; il se fit représenter sur les pièces de monnaie tenant dans la main droite la sphère terrestre surmontée de la croix sainte[2]. Alors il créa l'ordre de

1. Engel. Gesch. von Serbien. 350 sq.
2. Zanetti : *De nummis regum Mysiæ*, pag. 21. — Apud Ranke 15 et Engel.

Saint-Étienne; il reçut à sa cour des étrangers, des savants, les envoyés de la République de Raguse, les historiens Freschoti et Dufresne [1]. Mais c'eût été un étrange contre-sens que de voir, à côté d'un empereur serbe, un archevêque d'Uchitzé, dépendant du patriarche de Constantinople. Douchan convoqua à Phéra un synode général, et l'archevêque Joannic, élu patriarche des Serbes, salua le prince du nom de chef des Romains, czar de Macédoine, aimant le Christ.

C'est ainsi que fut fondé l'empire serbe.

Étienne Douchan, que son peuple surnomma *Silni*, le puissant, n'était pas moins grand administrateur que bon général et profond politique. Nul parmi les Serbes ne songea jamais à contester son autorité; quelques villes tenaient encore par tradition à la religion catholique, Douchan s'efforça de les ramener à la religion grecque, et condamna [2] aux travaux forcés dans les mines « tout missionnaire de l'infâme hérésie latine. » On lui obéissait aveuglément; un jour, dans un festin, il demanda à ses voïvodes : « Contre quel peuple voulez-vous que je vous » conduise, contre les Grecs ou contre les Allemands? » — « Partout où tu nous conduiras, illustre czar, ré» pondent les voïvodes, tu peux être assuré que nous te » suivrons. »

Deux choses importaient surtout au nouvel empereur: concilier les grecs annexés à la Serbie, et attirer des étran-

1. H. Thiers. loc. cit., 15.
2. Ranke, 15. 16.

gers dans le pays. Douchan comprit, avec une admirable perspicacité, que les Grecs, habitués au faste de Constantinople, n'obéiraient volontiers qu'à des princes entourés du même luxe; aussitôt, il forma une véritable cour, décora les hauts dignitaires de l'ordre de Saint-Étienne, créa des charges semblables à celles de Byzance; il y eut des despotès « entre autres attributs, généraux de l'in- » fanterie et de la cavalerie, *magistri utriusque exercitus*, » des logothètes, des chambellans, des sébastocrator. C'est de Raguse que vinrent en Serbie les principaux étrangers; le czar leur établit des marchés à Novobrédo, à Kladovo, à Sémendria; il forma dans son armée plusieurs légions étrangères, composées, les unes de condottieri allemands, les autres de Français et d'Italiens. En même temps Douchan élevait des châteaux et des forteresses, des couvents, de superbes églises, comme celle d'Ipek, toute en marbre blanc. Le code serbe est de la même époque, code remarquable pour sa science, plus remarquable encore comme étant le plus national de tous les codes slaves. L'empire fut divisé en voïvodies.

Ainsi, sous l'influence de Douchan, la nation serbe allait subir une de ces transformations qui changent la direction, tout en conservant le génie du peuple. Le Charlemagne de l'Orient fut surpris par la mort, avant d'avoir eu le temps d'achever ses grandes entreprises politiques et administratives. Les Ottomans devenaient de plus en plus menaçants : en présence de ce danger, Douchan résolut de conquérir la Thrace et la Romanie, pour être ainsi aux portes mêmes de Constantinople. Alors tandis que Jean V et Mathieu Cantacuzène se disputaient les lambeaux de la pourpre impériale, il rassemble une armée de quatre vingt mille hommes, franchit la Save, occupe sans rencontrer de résistance les villes de Thrace et de Romanie, s'empare du village de Djavoli, à douze lieues de Constantinople. Là, pendant quelques jours, avant de marcher sur la capitale de l'empire d'Orient, Douchan s'arrête ; mais une fièvre violente le prend et dans le délire il ne cesse de parler de ses glorieux projets, de la chrétienté en danger et qu'il aurait voulu sauver. Il mourut, âgé de quarante-cinq ans à peine et en ayant régné vingt. L'armée retourna en Serbie emportant le corps du grand empereur qui fut inhumé sur les bords de la Bistritza (décembre 1356).

La chute de l'empire d'Orient et celle de la Serbie n'étaient plus qu'une question de temps.

Ourosch V avait à peine dix-neuf ans lorsqu'il succéda à son père. Il n'était pas de taille à gouverner l'immense empire fondé par Douchan ; les provinces nouvellement annexées s'agitèrent ; les voïvodes levèrent la tête et ne cachèrent plus leurs vues ambitieuses. C'était le résultat du système féodal, institué en Serbie sous le règne précédent; car ce n'était pas une administration énergique et centralisée que Douchan avait léguée à son fils, c'était de nombreuses provinces, réunies un instant, et dont les gouverneurs furent pour le nouveau prince autant de rivaux et d'ennemis. Bientôt il ne suffit plus à ces ambitieux feudataires de jouir d'une autorité presque illimitée ; ils voulurent être indépendants. Sinicha, gouverneur de Romanie, fut le premier à méconnaître la suzeraineté du prince ; puis, Nikiphor, gouverneur de la Thessalie, se sépara de l'empire. Funestes divisions dont les Ottomans profitèrent ! Mais de tous les voïvodes, le plus dangereux était Voukaschine, allié à la famille royale et gouverneur du Palais. Naturellement souple et insinuant, il avait captivé la confiance du faible Ourosch ; il obtint du jeune prince le titre de roi de Rassie. Aux yeux du hardi vassal, la couronne de Rassie n'était que le premier pas vers la couronne de l'empire serbe tout entier. Pendant que l'édifice laborieusement élevé par Douchan s'écroulait par les fautes de ceux-là mêmes qui devaient le soutenir, les Turcs poursuivaient leurs conquêtes en Europe.

Mourad Ier, fils d'Orkhan, avait résolu de continuer l'œuvre de son père [1]. Alors commença pour les Ottomans une ère nouvelle de gloire et de puissance, une série de conquêtes qui ne furent interrompues que par la mort du Sultan à Kossovo. Les grandes villes d'Andrinople et de Philippopolis étaient à peine tombées entre ses mains, que Mourad tourna ses forces contre la Serbie. La guerre fut longue et sanglante, et dura plus d'un siècle; l'historien éprouve une singulière difficulté à en faire le récit ; les annalistes serbes ne s'accordent que rarement avec

1. *Hist. des Ottomans*, par J. de Hammer. Trad. franç. de J.-J. Kellert. Paris, 1836. Tomes I, II, III.

ceux de la Turquie; telle bataille est entièrement passée sous silence par Séadeddin que Ducos raconte avec les plus grands détails; des défaites sont changées en victoires, des victoires en défaites [1]. Il n'y a que le résultat d'indiscutable, triste résultat pour toutes les nations chrétiennes, la victoire des Ottomans et l'asservissement des Serbes.

Le commandant grec de la Phrygie s'était réfugié chez Ouroch, et l'excitait à la guerre contre les infidèles, tandis que le pape Urbain V appelait tous les chrétiens à une nouvelle croisade. Voukaschine, toujours tout-puissant à la cour d'Ourosch, appuya les propositions du commandant grec, et une alliance fut signée entre les rois de Hongrie et de Serbie, les voïvodes de Bosnie et de Valachie (1363). A cette nouvelle, Mourad qui s'apprêtait à passer les Dardanelles pour retourner en Asie, accourut avec toute son armée devant Bigha. Les chrétiens firent un mouvement tournant, échappèrent au Sultan et marchèrent sur Andrinople; déjà, ils n'en étaient plus qu'à dix lieues de distance, sur les bords de la Maritza, lorsque tout à coup apparut sur leurs derrières Hadji-Ilbéki que Séadeddin appelle « le premier lutteur dans l'arène » de la vaillance, le lion du combat et le soutien de la » vraie foi. » Surpris comme des bêtes féroces dans leurs gîtes, les chrétiens, dit le chroniqueur turc, se précipitent dans la Maritza, semblables à l'incendie poussé par le vent, et périssent dans les flots. La plaine fatale porte dès lors le nom de Sirf-Sindughi, défaite des chrétiens.

1. L. Ranke, 20.

Mourad retourna en Asie, laissant le commandement de ses troupes à son lieutenant Lalaschahin, qu'il nomma beglerbey des principautés européennes. C'est alors que Voukaschine leva le masque ; il reprocha au malheureux Ourosch la défaite de la Maritza, il le rendit responsable des désastres de la chrétienté. Comme toutes les natures faibles, Ourosch passa de la plus extrême confiance à l'irritation la plus violente. Furieux, il dépouille de ses titres celui qu'il avait créé roi de Rassie, il lui ordonne de quitter sa cour. Voukaschine obéit, mais à peine arrivé en Rassie, il lève des troupes, marche contre le prince, le défait dans une sanglante bataille ; Ourosch prend la fuite et se dirige vers Raguse, sa fidèle alliée ; mais les soldats de l'usurpateur le font prisonnier, et, sur un ordre du nouvel empereur, le dernier des Némania fut étranglé dans sa prison (1367).

Ici, la légende place un curieux épisode. Quand Voukaschine détrône Ourosch, Marko intervient, Marko, le propre fils de Voukaschine, celui qui viendra tout à l'heure illustrer et consoler la douce Serbie dans sa défaite et dans sa servitude [1]. « Il y a quatre camps dressés dans la vaste plaine de Kossovo près de la blanche église : ce sont ceux du roi Voukaschine, du despote Ougliécha, du voïvode Goïgo et du czarévitch Ourosch, qui tous se disputent le trône, voulant s'ôter la vie, et se percer de leurs poignards

1. Marko Kraliévitch. (*Dict. serbe* p. 173, d'après la traduction de Dozon.)

d'or, ne sachant à qui est l'empire. Alors tous les quatre écrivent des lettres au protopope Nédelko, celui qui avait confessé et fait communier le glorieux Douchan, et l'invitent à venir à Kossovo.

» Les quatre messagers, les ardents *tchaouchs* arrivent ensemble à Prirzen, devant la demeure du prêtre, mais Nédelko n'y était point, il était à église à dire les matines et la messe. Arrogants messagers, insolents des insolents ! ils ne voulurent point descendre de leurs chevaux, mais ils les poussèrent dans l'église, et faisant claquer leurs fouets tressés, ils en frappèrent le prêtre : « Allons vite, crièrent-ils, allons vite à Kossovo, pour que tu y déclares à qui est l'empire ! Viens, si tu ne veux pas sur l'heure perdre la tête. » — « Arrogants des arrogants, retirez-vous, dit Nédelko et des larmes coulent de ses yeux, retirez-vous tandis que dans l'église nous célébrons l'office divin. » Alors ils s'éloignèrent, et quand, l'office divin terminé, on fut sorti devant l'église, ainsi parla le protopope : « Mes enfants, vous quatre messagers, j'ai confessé l'illustre czar et lui ai donné la communion ; mais je ne l'ai point interrogé touchant l'empire, mais bien sur les péchés qu'il avait commis. Allez vers la ville de Prilip, à la demeure de Marko Kraliévitch, mon élève ; il a étudié auprès de moi, et il a été scribe chez le czar ; il a en ses mains des lettres impériales et sait à qui est la couronne. Conduisez-le à Kossovo, il fera connaître la vérité, car Marko n'a peur de personne et ne craint que le vrai Dieu. »

» Ainsi fut fait : les tchaouchs partirent pour la blanche maison de Marko, et quand ils eurent parlé, Marko rentra dans la demeure et appela sa mère : « Euphrosine, ma chère mère, une grave querelle a éclaté entre nos princes à Kossovo, dans la vaste plaine ; ils se disputent l'empire et veulent l'un à l'autre s'ôter la vie, en se perçant de leurs poignards d'or, et ne sachant à qui est la couronne, ils me mandent à Kossovo pour que je déclare à qui elle appartient. » Autant Marko avait le cœur à la vérité, autant sa mère l'exhorte à y rester fidèle. « Marko, dit-elle, mon seul fils, que maudit soit le lait dont je t'ai nourri si tu témoignais faussement, fût-ce pour ton père ou pour tes oncles ; mais parle conformément à la vérité divine : ne va pas, mon fils, perdre ton âme ; mieux vaudrait perdre la tête que de charger ton âme d'un péché. »

» Marko s'équipa, lui et son cheval, puis il se jeta sur le dos de Charatz et tous partirent vers Kossovo. Et le lendemain quand l'aurore parut et que la cloche eut sonné devant l'église, les princes se rendirent aux matines et assistèrent au service, puis sortant du temple ils prirent place devant les portes. Alors Marko consulta les anciens livres et dit : « Mon père, ô roi Voukaschine ! est-ce trop peu pour toi de ton royaume ? est-ce trop peu ? Puisse-t-il rester sans maître ! car c'est la couronne d'autrui que vous vous disputez. — Et toi, mon oncle, despote Ougliécha ! est-ce trop peu pour toi de ta *despotie ?* est-ce trop peu ? Puisse-t-elle rester sans maître ! car c'est la couronne d'autrui que vous vous disputez. — Et toi, mon oncle, voïvode Goïko ! est-ce trop peu pour toi de ta voïvodie ? est-ce trop peu ? Puisse-t-elle rester sans maître ! c'est la couronne d'autrui que vous vous disputez, car voyez (sinon que Dieu ne vous voie point !) ce que dit cette lettre : « L'empire est à Ourosch, de son père il lui est descendu ; à cet enfant le trône appartient par héritage. Le czar en expirant le lui a remis. »

» Quand le roi Voukaschine eut entendu ce discours, il s'élança de terre sur ses pieds et tira son poignard d'or pour en percer son fils Marko. Marko se mit à fuir devant son père, car il ne lui convenait pas de se battre avec celui qui l'avait engendré ; il se mit à fuir autour de l'église, et déjà il en avait fait trois fois le tour, son père le poursuivant et sur le point de l'atteindre, quand une voix sortit du sanctuaire : « Réfugie-toi dans le temple, dit-elle, ne vois-tu pas que tu vas périr, périr de la main de ton père, et cela pour la vérité du vrai Dieu ? » Les portes s'ouvrirent, Marko se précipita dans le temple, et sur lui elles se refermèrent ; tandis que furieux le roi Voukaschine se mit à maudire son fils avec rage : « Marko, mon fils, que Dieu t'extermine ! Puisses-tu n'avoir ni tombeau ni postérité, et puisse ta vie ne pas te quitter que tu n'aies servi le czar des Turcs ! »

» Ainsi le roi le maudit, mais le czar le bénit : « Marko, mon parrain, Dieu t'assiste ! Que ton visage brille dans le conseil ! que ton épée tranche dans le combat ! qu'il ne se trouve point de preux qui l'emporte sur toi, et que ton nom partout soit célébré, tant qu'il y aura un soleil et tant qu'il y aura une lune ! »

Je reviens à l'histoire. Voukaschine ne manquait pas de talent. Profitant des troubles, Lalaschahin s'était emparé des provinces orientales de la Serbie. L'empereur fit alliance avec le kral des Bulgares et alla s'établir en Macédoine. Pendant quatre années consécutives, les Turcs furent tenus en échec; Voukaschine et son frère Ougliécha combattirent en héros, toujours en mouvement, jamais abattus par leurs défaites, sans cesse prêts à l'attaque. Mais l'armée ottomane était soumise à la plus sévère discipline, observait l'obéissance la plus passive ; il n'en était pas de même de l'intrépide armée serbe ; c'étaient sans cesse de nouvelles disputes entre les voïvodes, d'égoïstes rivalités, qui rendaient inutiles le courage des troupes et l'ardeur patriotique de Voukaschine. Le 6 septembre 1371, une grande bataille fut livrée sur les bords de la Maritza, non loin du lieu où Ourosch avait essuyé, cinq années auparavant, une terrible défaite. Mourad fut vainqueur encore une fois, l'usurpateur fut tué, la fleur de la jeunesse serbe périt.

En présence du danger qui menaçait la patrie, les Serbes oublièrent leurs rancunes et leurs haines particulières. Un immense enthousiasme se réveilla chez ce peuple héroïque; les paysans quittent leurs charrues pour courir aux armes, les haydoucks descendent du sommet de leurs montagnes, de tous côtés le cri de guerre retentit. C'est l'époque épique de la Serbie, l'époque légendaire que célèbrent les pesmas. De tous les héros qui se levèrent alors pour combattre les infidèles, nul n'est plus illustre que Marko, Marko Kraliévitch, fort et intraitable comme Hercule, qui sera le dernier survivant de Kossovo. Mais pour conduire à la bataille ces soldats intrépides, il manquait un chef. Les voïvodes se rassemblèrent pour délibérer. Lazare Gréblianovitch fut élu kral de Serbie, empereur de Dioclétie et de Bosnie.

« Lazare, dit M. Laboulaye, fut, comme saint Louis, le modèle du chevalier, du roi, du chrétien ; sa bannière porta la croix ; son vœu fut de mourir pour la patrie ou pour la religion. » Son courage, son inébranlable fermeté, la sincérité de sa foi, avaient attiré sur lui les regards de Douchan. Quelques auteurs (Safarik, Jiricek), veulent qu'il ait été le fils naturel du grand empereur. Premier prestige que ce mystère de sa naissance. Au début de sa carrière, il est auprès de Douchan comme écuyer : bientôt l'empereur le nomme au commandement de l'armée de Bosnie, lui accorde en mariage la princesse Milicia, issue de Vouc, le troisième fils d'Étienne Némania. Aucun nom n'est plus populaire chez les Serbes que celui de Lazare, le dernier roi, le dernier héros que chantent les pesmas : la Lazariza, qui est à l'Iliade, ce que le chant de Marko est à la chanson de Roland. L'histoire est d'accord avec la légende pour célébrer le nouvel empereur que la Serbie s'était donné pour chef dans cette lutte suprême.

A peine élu, Lazare se mit à la tête de ses troupes. Les Hongrois voulant venger les défaites de leur roi Louis, venaient de passer le Danube ; Lazare marche à leur rencontre, les taille en pièces, les rejette derrière la Theiss. Tristes victoires que ces victoires de chrétiens sur d'autres chrétiens, quand le croissant était planté devant les portes de Constantinople ! Profitant de la criminelle invasion tentée par les Hongrois, le sultan Mourad avait rassemblé une armée considérable à Philippopolis, et s'emparait de Nich, point central de communications entre la Thrace, la Serbie et la Parménie. Lazare accourut, chargea le brave Démétrius de s'emparer de Cerkvitclé; Démétrius obéit et prit la ville. Cet échec étonna Mourad ; Lazare, de son côté, ne se croyait pas en mesure de continuer la lutte avec avantage. Une trêve de six mois fut signée. Les deux partis en profitèrent pour refaire leurs forces ; mais le sultan avait en Asie une source perpétuelle de nouvelles légions ; l'empereur serbe n'avait pour alliés que les krals de Bosnie et de Bulgarie, les montagnards de l'Albanie et de l'Herzégovine, l'héroïque prince de Monténégro, Georges Balscha. L'empereur de Constantinople, l'imbécile Jean V, ne vint pas au secours des intrépides peuples de la Serbie; il se contenta d'aller mendier à Rome la protection du pape. Honteuse époque, s'écrie le grand historien Gibbon, honteuse époque, où un Urbain V eut la triste gloire de recevoir au Vatican ces deux ombres impériales, les successeurs de Charlemagne et de Constantin ! Bientôt, tandis que Georges Castriot, alors allié du sultan, ravageait la Bosnie, les Serbes recommençaient la guerre et Lazare appelait à lui tous les peuples, les vaillants Monténégrins, les Bulgares, qui venaient d'anéantir toute une armée turque dans les gorges de Novi-Bazar.

L'heure suprême avait sonné : l'armée chrétienne et l'armée musulmane étaient en présence dans les plaines de Kossovo.

Mourad conduisait lui-même ses troupes ; elles étaient si nombreuses, dit le pesma, qu'en quinze jours, un cavalier n'en a pu joindre le bout. La plaine est couverte de Turcs, cheval contre cheval, guerrier contre guerrier ; leurs lances sont une épaisse forêt, leurs drapeaux sont pareils aux nuages, leurs tentes aux masses de neige sur la montagne ; une goutte d'eau tombée du ciel n'arriverait pas à terre, tant les chevaux et les hommes sont pressés... Et cependant le sultan hésitait à livrer bataille aux princes alliés ; ce fut le grand vizir qui l'y décida : « La nuit dernière, dit-il au conseil assemblé, deux fois » j'ai ouvert le Coran au hasard, et deux fois je suis » tombé sur ces lignes : « O Prophète, combats les infi» dèles et les hypocrites ! » Le lendemain matin, l'armée turque se déployait en ordre de bataille sur la plaine immense ; le sultan était au centre ; à l'aile droite, il avait placé son fils Bayézid et le farouche Evrénosbey ; à l'aile gauche, son autre fils Yakoub.

De leur côté, les Serbes s'étaient préparés au combat [1].

« Le czar Lazare était assis au souper, à côté de lui la czarine Milicia ; et la czarine Milicia lui dit : « Czar Lazare,

1. Bataille de Kossovo, trad. de G. Eichoff. *Car Lazare siede za veceru.*

couronne d'or de Serbie, demain tu pars pour le champ de Kossovo, emmenant tes serviteurs, tes voïvodes, et n'en laissant aucun au palais, aucun homme qui, chargé d'une lettre, puisse me rapporter la réponse. Tu emmènes avec toi mes neuf frères, les neuf fils chéris de Jug. Ah ! laisse-moi un seul de mes frères, un seul pour recevoir mes vœux. »

» Lazare, prince des Serbes, lui répond : « Chère épouse, lequel de tes frères veux-tu que je laisse dans la blanche enceinte du palais ? — Laisse-moi, dit-elle, Bosko Jujovich. » Lazare, prince des Serbes, lui répond : « Chère épouse, czarine Milicia, lorsque demain l'aube du jour paraîtra et que le soleil commencera à luire, lorsque la ville ouvrira ses portes, rends-toi à la sortie de la ville. Là, les guerriers défileront en ordre, tous à cheval et la lance en main, devant eux Bosko, fils de Jug, tenant l'étendard de la croix : souhaite-lui de ma part toute prospérité ; qu'à son choix il cède l'étendard et reste au palais avec toi. »

» Le lendemain, quand l'aube vint à paraître et qu'on ouvrit l'enceinte des murs, la czarine Milicia sortit et se plaça aux portes de la ville. Et voici, les troupes sortirent en ordre, toutes à cheval et la lance en main, et devant elles, Bosko, fils de Jug. Son cheval bai est resplendissant d'or, et jusque sur le dos du cheval se déploie la grande bannière du Christ. Sur la bannière s'élève une pomme d'or, de la pomme jaillissent des croix d'or, des croix d'or descendent des banderoles qui effleurent les épaules de Bosko.

» La czarine Milicia s'approche, arrête le cheval bai par la bride, et élevant les bras vers Bosko, elle lui parle ainsi à voix basse : « O cher frère, Bosko Jujovich, le czar accorde à ma prière que tu n'ailles pas combattre à Kossovo. Il te souhaite toute prospérité; à ton choix tu céderas l'étendard et tu resteras avec moi, afin qu'un frère puisse recevoir mes vœux. »

» Mais le fils de Jug lui répond : « Va, ma sœur, retourne vers la tour blanche; mais je n'irai pas avec toi, et l'étendard ne quittera pas mes mains, quand le czar me donnerait Krucévac. Voudrais-tu qu'on me montrât au doigt et qu'on dît : « Voyez Bosko, le lâche qui n'ose pas aller à Kossovo y verser son sang pour le Christ et mourir en défendant la foi? »

» A ces mots, il a franchi la porte. Alors paraît le vieillard Jug Bogdan et avec lui les sept Jugoviches. Elle les appelle tous les sept l'un après l'autre, mais aucun d'eux ne veut voir la czarine. Elle attend quelques moments encore, et voici Voïno, fils de Jug, conduisant les fiers coursiers du czar, sur lesquels brillent des harnais d'or. La czarine arrête son cheval gris, et élevant les bras vers Voïno elle lui adresse vivement ces paroles : « O cher frère, Voïno, le czar t'accorde à ma prière. Il te souhaite toute prospérité; à ton choix tu remettras les coursiers, et tu resteras avec moi, afin qu'un frère puisse recevoir mes vœux. »

» Mais Voïno, fils de Jug, lui répond : « Va, ma sœur, retourne vers la tour blanche; car jamais un brave guerrier ne recule et n'abandonne les chevaux du czar, quand il saurait qu'il doit périr. Laisse-moi, sœur, aller à Kossovo y verser mon sang pour le Christ, y mourir pour la foi avec mes frères! »

» A ces mots il a franchi la porte. A cette vue la czarine Milicia tombe sur la froide pierre, tombe soudain évanouie. Alors paraît le czar Lazare lui-même; des larmes coulent de ses yeux, il regarde à droite et à gauche, et appelant Goluban, son écuyer : « Goluban, fidèle serviteur, descends de ton cheval au cou de cygne, prends ta maîtresse par ses blanches mains, et ramène-la vers la tour élevée. Reste ici à la grâce de Dieu; ne nous suis pas au champ de bataille, mais garde l'enceinte du palais. »

» L'écuyer Goluban a entendu ces mots, et des larmes s'échappent de ses yeux. Cependant il descend de son cheval, prend sa maîtresse par ses blanches mains, et la ramène vers la tour élevée. Mais il ne peut résister à son cœur qui l'entraîne vers le champ de Kossovo; il rejoint son cheval au cou de cygne, s'élance dessus et part pour Kossovo.

» Le lendemain, quand l'aube vint à paraître, voici deux corbeaux noirs, venus du champ de bataille, sur la tour du noble Lazare. L'un croassait et l'autre s'écriait : « N'est-ce pas ici le palais de Lazare? N'y a-t-il personne dans le palais? »

» Aucune voix ne répond dans le palais, mais la czarine les avait entendus. Aussitôt elle monte sur la tour blanche, et parle ainsi aux deux corbeaux : « Que Dieu vous conserve, noirs corbeaux ! Dites-moi, d'où venez-vous dès l'aurore ; serait-ce peut-être du champ de Kossovo? Y vîtes-vous deux puissantes armées? Ces armées se sont-elles battues, et laquelle est restée victorieuse? »

» Les deux corbeaux répondent à la princesse : « Que Dieu vous sauve, czarine Milicia! Nous venons ce matin de Kossovo; nous y avons vu deux puissantes armées qui hier ont livré une bataille dans laquelle les deux czars ont péri. Des Turcs il en est peu qui survivent; mais des Serbes, ceux qui respirent encore sont tous couverts de sang et de blessures. »

» Pendant que les corbeaux parlaient, voici l'écuyer Milutin, soutenant sa main droite de la gauche, sillonné de dix-sept blessures, et son cheval nageant dans le sang. « Qu'est-ce cela, malheureux Milutin, la trahison a-t-elle perdu le czar? » L'écuyer Milutin lui répond : « Maîtresse, aide-moi à descendre de cheval, humecte mon front d'eau limpide et verse-moi du vin généreux ; car mes blessures ont consumé mes forces. »

» La czarine l'aide à descendre, humecte son front d'eau limpide et lui verse du vin généreux. Quand il a repris quelque force, Milicia interroge l'écuyer : « Dis-moi, qu'a-t-on fait à Kossovo? Comment a succombé le noble Lazare? comment le vénérable Jug Bogdan? comment les neuf fils de Jug, et le voïvode Milos, et Vuk Brankovitch, et Strainia ? »

» L'écuyer lui répond alors : « Ils ont péri, czarine, à Kossovo. Là où est tombé le noble prince, on voit mille javelots tous brisés, mille javelots des Turcs et des Serbes ; mais les plus nombreux sont ceux des Serbes, lancés pour la défense du prince, de notre glorieux souverain. Quant à Jug, au front de la bataille, il est tombé dès les premiers coups, et après lui huit de ses fils ; car le frère soutenait toujours le frère, tant qu'un seul d'entre eux put se mouvoir. Seul encore Bosko survivait ; sa bannière flottait dans la plaine, où il chassait les Turcs par essaims, comme le faucon disperse les colombes.

» Là où le sang montait jusqu'aux genoux, là est mort Strainia, fils de Bano. Milos, ô princesse, est tombé près des froides eaux de la Sitnicia, où les Turcs ont péri en masse ; Milos a tué le sultan Mourad, et avec lui douze milliers de Turcs. Que Dieu l'en récompense ainsi que toute sa race ! Il vivra dans les cœurs des Serbes, dans leurs chants et dans leurs annales, jusqu'à ce que le monde et Kossovo s'abîment. Mais si tu me demandes où est Vuk ? Qu'il soit maudit ainsi que toute sa race ! Car c'est lui qui a trahi le czar, qui a entraîné vers les Turcs douze milliers de parjures comme lui. »

Ainsi fut décidé le sort de la Serbie. Voici maintenant comment le poëte turc [1] raconte la mort de Mourad.

« Déjà les lances brillantes comme le diamant avaient été changées par le sang qu'elles avaient versé en lames

1. Seaddedin. ap. Boatúlli, p. 153. De Hammer, t. I, p. 281 trad. franç. — Engel, Gesch. von Servien. p. 344.

de la couleur de l'hyacinthe; déjà les pointes des javelots s'étaient transformées en rubis étincelants, et le champ de bataille jonché de têtes et de turbans, en un immense carré de tulipes. Tout à coup, un noble serbe, Milosch Kobilovitch, s'ouvre un chemin à travers les morts et les combattants. En passant au milieu des gardes du sultan, il s'écrie qu'il veut lui révéler un important secret. Mourad ordonne qu'on le laisse approcher. Alors le Serbe se prosterne, comme pour baiser les pieds du sultan, et lui enfonce un poignard dans le cœur. Les gardes se précipitent sur l'assassin; mais lui, doué d'une force et d'une agilité prodigieuse, en tue plusieurs et trois fois échappe à la foule des assaillants. Enfin, n'ayant pu atteindre son cheval qu'il avait laissé sur le bord de la rivière, il succombe, vaincu par le nombre. »

C'en était fait de la liberté serbe. Mais le successeur de Mourad, Bayézid Ildérim, voyant son armée épuisée par sa victoire, dut abandonner pour quelque temps les projets de son père. Une paix cruelle fut imposée aux fils de Lazare, Étienne et Vouc. Étienne prit le titre modeste de Despotès, il fournit à l'armée turque un contingent de troupes, il donna sa sœur Miléva en mariage au sultan. C'est ainsi que les Serbes combattirent à Angora, dans les rangs des Turcs.

Tant que vécut Étienne, la paix régna. Prince sage et prudent, il s'efforça de détruire les funestes vestiges du régime féodal, refusant de s'associer à la téméraire entreprise de son frère Vouc, qui embrassa follement la querelle de l'un des fils de Bayézid, et fut tué sur le champ de bataille d'Urbitza. A Bayézid succéda Mohammed Ier, et à Mohammed, Mourad II. Le nouveau sultan avait dix-huit ans à peine: il renouvela avec le prince de Serbie les traités de 1389, recherchant son amitié, le chargeant d'aller féliciter en son nom Sigismond, roi de Hongrie qui venait d'être élu empereur d'Allemagne. Trop sage peut-être le prince Étienne pour cette race serbe si jeune et si guerrière, trop plongé dans ses méditations claustrales, jusqu'au jour « où le czar des czars enverra son ange de mort au gardien de la foi et où son âme se séparera de son misérable corps [1]. » Tout autre est son successeur, Georges Brankovitch qui recommença la guerre contre les Turcs. Vaincu à Srébnié, il demanda la paix et ne l'obtint qu'à condition de payer à la Porte un tribut annuel de cinquante mille ducats, de rompre toute relation avec la Hongrie et de joindre ses troupes à celles du sultan. Georges dévora l'affront et attendit le moment propice de rompre avec les Turcs. Uni par des traités d'alliance avec l'empereur d'Allemagne, avec Wladimir le Diable, prince de Valachie, avec le prince asiatique de Kammania, trois fois encore il recommença la lutte, trois fois il fut vaincu. C'est en vain que l'empereur Frédéric essaya de susciter une croisade « contre les Turcs et autres hérétiques, qui sont le fléau de la chrétienté. » Georges, après la défaite de son armée, dut

1. Inscription funéraire de Manassia : *Car slavi...*

prendre la fuite et se réfugier à la cour du roi de Hongrie. L'intrépide et tenace fils de Vouc rassembla une quatrième armée et marcha au secours de Sémendria assiégée par Ishokbey et héroïquement défendue par Grégoire, le propre fils du despote. Mais l'armée de secours arriva trop tard ; Grégoire avait capitulé, et le féroce pacha des Turcs lui avait fait crever les yeux. Les Hongrois prirent la fuite.

L'empire serbe était détruit, le peuple était déjà à demi réduit en esclavage, et cependant Georges continua la lutte. « La mort, disait le héros, elle ne saurait m'effrayer ; mais puisqu'il faut mourir, j'aime mieux mourir sur un champ de bataille qu'en exil ! » Le nouveau roi de Hongrie, Vladislas, refusa de marcher contre les Turcs ; alors Georges implora les secours de la république de Raguse ; alors pour la première fois parurent dans les forêts de la Serbie et de l'Herzégovine le chevalier blanc de Hongrie, Jean Hunyade ; Scanderbey, le prince d'Albanie ; Yvane de Maramont. Pendant quelques jours, la fortune sembla sourire de nouveau à Georges Brankovitch ; Hunyade fut vainqueur, le sultan restitua la Serbie à Georges, et la Valachie à Wladimir Drakul.

Mais ce triomphe ne pouvait qu'être éphémère. Le 29 mai 1453, Constantinople était tombé entre les mains des Turcs, et Mohammed avait dit, citant le poëte persan : « L'araignée s'établit comme gardienne dans le palais des empereurs et tire un rideau sur la porte ; la chouette fait retentir les voûtes royales de son chant lugubre. » Et il ajouta : « Le ciel n'obéit qu'à un seul Dieu, la terre ne doit avoir qu'un seul maître. » La désolation fut grande chez les nations chrétiennes. Le vingtième jour après sa sanglante victoire, le sultan était à Andrinople, expédiant de superbes missives au sultan d'Égypte, au schah de Perse, au shérif de la Mecque, répondant aux félicitations de ses voisins par des demandes de tribut. Georges dut, lui aussi, courber la tête. Tranquille du côté du Danube, Mohammed entreprit la conquête de le Grèce. L'antique patrie de Miltiade et de Thémistocle soumise, le sultan se tourna de nouveau vers la Serbie ; il envoya à Georges un insolent message [1] : « Le pays sur lequel tu règnes ne t'appartient pas, mais à Étienne, le fils de Lazare, et par conséquent à moi. Cependant je pourrai te céder la part de ton père Voue, ainsi que la ville et le territoire de Sophia ; si tu te refuses à cet arrangement, j'en appellerai aux armes. » Georges passa pour la troisième fois en Hongrie, espérant y trouver quelques secours. Mais Mohammed était déjà entré sur le territoire serbe, taillant en pièces à Sophia les vaillants montagnards de la Schoumadia, s'emparant de toutes les places fortes, brûlant les villes et les villages, envoyant en Asie cinquante mille prisonniers. Alors seulement arrivèrent avec trente mille soldats Hunyade et Georges ravageant à leur tour tout le pays ; les Turcs furent chassés de Belgrade. Puis, tout à coup, au lieu de

1. Ducas, 3. 13. 177.

continuer, les deux héros de Hongrie et de Serbie écoutèrent les propositions de Marcello, ambassadeur de Venise, et offrirent la paix. Le sultân ne demandait pas mieux.

La paix dura six mois à peine. Au printemps suivant (1455), les armées turques étaient de nouveau sur le pied de guerre, et Isabeg franchit la frontière serbe. Le sultan lui-même appuya le hardi fils d'Uschak ; Novoberden, la mère des villes, fut prise après une héroïque résistance, et les Ottomans s'avancèrent jusque dans la plaine de Kossovo. Pendant l'hiver, les deux armées restèrent silencieusement en présence ; mais, quand le printemps revint, le sultan marcha avec cent cinquante mille hommes sur Belgrade. Le bombardement de la ville fut terrible : « Je prendrai en quinze jours, disait le sultan, la ville » que mon père a vainement assiégée pendant six mois, » et dans six mois je serai à Ofen [1] ! » — Vaine forfanterie ! Le pape Calixte prêcha la guerre sainte. Jean Hunyade rassembla à Szégédin une immense armée, tandis que le légat Joannès Capistrano appelait à lui soixante mille paysans armés de pieux, de frondes et de sabres. A leur tête étaient les magnats Korogh, Zélaghy, Ladislas de Kinirsi, avec ses escadrons superbes de hussards noirs. La bataille livrée aux Turcs sous les murs de Belgrade fut sanglante ; dans la mêlée, Capistrano invoquait Jésus à haute voix et agitait l'étendard des croisés ; Hunyade combattit comme un lion. Les Ottomans furent vaincus ;

1. Tagliacoticus, 1, 10, 79.

furieux, Mohammed ordonna un assaut général de Belgrade et se mit lui-même à la tête de ses janissaires. L'assaut fut repoussé ; les Turcs prirent la fuite, en vain le sultan essaya d'arrêter la débandade, il dut lever le siége, ayant perdu vingt mille de ses soldats.

Ce fut le dernier triomphe des chrétiens dans cette guerre terrible. Hunyade, blessé dans la lutte, affaibli encore par les miasmes pestilentiels du champ de bataille, expira vingt jours après la défaite de Mohammed, et le poëte chanta : « Son âme s'est envolée vers la grande patrie : Jean Hunyade avait assez vécu. » Georges suivit au tombeau son héroïque allié, le 24 décembre 1457, dans sa forteresse de Sémendria. Hunyade et Georges sont dignes de leur gloire. Certes, leurs luttes furent inutiles puisque la Serbie fut soumise par les Turcs, malgré leurs hauts faits ; mais le peuple gardera leur souvenir. Ce souvenir le soutiendra pendant les siècles de l'oppression, il l'excitera au combat le jour où il reprendra les armes contre ses tyrans.

Passons rapidement sur les tristes années qui séparent la mort de Georges de l'asservissement définitif de la Serbie. Le vieux prince laissait une fille, Mara, veuve de Mourad II, et trois fils, Grégoire, Étienne et Lazare. Mais les deux premiers avaient eu les yeux crevés par ordre d'Ishakbey, après la prise de Sémendria. Lazare chassa ses frères aveugles, prit seul le titre de Despote, empoisonna sa mère et demanda la paix au sultan, lui offrant un tribut annuel de 20,000 livres d'or. Ce misérable, qui déshonorait le nom de Brankovitch, mourut après deux mois de règne. Alors, tandis que sa sœur, la czarine Mara, revenait à Belgrade et suppliait le sultan de lui rendre ses droits, la veuve de Lazare, Hélène, se soulève, appelle à son secours le légat du pape, San-Angélo, qui marie sa fille aînée à l'héritier du trône de Bosnie. Chose étrange, telle était l'aversion des deux églises grecque et latine, qu'au moment même où pour plus de cinq siècles s'évanouissait l'indépendance de la Serbie, ce fut contre ce mariage conclu sous la protection du pape que se tourna l'indignation populaire, et la foule furieuse se souleva contre la petite-fille de Lazare. Mohammed profita de ces désordres : le grand vizir Mahmoud Pacha, beglerbey de Roumilie, entra en Serbie, gagna le Danube à marches forcées, soumit tour à tour Ressova, Czarivouc, Druro et Branigoraga. L'année suivante (1459), le sultan lui-même se mit à la tête de ses troupes, prit et incendia Sémendria. Bientôt tout le reste de la Serbie se soumit, et, six ans après la prise de Constantinople, l'empire du czar Douchan n'était plus qu'une humble province de l'empire ottoman. Seul, Scanderberg poursuivait en Albanie une lutte héroïque.

C'est ainsi que la Serbie fut soumise aux Turcs. Ses guerriers, ses intrépides défenseurs, n'étaient plus; Marko, le dernier survivant de Kossovo, dormait du sommeil des morts entre les bras de la vila de Chilindar, et ce sommeil dura plus de trois siècles.

III

LA SERBIE SOUS LA DOMINATION OTTOMANE.

La guerre avait éclaté entre les Hongrois et les Turcs. Voici ce que racontent les pesmas :

« Georges Brankovitch a dit à Hunyade : Si tu es vain-
» queur, que feras-tu de notre Église? Hunyade a ré-
» pondu : J'établirai partout la religion catholique et ro-
» maine. Alors Georges Brankovitch est allé vers le
» sultan et lui a dit : Si tu es vainqueur, que feras-tu de
» notre Église? Et le sultan a répondu : Auprès de chaque
» mosquée, il y aura une Église, et tout habitant sera
» libre de se prosterner devant l'une, ou de faire des signes
» de croix devant l'autre. »

C'est là le secret de la longue domination ottomane en Serbie, domination qui dura plus de trois cents ans. La tolérance religieuse la plus complète, tel était le fondement de la politique turque Était-ce par un mépris de l'infidèle conforme à ces paroles du Coran : « Celui que

» Dieu a abandonné à l'erreur, jamais tu ne pourras lu » faire reconnaître la lumière de la vérité ? » Était-ce par un intérêt bien entendu ? Qu'importe au fond, si la Porte avait essayé de persécuter les chrétiens serbes, au lieu de régner pendant quatre siècles en Serbie, elle n'eût joui que d'une domination éphémère comme dans le Monténégro. Les philosophes conseillent la tolérance religieuse comme une chose juste et fondée sur la liberté humaine; les hommes politiques devraient la conseiller comme un ressort essentiel d'un gouvernement fort.

Non-seulement le sultan respecta l'Église serbe; il sut encore avec une rare habileté tirer profit de sa constitution. Il y a en effet dans l'Église d'Orient autre chose que ces minuties bizarres, que ces superstitions puériles qui nous étonnent. Plus que l'Église romaine elle a su conserver la primitive simplicité du christianisme; elle a moins d'unité, dit Blanqui, elle a moins de discipline, d'où moins de grandeur et moins d'autorité; mais elle se prête mieux aux habitudes des peuples, elle est plus souple, elle ne supprime pas entièrement le libre arbitre de l'homme, et, moins austère, elle est portée aux transactions : en religion, comme en histoire, la formule du slavisme est simple : *médiation perpétuelle*. Graves différences que celles ci, plus importantes que celles dont dissertent les casuistes, *simples questions d'étiquette, de blason*. Aussi, dès la fin du xve siècle, par de successifs et insensibles empiétements, ce fut le patriarche de Constantinople qui s'arrogea le droit de consacrer le patriarche et les évêques de la Serbie, grand avantage pour la Sublime-Porte et dont les Slaves du sud n'ont pas compris la portée pendant longtemps. C'est ainsi que trois personnes représentaient l'administration ottomane chez les Serbes : le pacha auquel était dévolu le gouvernement politique ; le cadi, chargé de la justice ; l'évêque, chargé du culte. Tous trois percevaient les impôts, l'évêque chrétien comme les fonctionnaires turcs. Mais si le pacha de Serbie était tolérant en matière religieuse, il prenait comme sa revanche dans une épouvantable tyrannie politique. Aujourd'hui encore, il n'est pas un enfant de la libre Serbie qui ne prononce avec horreur le nom de la Néboïcha, cette sombre prison de Belgrade, d'où l'on sortait rarement, où, selon les pesmas, il y a de l'eau jusqu'aux genoux, où les serpents se croisent, et les amas d'os humains s'élèvent à la hauteur des épaules ; il n'est pas une jeune fille qui ne frissonne au souvenir du taureau de Boudnik, ottoman féroce et libertin, qui, pareil au Minotaure de la Crète, levait un tribut de vierges [1] : il n'est pas un cœur qui ne frémisse encore lorsque les vieillards racontent les horreurs des supplices, les souffrances indicibles de ceùx qui restaient vivants sur le pal, souvent pendant plusieurs jours, tandis que les chiens leur venaient manger les pieds.

Certes, de pareilles cruautés ne se renouvelaient pas chaque jour, mais le joug ottoman n'en était pas moins

1. Yankovitch, loc. cit. *p.* 20.

3.

dur. D'ailleurs le Coran même le conseillait. « Opprimez » les infidèles jusqu'à ce qu'ils paient la dîme et courbent » la tête. »

Les Turcs étaient les maîtres, les souverains absolus ; les Serbes étaient les serviteurs, les esclaves ; il fallait payer la dîme, payer le tribut, s'acquitter de la corvée, travailler au sol comme des bêtes de somme, puis payer encore, le *harac*, le *porez*, l'impôt sur le bétail, l'impôt sur les porcs, le droit de pâturage. Malheur au Serbe qui eût eu l'insolence de posséder des armes ou un cheval ! Aux Turcs, dit l'historien de cette triste époque, aux Turcs les métiers nobles, forger et ciseler les métaux, préparer le cuir, fabriquer les selles et les harnais, équiper les spahis et les janissaires ; aux Serbes les durs labeurs et les métiers infimes, le sol à fouiller, les arbres des bois à abattre, les troupeaux de porcs à garder dans la Schoumadia ; ils doivent obéir, ils doivent témoigner le plus profond respect à leurs maîtres, sous pein de prison ou de mort ; et un autre historien ajoute : le Turc fume, prie, se baigne et se repose ; il commande, il est redouté ; le Serbe laboure, travaille, obéit. Partout et toujours est observé le célèbre firman de Bagdad : « Les » sujets de la Porte ne doivent pas porter le même costume que les Musulmans ; leurs maisons doivent être » moins élevées ; les cloches de leurs églises doivent être » silencieuses ; défense leur est faite de monter à cheval[1]. »

Pour supporter cette effroyable tyrannie, il fallait au

1. Hammer, 112. Saint-René Taillandier ; Blanqui.

peuple serbe des trésors de résignation. La foi les lui fournit. Mais la résignation a des bornes. Quand le calice était par trop amer, quand le joug des infidèles était par trop cruel et inique, il se trouvait des hommes assez intrépides pour aller chercher la liberté loin de leurs foyers, loin de leurs familles, loin de toute civilisation. Comme le Monténégro, la Serbie a des forêts profondes et épaisses ; comme la Corse, elle a des mâquis sombres et retirés. C'est dans ces solitudes que les Serbes proscrits se réfugiaient ; ils se faisaient haydouks, c'est-à-dire bandits, c'est-à-dire héros.

Alors se développa la belle institution des probratimes ou frères d'adoption ; alors se resserrèrent les liens qui unissaient, dans une haine commune de l'Osmanlis, tous les vaincus de Kossovo Mais les haydouks n'étaient pas seulement des héros, des fils de la liberté, ils gardaient le dépôt des croyances religieuses, des légendes nationales. Quand ils tombaient entre les mains des Turcs, ils ne se lamentaient pas ; comme les premiers chrétiens, ils attendaient le martyre avec joie, ils chantaient en marchant au supplice : «Est-ce qu'après tout il ne faut pas mourir [1] ?»

C'est des forêts et des mâquis que sortira la grande révolution serbe ; ce sont les haydouks qui en seront les plus vaillants soldats.

Mais cette vie âpre et rude des haydouks ne convenait pas à tous ; seuls, les jeunes gens pouvaient l'embrasser avec la force et l'ardeur de leur âge. Les noires retraites

1. Vouk. *Dict. serbe*, 1818.

des forêts n'auraient pas suffi pour empêcher la vie nationale de s'éteindre pendant les longues années de l'oppression ; il a fallu les monastères, il a fallu les couvents, ces caravansérails de l'Orient chrétien, que les Turcs respectèrent, tandis qu'ils livraient aux flammes les églises. La conservation de la nationalité est due à la conservation de la religion, et, sans les couvents, la religion de l'Évangile eût pu disparaître devant celle du Coran. Ce spectacle, nous le verrons se produire dans la Tzernogora, malgré les efforts des évêques et du clergé. C'est que dans la Montagne Noire, le culte manquait de ces asiles sacrés où la foi ne saurait s'éteindre, pareille au flambeau des vestales. Les Turcs, nous l'avons dit, ne persécutaient pas les chrétiens serbes ; mais cette tolérance indifférente et méprisante n'eût sans doute pas suffi. Les Serbes de la Bosnie en sont un exemple. S'ils ont passé à l'islamisme, dit Léopold Ranke, c'est qu'il n'y avait pas chez eux d'assez nombreux couvents pour protéger les vieilles croyances.

On peut lire dans les voyages de MM. Blanqui et Xavier Marmier la description de ces monastères, vastes bâtiments d'une architecture simple et primitive, aux murailles ornées de fresques. Le jour de la fête populaire, on y arrivait de toutes parts, on priait, on célébrait le repas en commun, on dansait, on écoutait surtout le rapsode aveugle chantant les exploits des ancêtres, la bataille de Kossovo, la vie aventureuse de Marko. Cette poésie, si chaleureuse et si ardente, n'a pas peu contribué, elle aussi, à conserver intact l'esprit national des Serbes. Quels souvenirs que ceux de la dernière guerre contre les infidèles, de cette guerre funeste qui aboutit à la journée sanglante de Kossovo ! qu'ils étaient bien faits pour entretenir sans cesse la flamme du patriotisme ! Lazare, Marko Kraliévitch, ces deux noms reviennent sans cesse dans les pesmas. Lazare, c'est le czar héroïque qui préfère l'empire du ciel à l'empire du monde, mais qui n'en combat pas moins pour la foi. Marko, c'est à la fois le Cid et le Roland de la Serbie, qui trouve dans Roçanda sa Chimène et sa belle Aude au bras blanc ; c'est le guerrier farouche qui combat toute sa vie contre les infidèles. Sa mort ressemble singulièrement à celle du héros de Roncevaux. Trahi, vaincu, prêt à tomber entre les mains de ses ennemis, il laisse couler le sang de ses blessures pour ne pas servir aux Osmanlis de trophée vivant ; mais rien de lui ne doit être souillé par les barbares ; d'un coup de son sabre, il abat la tête de son cheval Scharatz et lui creuse une fosse ; comme Roland, qui brise Durandal, il brise son bon sabre et le lance du haut de l'Ouvrina dans la mer profonde. Puis il meurt ; des moines ensevelissent son cadavre. Mais le héros reviendra un jour sur terre, le jour où la Serbie se lèvera contre l'oppresseur.

Et puis en secret, comme si c'était un crime que d'en parler, on se racontait l'histoire de Grouïtza, le roi de la Montagne Verte, libre encore dans ses inaccessibles Balkans [1]: « Le pacha de Zagorié écrit une lettre, et il l'expédie au knèze Miloutine vers la plaine de Grahovo : « Miloutine, knèze de Grahovo, prépare-moi un logement splendide, fais nettoyer trente chambres pour mes trente braves, et procure-moi trente jeunes filles dans les trente chambres pour mes trente braves ; pour moi, fais décorer la blanche tour, et que là soit ta chère fille, la belle Ikonia, afin qu'elle reçoive les caresses du pacha de Zagorié. » Et la lettre va de main en main, jusqu'à ce qu'elle arrive à la plaine de Grahovo, aux mains du knèze Miloutine, qui se met à pleurer en la lisant. Mais la belle Ikonia lui dit : « O mon père, knèze Miloutine, fais nettoyer les trente chambres et préparer un souper splendide; ne t'inquiète point des jeunes filles, je me trouverai trente compagnes, et pour moi je serai dans la blanche tour. »

» Ikonia ayant instruit son père, elle prit une écritoire et du papier, et elle écrivit sur son genou cette lettre à son pobratime Grouïtza : « Frère, choisis dans ta bande trente jeunes compagnons, qui soient beaux comme des filles, et viens avec eux vers notre blanche maison. » Et, la lettre écrite, elle l'envoie en hâte à Grouïtza, qui sitôt se met en marche et arrive au coucher du soleil dans la plaine de Grahovo. La belle Ikonia l'attendait, elle ouvre les bras et le baise au visage, à ses trente compagnons elle baise la main, puis les introduisant dans la

1. A Dozon. *Poésies populaires serbes.* (Traduites sur les originaux.)

blanche tour, elle ouvre de grands paniers, en tire des habits de fille, dont elle revêt les trente haydouks; après quoi, elle les conduit dans les trente chambres, et Grouïtza leur dit : « Frères, vous tous mes compagnons, que chacun de vous demeure dans sa chambre; puis, quand viendront les gens du pacha, baisez leur le bord de l'habit et la main, détachez leurs armes brillantes, et servez-leur le vin et l'eau-de-vie. Mais écoutez mon fusil : quand il retentira dans la blanche tour, c'est que j'aurai tué le pacha ; que chacun de vous, alors, tue son homme et tous accourez vers moi pour voir ce qu'il est advenu du pacha. »

» Ainsi avait dit le jeune Grouïtza, et ainsi est-il arrivé. La belle Ikonia emmena les haydouks et les distribua dans les chambres. Puis, elle revient à la tour et, tirant ses plus beaux habits, elle en revêt Grouïtza l'adolescent. Elle lui passe une fine chemise brodée d'or, aux jambes des pantalons et aux épaules trois tuniques,sur lesquelles il y a trois mesures d'or ; au col elle lui attache trois colliers, et, par-dessus, un rang de perles ; aux jambes, elle lui met des guêtres et des babouches; et, pour compléter ce costume, elle lui couvre la tête d'une riche coiffure ; puis se mettant à le considérer, elle lui dit : « Tu es beau, mon frère! plus beau que moi, qui suis une fille. » Comme ils parlaient ainsi, on entend résonner le pavé de marbre : c'est le pacha de Zagorié qui arrive ; devant lui marche le knèze Miloutine et derrière lui ses trente braves. Grouïtza va à leur rencontre, et baise la main et l'habit du pacha, qui lui rend le baiser entre ses yeux noirs, et dit à Miloutine : « Retire-toi, knèze, avec mes braves, et fais-leur servir un souper comme il convient ; pour moi, je ne veux rien manger. » Et quand ils furent partis, Miloutine et les trente braves, alors le pacha commença à ôter ses riches habits et Grouïtza à placer les coussins ; puis,quand le pacha se fut mis à l'aise, il se laissa tomber sur la couche, en disant à Grouïtza : « Viens ici t'asseoir, belle Ikonia, passe avec moi la nuit sur ce lit, et tu seras la femme d'un pacha. » Et aussitôt il se met à lutiner Grouïtza, à lui passer la main sous les bras; mais le haydouk n'y était pas fait : Arrête, débauché, dit-il en sautant sur ses pieds légers, arrête, pacha de Zagorié ! Ce n'est point ici la belle Ikonia, mais Grouïtza Novakovitck ! » Puis,tirant un poignard de sa ceinture, il en perce le pacha, court à la fenêtre de la tour et tire deux coups de fusil pour donner le signal à ses compagnons. A peine les haydouks l'eurent-ils entendu, que saisissant les sabres tranchants ils en tuèrent les trente braves, leur prirent ce qu'ils avaient de précieux et coururent trouver leur chef pour voir ce qu'il avait fait du pacha. Or, il l'avait tué, et il était assis buvant du vin que lui servait la belle Ikonia. »

C'est ainsi que les Serbes sous la domination ottomane ne cessaient d'espérer dans un avenir meilleur. Leur histoire,pendant cette triste période,se borne à peu de chose. Ceux d'entre les Serbes qui, à la mort de Lazare, s'étaient réfugiés en Hongrie, continuèrent dans leur nouvelle patrie à combattre la puissance ottomane; ils formaient à Salan-Kemen et à Temesvar une petite armée que commandèrent pendant longtemps deux princes de la famille des Brankovitch, Vouc, dit le Dragon, et Paul, neveu de Grégoire. On voit ces vaillants proscrits lutter à Gibeh (1480) avec leur bravoure habituelle contre les troupes du sultan qui avaient envahi la Transylvanie ; le roi Mathias protégea le prince Paul et donna aux Serbes le privilége d'exercer publiquement leur religion. Puis Vouc Zmaï et Paul moururent à quelques années de distance ; la plupart des Serbes émigrèrent en Transylvanie ; les membres de la famille Brankovitch, le prince Joseph, Auguste, les deux Étiennovitch, offrirent leurs services à l'empereur. La dispersion était complète, la Sublime-Porte était partout victorieuse, et le kral Marko sommeillait encore dans son tombeau.

Mais pour que Marko vînt prendre de nouveau le commandement de ses haydouks, il fallait autre chose encore que le courage jamais abattu des enfants de la Serbie; il fallait le sentiment de force inspiré par l'alliance d'une autre nation slave. Aussi les yeux des guerriers asservis se tournaient sans cesse vers Vienne et Moscou : les uns espéraient dans le czar du Nord dont l'appui fut dans la suite d'utilité si grande aux enfants de la Montagne Noire; les autres espéraient dans l'empereur d'Allemagne. N'était-il pas à la fois roi de Bohême et de Moravie? devait-il rester étranger aux intérêts du peuple slave, lui qui commandait à d'autres Slaves, lui qui dans une union de ces peuples pouvait trouver la plus solide des barrières entre son empire et celui du sultan?

Il sembla pendant quelque temps que l'empereur d'Allemagne fût disposé à prendre le beau rôle de libérateur du peuple serbe. On vit (1665-1690), l'empereur Léopold pressant le patriarche d'Ipek de proclamer Georges Brankovitch, despote de Serbie, promettant à tous les proscrits ses secours et son appui. Le patriarche hésita; Léopold insista de nouveau, et Maxime proclama Georges II, qui rejoignit à Kladovo l'armée autrichienne du général prince Louis de Bade. Mais, au dernier moment, l'empereur recula devant la grandeur de l'entreprise. Alors[1] épouvantées par les dispositions menaçantes des Turcs, près de quarante mille familles serbes compromises dans la tentative de Georges, allèrent s'établir en Syrmie, en Slavonie, dans les environs de Bade, où Léopold les couvrit de sa protection. Charles VI et Marie-Thérèse suivirent la même politique. Quant à Georges II, il mourut dans la forteresse d'Eger, après trente années de captivité.

Cependant l'empire turc chancelait sur ses bases. Déjà le Monténégro avait levé l'étendard de la révolte; déjà plusieurs pachaliks avaient refusé le paiement de l'impôt; l'Égypte et la Bosnie s'étaient rendues à demi indépendantes de la Porte. Joseph II était alors empereur d'Allemagne : peu de princes ont été animés d'un esprit plus libéral, employant la force même pour réaliser ces réfor-

1. H. Thiers. *La Serbie*, p. 89. sq.

mes que dans des pays voisins d'autres princes combattaient avec la dernière violence, et cependant le fils de Marie-Thérèse fut méconnu de ses contemporains, l'histoire même ne lui a pas encore rendu le rang si élevé dont il est digne. Joseph II prit en main la cause des Serbes chrétiens : « Il faut, disait-il, venger l'humanité de tout le mal qui lui ont fait les Ottomans ; il faut rejeter dans leurs steppes ces barbares d'Asie. » De là, au moment même où éclatait la Révolution française, son alliance avec la Russie, alliance dont la plupart des causes ont été si mal comprises de ceux-là mêmes qui jouèrent un rôle dans les fameuses négociations de Carson, du prince de Ligne, par exemple, alors attaché à la cour de l'impératrice Catherine et qui disait de ces événements : « La flotte de Cléopâtre est partie de Kiovi dès qu'une canonnade générale nous a appris la débâcle du Borysthène. Si on nous avait demandé, quand on nous a vus monter sur nos grands ou petits vaisseaux, au nombre de quatre-vingts voiles, avec trois mille hommes d'équipage : *Que diable allaient-ils faire dans les galères ?* nous aurions pu répondre : Nous amuser ; et *voguent les galères !...* [2] »

Au mois de décembre 1787, l'armée autrichienne était sur pied. Malheureusement l'empereur voulut en prendre lui-même le commandement sous la maladroite direction de Lacy, son Mentor militaire, bon serviteur, brave soldat,

1. L. Ranke, *Hist. de la révol. serbe*, p. 78. sq.

2. Prince de Ligne : *Mélanges militaires, littéraires, sentimentaires*, (1795 1809,)-tome XXIV.

mais nullement général : il eût fallu occuper la région de la Save, Widdin et Belgrade, prendre Nisch, s'étendre sur toute la Serbie où le colonel Mihaljéwitch formait ce corps franc qui devait à Kjupria et à Krougévatz se couvrir de gloire[1]. L'empereur n'en fit rien : effrayé par l'alliance de la Prusse et de l'Angleterre, privé de la coopération de Catherine par la brusque entrée en campagne de la Suède, il se contenta de prendre Shabaz et d'assiéger Belgrade, lorsque tout à coup dans les humides plaines de la Drave la peste parut, décima l'armée. Débuts fâcheux : Joseph II partit pour la Croatie et appela le vieux Laudon. Mais le reste de la campagne ne fut guère mieux conduit : en vain Souvarow vainquit les Turcs à Boscha, en vain Belgrade ouvrit ses portes, Frédéric le Grand devenait menaçant et un congrès se réunit à Sistowa. Les Serbes tentèrent un dernier effort, protestèrent : tout fut inutile. Que pouvaient-ils contre les misérables intrigues qui divisaient les cours de Vienne et de Saint-Pétersbourg, contre le découragement de Joseph, contre la jalousie de Repnin disputant à Potemkin la gloire des négociations, tandis que l'insolent favori recevait les plus grands de l'empire comme ses valets, créant, détruisant et brouillant toute chose? Le traité du 4 août 1791 mit fin à la guerre et la Serbie retomba sous le joug ottoman.

Certes, c'eût été une grande gloire pour Joseph II ou pour l'impératrice Catherine de délivrer le peuple serbe,

1. Masson : *Mémoires secrets sur la Russie*, vol. I, p. 160

de relever l'empire de Douchan. Mais il valait mieux pour la Serbie de ne devoir son indépendance qu'à elle seule, de la conquérir elle-même, fût-ce au prix de son sang le plus précieux. La Providence a ses desseins cachés que les hommes sont longtemps à méconnaître. Les Serbes, abandonnés par l'Autriche, abandonnés par la Russie, courbèrent la tête avec douleur : l'oppression devait-elle donc durer éternellement? Les Serbes ne comprirent pas que la liberté acquise au prix de la protection d'une puissance étrangère, n'eût jamais eu de la liberté que le nom. La czarine eût voulu faire de Belgrade un chef-lieu russe, lui imposer des généraux et des prêtres moscovites. Quant à l'Allemagne, elle méprisait les Serbes, elle haïssait les races slaves si différentes des races germaniques; plus tard elle les jalousera, et, dans son égoïsme étroit, elle applaudira Hegel, affirmant que les Slaves ne comptent pas dans le travail de l'humanité.

Nous touchons au glorieux moment où, la coupe de lie vidée, la Serbie va se lever comme un seul homme contre les pachas qui l'oppriment. La dernière campagne de l'empereur Joseph avait réveillé, excité tous les esprits. « Qu'avez-vous fait de nos raïas? » s'écriait, en s'adressant à un officier autrichien, un commissaire du pacha de Belgrade; et le sultan Moustapha songeait déjà à abandonner Stamboul pour retourner en Asie. Le peuple murmura : Sélim, successeur de Moustapha, réagit énergiquement contre la politique de son père; il équipe de nouvelles troupes, leur impose une discipline sévère, fait fondre des canons, achète des vaisseaux à l'Angleterre, fortifie les frontières. A la nouvelle de ces préparatifs, l'agitation, qui s'était emparée de la Serbie, augmenta encore, sourde rumeur, bruit précurseur de l'orage, de cette grande révolution qui rendra la liberté au peuple de Douchan et de Lazare, révolution essentiellement démocratique, et dont les chefs ne seront pas, comme ceux de la Grèce, des princes et des nobles parfois empruntés à des terres étrangères, mais de grossiers paysans, sachant lire à peine et qui accompliront cependant l'une des œuvres les plus glorieuses des temps modernes. Certes, la Serbie, dans la longue guerre qu'elle eut à soutenir contre les Turcs, déploya autant d'héroïsme que la Grèce. Kara-Georges vaut Botzaris, les défenseurs de Tschoketschina valent ceux de Missolonghi. Mais comme l'a dit le vieux philosophe : « La gloire d'une belle action dépend beaucoup de l'endroit où elle se passe. » Sublime avantage : les Grecs ont trouvé un Byron pour chanter leurs exploits; et pour chanter leur lutte épique, les Serbes n'ont que les bardes errants des pesmas!

IV

LA RÉVOLUTION SERBE. — KARA-GEORGES.

De tous les ennemis intérieurs du sultan, aucun n'était plus à craindre que le corps farouche des janissaires, insolents et cupides mercenaires dont la puissance était une des causes de la décadence de l'empire ottoman; les vizirs tremblaient devant eux, et depuis longtemps déjà les sultans étaient entre leurs mains de timides instruments, comme jadis les Césars de Rome entre les mains de la garde prétorienne. Sélim dès son avénement, avait résolu d'abattre l'orgueil et les prétentions des janissaires. Tâche rude et difficile, entreprise pleine de périls, qu'il fallait tenter cependant, car le salut de l'empire en dépendait. Sélim y succombera et cette réforme ébauchée contribuera à accélérer la révolution serbe.

Si les janissaires étaient les plus redoutables parmi les ennemis intérieurs du sultan, les janissaires de Belgrade étaient de tous ceux qui lui inspiraient le plus de crainte.

Leur insolence ne connaissait pas de bornes; unis aux spahis, soutenus par le célèbre Pasvan-Oglou, ils avaient élu eux-mêmes leurs chefs qu'ils appelaient dahis, à l'exemple des deys de Tripoli et d'Alger; ils commandaient en maîtres dans toutes les forteresses; ils refusaient l'obéissance aux pachas de Serbie et de Bosnie.

En présence de cette situation, grosse de dangers, Sélim nomma un nouveau pacha de Belgrade, l'énergique Abou-Békir; mais à peine celui-ci était-il arrivé à Nisch, que les janissaires l'entourent et le menacent; Abou-Békir répond par la lecture du firman impérial qui ordonne aux janissaires de quitter la Serbie, et de se tenir prêts à obéir aux ordres du sultan. Ce firman était prévu; un violent tumulte n'en suit pas moins la lecture faite par le pacha; un coup de feu part, et le malheureux envoyé de Sélim tombe baigné dans son sang. Ce qu'il y eut de plus grave, c'est que les soldats, rassemblés aussitôt après par le sultan, refusèrent de marcher contre les révoltés : « Jamais, s'écriaient-ils, nous ne ferons la guerre à des Musulmans qui n'ont d'autres torts que celui de vouloir empêcher que l'on porte atteinte à leurs droits [1]. »

Les janissaires se trouvèrent ainsi maîtres absolus de la Serbie; les cadis avaient pris la fuite, les pachas n'osaient se risquer parmi eux, une véritable terreur régnait à Belgrade et dans les campagnes. Nul n'était assuré de sa fortune,

1. Olivier : *Voyage dans l'empire ottoman;* cité par L. Ranke. Loc. cit., p. 94.

nul n'était assuré de sa vie; il semblait, dit Léopold Ranke, que contrée et habitants, tout fût devenu la propriété des dahis. Déjà le sang avait coulé; le knèze de Schabatz, Rauko, avait été égorgé par le sauvage Bego Nouljanin, et le district tout entier avait été livré aux flammes. Puis, les janissaires avaient rompu avec leurs anciens alliés, les spahis; ils les chassèrent, ils massacrèrent tous ceux qui leur tombaient entre les mains; le meurtre et le pillage furent organisés en système.

Les knèzes envoyèrent une députation à Sélim : « Le joug des dahis est insupportable, dirent ces malheureux; nos croyances sont attaquées, nos femmes et nos filles outragées, nos monastères livrés aux flammes, nos prêtres abreuvés d'insultes. Sire, si V. M. ne met pas fin à ces excès, nous irons nous réfugier dans les montagnes et nous saurons nous venger nous-mêmes. » Le sultan répondit alors par la bouche du grand vizir : « Vos plaintes sont justes, mais puisque les croyants n'aiment pas tirer le sabre contre d'autres croyants, j'enverrai contre les dahis une armée étrangère. »

Parole imprudente ! Quelle était cette armée étrangère sur laquelle Sélim fondait ses espérances ? Était-ce une armée russe, était-ce une armée autrichienne ? N'était-ce pas plutôt les raïas serbes que le sultan avait eus en vue ? Aussitôt un seul cri se fait entendre parmi les dahis : « Mort aux raïas ! » Les janissaires courent aux armes, envahissent les villages et les fermes, égorgent les raïas et les knèzes. Stanoje, de Bé-

4

galitza, fut le premier qui tomba sous les coups de ces furieux ; puis ce fut au tour d'Étienne de Socke, de Théophan, de Mark Tschaparapitch, du prêtre Géro (4 février 1804), de cent autres dont les noms ont été conservés dans les chroniques de la Serbie. Le pays tout entier était plongé dans la terreur : où devaient s'arrêter ces vêpres sanglantes ? Personne ne le savait, mais chacun craignait pour soi. Seuls, les vieillards et les enfants demeurèrent dans les villages, tous les hommes valides se réfugièrent dans les montagnes.

C'est alors que du fond des forêts de la Schoumadia, une voix éloquente s'éleva, appelant tous les Serbes à la défense de leur foi, à la conquête de la liberté ; cette voix, c'était celle d'un rude paysan de Topolo, Georges, fils de Pierre.

L'homme que les Turcs devaient surnommer Kara-Georges [1], et auquel était réservée la gloire de rendre à sa patrie la liberté et l'indépendance, gardait alors dans la Schoumadia des troupeaux de porcs. C'était un homme grand et fort, aux épaules larges, à la tête longue et fine, au nez vigoureusement accentué ; mais l'expression était douce, le regard bienveillant et serein. On a pu dire de lui, comme Michelet de Gustave-Adolphe, qu'il était « un bon géant. »

Sa jeunesse fut héroïque. Lorsqu'en 1787 les Autrichiens soulevèrent les raïas, son père et lui combattirent

1. Georges le Noir.

dans les rangs des révoltés, sous les ordres du colonel Mihaljévitch. On sait l'issue de cette guerre, et la triste paix de Sistowa. Redoutant la vengeance des Ottomans, Georges et son père prirent la fuite; ils arrivèrent à la frontière allemande, aux rives de la Save. Alors le vieux Pierre dit à son fils : « Georges, écoute ton père : il est mauvais de quitter sa patrie, reste, ne va pas en Allemagne ; nous nous soumettrons, nous serons pardonnés. — On ne nous pardonnera pas, reprit Georges. — Eh bien alors, pars seul, moi, je reste. — Et comme Georges s'écriait : Tu veux donc que je te livre à tes bourreaux, mieux vaut te donner la mort tout de suite! » Le vieillard le bénit et tendit la gorge au poignard de son fils.

L'histoire ne saurait juger ce parricide, sur lequel la Grèce antique eût cru voir planer le spectre sombre de la fatalité. Georges Pétrovitch se réfugia en Autriche, puis, lorsque les haines furent apaisées, il revint en Serbie et se fit pâtre dans les vallées boisées de la Schoumadia.

Georges le Noir était le héros qu'il fallait à la Serbie. Le bon géant était d'une bravoure sans borne; le sang ne lui coûtait pas à répandre, quand il croyait la justice compromise; portant toujours à sa ceinture son pistolet, terrible instrument de punition et de vengeance, il aimait le juste, le disait naïvement et grandement : « Quand l'iniquité m'irrite, je frappe, je tue. » Plus tard, quand il fut le chef des Serbes, son frère Marinko viola une pauvre jeune fille; Kara-Georges dit au peuple : « Que mérite celui qui se rend coupable d'un rapt et d'un viol? La mort! dit le peuple. » Et Kara-Georges fit trancher la tête de son frère, ajoutant avec calme : « Nous n'avons pas fait une guerre à mort aux gens qui outragent les femmes pour les outrager à notre tour. » Comme tous ceux qui nourrissent de grands desseins, il était silencieux. « Lorsqu'il n'était animé ni par la boisson, ni par les coups de fusils, ni par la contradiction dans le conseil, dit Adolphe de Caraman, on le voyait souvent rester une journée entière sans proférer une seule parole. » Et Léopold Ranke ajoute : « Il demeurait alors enfoncé dans ses pensées, et rongeait le bout de ses ongles. » Il aimait les femmes et le vin, et alors, dans des accès de joie sauvage, il dansait le *kolo*. Au fait, ce ne fut toute sa vie qu'un paysan, inculte, grossier, méprisant le luxe, vêtu toujours de la même pelisse usée et des mêmes pantalons bleus : seul l'or le fascinait, l'attirait. Sa simplicité fut sa grandeur. Plus tard quand il sera knèze et commandant des Serbes, quand tous les pesmas chanteront ses exploits, il continuera à labourer la terre, et, comme les autres villageoises, sa fille ira puiser de l'eau à la fontaine. Mais sur les champs de bataille le héros se réveillait.

Lorsque les janissaires, ivres de sang et de carnage, pénétrèrent dans la Schoumadia, Kara-Georges était en train de rassembler un troupeau de porcs pour le vendre en Autriche. A la vue de l'ennemi, il abandonne son troupeau, il fuit dans la montagne avec deux amis, deux pâtres du bourg de Silnitza, le sage et éloquent Yanko-Katitich et Vasso-Tschaparapitch, frère du knèze égorgé par les dahis. Aussitôt, les haydouks, Glarasch, Véliko, viennent à sa rencontre; Kara-Georges donne le signal de la guerre : « Que tout homme capable de manier un fusil se joigne à nous! Cachez dans les mâquis les vieillards, les femmes et les enfants! »

A la voix de Kara-Georges s'élevant du haut des sommets de la Schoumadia, les provinces de la Morava et de Koloubra se soulevèrent. Dans la Koloubra, le chef de la révolte est le knèze Jacob Nénadovitch; et à ses côtés combattent le pope Lucas et le terrible haydouk Kjurtschia. Milenco, knèze de Klitchevatz, soulève la Morava, et Pierre Théodorovitch d'Obrinjats le soutient.

Partout la révolte triomphe : les Turcs abandonnent les villages, et les dahis occupent les places fortes. Il s'agissait maintenant pour les Serbes de choisir un chef, ils disaient : « Chaque Koutcha a son Staréchina[1], la patrie elle aussi doit avoir le sien. » La haute dignité est offerte au haydouk Glorasch. « Je suis bon pour combattre, dit-il, non pour commander. » Théodore, knèze d'Oraschjé, refuse également. Mais Kara-Georges accepte. Il avait hésité longtemps, mais les knèzes lui avaient dit : « Nous te soutiendrons de nos conseils. Qu'importe que tu sois sévère et violent? Aujourd'hui c'est la sévérité qu'il nous faut. » Alors seulement il accepta et prit le titre de commandant des Serbes.

1. C' -à-dire: chaque maison a son chef.

Cependant les dahis, retranchés dans les forteresses, appellent à leur secours les terribles cavaliers connus sous le nom de kridschales. De son côté, Ali-Bey, pacha de Bosnie, s'établit au fort de Schabatz, avec une nombreuse armée; il somme les Serbes de mettre bas les armes. A cette insolence il fut répondu par la victoire de Svilenoa. Puis Kara-Georges mit le siége devant Belgrade.

La victoire de Svilenoa donna à la révolte un immense élan. Schabatz capitula grâce aux deux cents haydouks du couvent de Tschoketschina qui se firent égorger jusqu'au dernier pour retarder l'armée de Békir et permettre à Georges de forcer les portes de la ville. « Ce furent là les Thermopyles de la Serbie. » Le chef de ces haydouks, l'indocile Kjurtschia, avait hésité devant le danger, il voulait abandonner le couvent. « Eh, disait-il, laissons les Turcs détruire ces murailles, on rebâtit un monastère brûlé, on ne ressuscite pas un homme mort ! » Le knèze Jacob Nénadovitch lui répondit par une parole antique : « Crois-tu donc que la semence des hommes doit périr avec toi ! »

Le siége de Belgrade continuait. A Constantinople, le sultan Sélim avait accueilli avec joie la nouvelle de la révolte des raïas; il était donc enfin vengé de ces insolents janissaires qui lui brisaient le pouvoir entre les mains ! Sélim considéra les Serbes comme des auxiliaires' il promit au knèze Jean Raschkovitch, alors à Stamboul de secourir ses frères révoltés, il ordonna au pacha de

Bosnie d'intervenir en Serbie, d'éloigner les dahis et de rétablir l'ordre. — Aussitôt, Békir joint ses troupes à celles de Georges, de Nénadovitch, de Milenko, et pousse avec vigueur le siége de Belgrade. La terreur règne dans la grande ville; les kridschales prennent la fuite; les dahis s'embarquent sur le Danube pour se réfugier à Novo-Orsova; mais les raïas les préviennent, les surprennent, vengent sur eux le massacre des knèzes. Alors le pacha Békir dit aux Serbes: « Maintenant justice est faite, retournez dans vos maisons : vos troupeaux et vos charrues vous attendent. »

Lorsque Kanut ordonna au flux de la mer de se retirer dans son lit, il ne s'attendait pas à ce que les flots lui obéissent. Sélim, lui, s'attendait naïvement à ce que le torrent populaire s'arrêtât au premier son de sa voix. Kara-Georges se chargea de le détromper.

La défaite des dahis changeait peu de chose à la situation matérielle de la Serbie; la tyrannie ottomane pouvait recommencer du jour au lendemain. Il fallait aux raïas des garanties. On était alors au mois d'août 1804. Georges temporisa, traîna en longueur les négociations avec le sultan. Mais pendant ces six mois il avait envoyé trois ambassadeurs à Saint-Pétersbourg, Jean Pratch, le proïa Nénadovitch et Tchardaklia. Ce que l'on demandait à la cour impériale, était moins un secours actif qu'un appui moral. Les députés retournèrent avec cette réponse : « Prenez l'initiative du mouvement, adressez vos demandes à Constantinople, notre représentation les appuiera. »

Aussitôt Kara-Georges cessa de temporiser. Il convoque à Ostraschnitza une assemblée de tous les Serbes; le sultan, les hospodars de Valachie et de Moldavie envoient des représentants. Dès la première séance Sélim rendit un firman qui donnait à Georges le titre d'ober-knèze de la Serbie. Mais cette vaine distinction honorifique ne suffisait plus : « A dater d'aujourd'hui, dit Georges, les Serbes ne payeront plus d'impôt au divan; assez longtemps le joug turc a pesé sur les chrétiens. Nous expulserons de leurs repaires les derniers dahis et nous nous emparerons de toutes les forteresses. » Ces paroles furent suivies d'actes non moins énergiques. Sans attendre le retour des députés envoyés à Stamboul, Kara-Georges recommença la guerre, forçant les citadelles occupées par les dahis, taillant en pièces tous les bataillons ennemis qu'il rencontrait; et un nouveau chant de triomphe résonna dans la Shoumadia : « Quand le soleil de la Serbie brille dans les eaux du Danube, le fleuve semble rouler des lames de yatagan et les fusils resplendissants des Monténégrins : c'est un fleuve d'acier qui défend la Serbie. Il est doux de s'asseoir sur la rive et de regarder passer les armes brisées de l'ennemi. — Quand le vent de l'Albanie descend de la montagne et s'engouffre dans les forêts, il en sort des cris comme de l'armée des Turcs en déroute, et ce murmure est bien doux à l'oreille des Serbes affranchis. Mort ou vivant, oh! qu'il est doux après le combat, de reposer au pied du chêne qui chante la liberté! »

Sélim était fort embarrassé ; il ne demandait pas mieux que de se concilier les Serbes, préférant avoir de fidèles alliés que des sujets toujours disposés à la révolte ; il hésitait à repousser leurs propositions et à entrer en lutte avec eux. Mais d'autre part le mécontentement contre ses tentatives de réformes augmentait à Constantinople; on l'appelait le *sultan Giaour.* Sélim eut la faiblesse de céder aux vieux Turcs. Au mépris du droit des gens, il jette dans un cachot les envoyés serbes, et donne à Afiz, pacha de Nisch, l'ordre de marcher contre les rebelles.

La guerre épique était engagée : d'un côté les troupes innombrables de l'empire turc, les spahis, les janissaires, les bachi-bozouks; de l'autre quelques milliers de haydouks et de pâtres, armés de vieux fusils, de handjars, de faux, mais animés du plus ardent patriotisme, héroïque poignée d'hommes ayant juré de vaincre ou de mourir. Un grand poëte l'a dit : « Cette histoire ne doit pas être simplement écrite, elle doit être chantée ! » — Je vais essayer d'en retracer les principaux épisodes.

Afiz marche sur Belgrade; Milenko l'attend fièrement à Kjupria avec trois mille hommes, soutenu par Georges et le peuple de la Schoumadia. Le pacha de Nisch tenait le langage de Xerxès, les Serbes se battirent comme les Grecs de Thémistocle. La lutte fut terrible et se prolongea pendant deux jours; la victoire était indécise, lorsque, le soir du second jour, le bruit de l'arrivée de Georges se répand sur le champ de bataille; à cette nouvelle, les Osmanlis prennent la fuite. Afiz ne peut supporter la honte d'avoir été vaincu par de misérables raïas; il meurt de douleur et de colère. Les Turcs le vengent en assassinant le vaillant voïvode Guiska Voullitchévitch.

La guerre continua avec de sanglantes alternatives. Contre les Serbes chrétiens, le sultan appelle aux armes les Serbes musulmans de la Bosnie, de l'Albanie, de l'Herzégovine; Békir et Ibrahim se mettent à leur tête, et Osman Dshora marche sur Sokal; mais les Serbes l'attendent au passage de la Drina, le repoussent, le massacrent avec des milliers des siens. Puis c'est au tour de Méhémet-Kapétan, qui envahit la vallée de Matschra, de se briser contre l'enthousiasme des haydouks de Tschanpitch. Seul parmi les Serbes, Nénadovitch se trouble; il négocie au lieu de se battre, se laisse surprendre et vaincre par le jeune séraskier Kulin. Désastre terrible! Les habitants des campagnes prennent la fuite, le pacha de Scoutari passe la frontière, le pays est livré aux flammes. Mais Kara-Georges arrive : il envoie Kalitch avec quinze cents hommes contre les trente mille soldats de l'armée de Bosnie, et marche lui-même avec mille de ses plus intrépides haydouks contre Hadschi-Bey; il le bat sous les murs de Petzra, chasse les Turcs devant lui, les culbute dans la Drina, puis revient sur ses pas, rétablit partout l'insurrection, punit de mort les knèzes coupables de trahison, récompense les services héroïques de Milosch Stotschevitch. Aussitôt les bandes serbes se reforment :

une grande bataille se prépare dans les plaines de Schabatz; le pacha de Bosnie réunit le ban et l'arrière-ban de ses troupes. C'est en vain, rien ne peut résister à Kara-Georges; Sinan, pacha de Gorasch, le séraskier Kulin, Méhémet-Kapétan et ses deux fils sont tués. La défaite de Kossovo était vengée. En même temps Jacob Levisch, Mladen, Pierre Dobrinjatz, Glavasch, Stanoïna Alas, repoussent les troupes qui leur sont opposées (1806). Ibrahim demanda la paix.

L'assemblée serbe s'était réunie de nouveau à Smédérévo : après une longue délibération, le bulgare Pierre Itschsko fut envoyé à Stamboul. « La victoire a triplé nos forces, dit l'éloquent ambassadeur, les Russes, nos alliés, approchent ; ils s'apprêtent à passer les frontières de la Valachie. Nous sommes prêts à accepter la paix qu'on nous offre ; mais nous voulons être les maîtres chez nous, nous voulons avoir un gouvernement indépendant, occuper les forteresses. Nous consentons d'ailleurs à payer un tribut annuel de 900,000 piastres. » Le sultan accepta en principe les propositions, Itschsko retourna à Smédérévo faire signer les préliminaires par Kara-Georges et revint à Constantinople. Mais le sultan refuse cette fois-ci de ratifier la paix ; il déchire le traité, renvoie Itschsko et recommence la guerre.

D'où venait ce brusque revirement ? Quand l'ambassadeur de Kara-Georges se rendit la première fois à Stamboul, on était au printemps de 1806 ; la Russie était menaçante ; ses troupes massées sur la frontière turque n'attendaient qu'un signal pour marcher sur Constantinople. Mais, depuis, la situation avait changé : l'empereur d'Allemagne avait abdiqué sa couronne, le roi de Prusse avait essuyé les deux terribles défaites d'Iéna et d'Auerstaedt, Napoléon marchait sur la Pologne, et le czar avait rappelé dans le nord toutes les armées dont il disposait. Alors Sélim avait repris courage et avait résolu d'en appeler encore à la fortune des armes.

Ce n'était pas l'habitude de Kara-Georges de reculer. Dès le 12 décembre Belgrade tombait entre ses mains ; mais Georges ne put empêcher le pillage de la riche cité et le massacre d'un grand nombre de Turcs ; ses généreux efforts furent méconnus. Le 7 mars 1807, deux cents janissaires turcs qui, munis d'un sauf-conduit, sortaient de Belgrade avec leurs familles, furent attaqués par les haydouks et égorgés jusqu'au dernier. De nobles knèzes trempèrent leurs mains dans ce meurtre inutile. Les vieillards consternés disaient : « C'est mal, c'est mal, Dieu punira les Serbes. » Mais les jeunes gens répondaient : « Nous reprenons nos biens, il y a des siècles que les Turcs nous volent le prix de nos sueurs. » Aucun pesma ne célébra ce triste exploit.

Bientôt d'éclatantes victoires firent oublier ces sanglants massacres. Schabatz ouvrit ses portes à Kara-Georges ; Milosch Obrenovitch, alors simple pâtre, s'empara de la citadelle d'Uschitzé ; les autres places fortes tombèrent également entre les mains des Serbes. Toutefois, il manquait quelque chose à ce peuple soulevé contre ses oppresseurs : la direction. Chacun se faisait trop sa place au soleil ; partout s'élevaient des voïvodes indépendants, souvent jaloux les uns des autres ; les monkes, hardis cavaliers, dominaient dans les plaines et prélevaient les dîmes. De là, une situation grosse de périls, que révélèrent deux échecs éprouvés coup sur coup par Milenko et par Nénadovitch au printemps de 1807. L'autorité des knèzes allait s'affaiblissant chaque jour ; elle se concentrait peu à peu entre les mains des voïvodes ; puis les voïvodes à leur tour virent le pouvoir leur échapper pour revenir aux plus puissants d'entre eux, les hospodars. Mais les hospodars, bien que prêts à s'unir à l'heure d'un grand danger national, étaient divisés par des discussions particulières, par ces haines et ces rivalités inséparables d'une position élevée ; chacun aspirait au premier rang. Comme les chefs grecs après la journée de Salamine, les chefs serbes n'hésitaient pas à donner le second rang à Kara-Georges ; sur ce point, les avis étaient unanimes ; mais Jacob Nénadovitch, mais Milenko, mais Pierre Dobrinjatz et Milosch Obrénovitch ambitionnaient chacun le commandement suprême. C'est ainsi que le salut de la patrie se trouva peu à peu compromis ; dès le lendemain de leurs plus brillants triomphes, les voïvodes, par leurs dissensions, prêtaient le flanc aux entreprises des Turcs ; il fallut aviser sérieusement au danger.

Alors les Serbes se souvinrent d'un ancien usage qui se pratiquait annuellement à l'époque d'Étienne et de Douchan, je veux parler de la réunion des skouptchina, ou assemblées nationales du printemps. C'étaient de véritables champs de mai. Les voïvodes s'y rendaient avec leurs serviteurs et délibéraient des affaires de l'État. Kara-Georges convoqua une skouptchina ; c'était un progrès considérable, mais qui ne suffisait pas encore : « Je ne vois ici, disait le législateur Philippovitch, je ne vois ici que des pouvoirs militaires, même dans la skouptchina; il faut un pouvoir civil supérieur à tous les conflits, un *Soviet*, un sénat. » Philippovitch avait dit le mot de la situation. Kara-Georges appuya le législateur hongrois ; la skouptchina de Borak vota la convocation d'un soviet.

Avant la fin de l'année les sénateurs se réunirent pour la première fois au couvent de Blagorjeschtenije. Chaque district avait nommé un nombre de représentants proportionnel à sa population. A peine réuni, le sénat nomma Philippovitch secrétaire de ses délibérations, puis il procéda aux réformes les plus urgentes avec une activité remarquable. Sur la proposition de Pierre Dobrinjatz, la vente des propriétés immobilières des Ottomans fut décrétée ; les impôts furent réglés, les biens du clergé frappés comme ceux des autres classes. Le savant Jugovitch demanda un décret pour la construction d'écoles primaires et d'un lycée national ; le décret fut rendu ; puis le sénat s'occupa des réformes judiciaires ; chaque village eut un juge de paix, chaque district un tribunal, le sénat se réserva les jugements en appel.

Ainsi, en dépit de la guerre qui continuait sur les frontières, les Serbes jetaient les fondements d'une administration régulière. L'effet produit fut considérable ; le gouvernement retrouva l'unité nécessaire pour achever l'œuvre commencée. Mais Kara-Georges ne pouvait suffire à lui seul à la tâche dont il avait été chargé ; il ne pouvait s'occuper à la fois des affaires militaires et des affaires civiles. Il chercha un auxiliaire et crut le trouver dans la personne du sénateur Mladen Milovanovitch. Par son éloquence, par sa profonde habileté, Mladen s'était fait une position importante ; son influence était grande comme son ambition. Il avait commencé par être le chef de l'opposition contre Kara-Georges, qui l'avait envoyé quelque temps en un demi-exil ; puis, l'ober-knèze, violemment irrité contre l'archevêque phanariote Nicolas et l'envoyé russe Rodofinikin, s'était retourné vers Mladen, auquel il accorda la plus entière confiance. Yvan Jugovitch et Miloje furent également appelés à faire partie du conseil de Georges.

Trois années avaient suffi pour chasser les Turcs de toute la Serbie, et pour y constituer un gouvernement régulier, bien qu'imparfait. Quelle devait être désormais la politique de Kara-Georges ? La Porte avait été vaincue, sans doute, mais elle préparait sa revanche, elle commandait des armements considérables ; un jour, elle recommencerait la guerre, et alors la Serbie se trouverait encore seule, avec ses quelques milliers de haydouks, engagée dans une lutte corps à corps avec l'immense empire ottoman. La Serbie n'avait point d'alliés. L'Autriche, écrasée par Napoléon, était suffisamment occupée chez elle ; la Russie venait de signer la paix de Tilsitt ; la France avait, il est vrai, renoncé à l'alliance turque, mais elle n'avait noué aucune relation avec Kara-Georges. Cet isolement-même était un terrible danger; Kara-Georges le sentit. Dans la suite, il sollicitera l'alliance de Napoléon, que, dès à présent, il poursuit des ses vœux les plus ardents ; mais Napoléon vient d'entreprendre la funeste guerre d'Espagne. Il ne faut donc compter que sur ses propres forces, il faut tenter de leur donner un développement nouveau. Le commandant des Serbes s'écria : « Pourquoi ne relèverais-je pas l'empire de Douchan ? »

Conception grandiose. Comme la Tzernogora, elle aussi, venait de lever l'étendard de la révolte, le plan de Georges fut rapidement arrêté : il envahirait la Bosnie et l'Herzégovine, il appellerait aux armes tous les peuples chrétiens de ces deux pachaliks, puis il tendrait la main aux Monténégrins, établirait une puissante confédération des Slaves du sud contre laquelle se briserait la Porte, si elle osait recommencer la guerre. Les chants populaires l'excitaient à cette entreprise pleine de gloire et de périls. Après l'assassinat de Sélim et la guerre qui s'ensuivit entre la Porte et la Russie, Kara-Georges n'hésita plus (1809).

La campagne s'engagea dès le commencement du printemps. Le vaillant knèze Sima franchit la Drina : Beljina, Jania, Srebnizé, ouvrent leurs portes sans résistance ; les Turcs battent en retraite. Alors Kara-Georges apparaît lui-même sur le théâtre de la guerre ; il passe la montagne à Sjénitza et arrive dans les vastes plaines de Souvodal. L'armée turque l'y attendait; mais Georges lance contre elle Vouk Ilitsch de Smédérévo et sa vaillante cavalerie de momkes, les Ottomans sont taillés en pièces et Kara-Georges poursuit sa marche victorieuse.

A cette nouvelle tous les chrétiens se soulèvent. Les Serbes proclament que Marko s'est réveillé de son sommeil séculaire; les Monténégrins, qu'Yvane le Noir a quitté enfin la grotte d'Obod. Partout Georges est salué comme un libérateur, Sjénitza capitule; l'armée serbe s'établit à Novibasar; de toutes parts accourent de hardis volontaires, d'intrépides haydouks; la montagne noire envoie ses plus vaillants soldats.

Mais bientôt arrivent de fâcheuses nouvelles. Stéfan Lingélitch, knèze de Rassara, était à Kaménitza avec quelques milliers d'hommes. Comme les Turcs approchaient, Stéfan demanda des secours à Miloje, cet ami de Mladen, à qui Georges avait confié des forces considérables. Jouissant d'une complète indépendance, Miloje avait conçu le projet de s'emparer de Nisch, et il était en marche lorsque lui arriva la demande de secours : il la repoussa. C'était l'arrêt de mort du brave knèze de Rassara. La bataille que Stéfan livra aux Turcs fut terrible; il la perdit et s'enferma dans ses retranchements de Kaménitza. Vingt assauts des Ottomans sont repoussés, puis quand la résistance devint impossible, Stéfan prit une mèche enflammée et mit le feu à la poudrière. Tout sauta à la fois, Serbes et Turcs. Le pacha vainqueur se vengea en élevant avec les crânes des raïas morts une funèbre pyramide, triste monument de son triomphe.

C'était là un grave échec; l'armée des Osmanlis menaçait le cœur du pays, la Schoumadia. En vain Miloje revient sur ses pas; Pierre Dobrinjatz déclare toute résistance impossible, les troupes se débandent; Maditch et Jokitsch livrent aux flammes les places fortes confiées à leur courage et s'apprêtent à se retirer derrière la Morava.

A ce moment arrive Kara-Georges; au premier bruit de la défaite de Stéfan à Kaménitza, il était accouru avec toutes ses troupes, et le premier spectacle qui s'offrait à ses yeux était celui de la fuite de Jokitsch. Furieux, hors de lui, Georges fait tirer sur les soldats qui se retiraient derrière le fleuve. La situation était grave; pendant la nuit l'ober-knèze s'établit à Jagondina, où il essaya de concentrer les différents corps d'armée. Mais déjà les Turcs s'étaient emparés de tout le pays entre Nisch et Pescharevatz; la mort et l'incendie les accompagnent, Belgrade est plongée dans l'épouvante; Pierre Dobrinjatz et l'envoyé russe Rodofinikin prennent la fuite; Kara-Georges a besoin de toute son énergie pour sauver le reste de la Serbie : il établit un camp retranché sur les hauteurs de Lipar, il envoie au secours de Pescharevatz, Mladen, Viza et le vaillant knèze Sima.

Ainsi il avait fallu, dans l'espace de quelques jours, renoncer à une entreprise grandiose, commencée sous les plus favorables auspices; le Monténégro était abandonné à lui-même, la Serbie elle-même était sur le point de retomber sous le joug ottoman. Kara-Georges ne se laissa pas abattre par les revers; mais de sourdes intrigues l'environnaient. « Il nous faut l'alliance de la Russie, disait Pierre Dobrinjatz, et tout son parti le répétait après lui, seul le grand czar du Nord peut sauver la Serbie des mains du czar de Stamboul! » Georges répugnait à l'alliance russe. Avec un admirable bon sens il vit que ce n'était pas un allié qu'il trouverait à Saint-Pétersbourg, mais bien un nouveau maître, un nouveau tyran. C'est alors qu'il songea pour la seconde fois à l'alliance de la France. Napoléon venait de remporter la grande victoire de Wagram; ses troupes étaient encore sur le Danube. Kara-Georges adressa à l'empereur une demande de secours.

Le commandant des Serbes disait à l'empereur des Français.

« Majesté impériale!

» La gloire de tes armes et de tes exploits a rempli le
» monde. Les nations ont trouvé en ton auguste personne
» un libérateur et un législateur, la nation serbe désire
» recevoir de toi la liberté et les lois. Grand prince, jette
» les yeux sur les Slovènes de la Serbie; ils sont coura-
» geux, ils savent garder le souvenir des bienfaits. L'ave-
» nir montrera qu'ils sont dignes de la protection de ta
» grande nation. Très-auguste empereur, j'espère en toi,
» j'espère recevoir de toi une réponse favorable.

» Le très-humble et très-fidèle serviteur de ta majesté impériale et royale,

» KARA-GEORGES PETROVITCH,

» chef de la nation serbe.

» Belgrade, 16 août 1809. »

Cette lettre étonna Napoléon; il demanda à M. de Champagny quel était ce peuple serbe, quel était ce Kara-Georges qui sollicitait l'alliance de la France. Le ministre des affaires étrangères répondit à l'empereur que s'il acceptait le protectorat de la Serbie, il lui fallait rompre avec la Sublime-Porte : Napoléon se contenta d'envoyer à Kara-Georges un sabre d'honneur.

L'intrépide chef de la nation serbe dut se résigner à l'alliance russe. Dès le mois d'août l'armée moscovite avait franchi le Danube; peu à peu toutes les places fortes, occupées par les Turcs, leur tombèrent entre les mains, et Guschaz Ali battit en retraite. Kara-Georges gardait un triste silence; n'avait-il pas dit autrefois : « Les Serbes se sont affranchis seuls du joug des Turcs, seuls ils sauront défendre leur liberté! » et maintenant, c'était au czar Alexandre que s'adressait toute la reconnaissance de la nation.

La Serbie était encore sauvée, mais le pouvoir de Georges était ébranlé! Le mécontentement du héros de la Schoumadia allait augmentant tous les jours; il s'était vu repoussé par Napoléon, il détestait la Russie, il se mit à penser à l'Autriche, il envoya des propositions à la cour de Vienne. Démarche importante, que l'histoire ne saurait blâmer, car l'indépendance de la Serbie ne doit être pour les esprits libéraux, que le prélude, pour ainsi dire, de l'union de tous les peuples slaves; or, en 1809, l'Autriche avait renoncé à ses prétentions sur l'Allemagne, la couronne impériale avait été brisée entre les mains du vaincu d'Austerlitz, François II commença à comprendre que l'avenir de l'Autriche était sur les bords du Danube et non sur les bords du Rhin; et certes c'eût été une tâche glorieuse pour lui que de prendre en main la cause de la Serbie, de relever l'empire de Douchan, puisque l'empire de Charles-Quint n'existait plus. Ainsi encore, en s'adressant au beau-père de Napoléon contre l'ambition moscovite, Kara-Georges comprenait admirablement les véritables intérêts de sa patrie.

Ces démarches inquiétèrent le czar; il envoya au général Kamenskij des ordres précis, et dès le début de la campagne suivante une proclamation annonça aux Serbes que les Russes les reconnaissaient comme des frères, considéraient Kara-Georges comme le chef de la nation (1810). Pierre Dobrinjatz et les autres hospodars, rivaux de Georges, durent s'incliner devant cette proclamation. La guerre continua avec la même vigueur que l'année précédente; l'intrépide Zuccato et le colonel russe O'Ruik attaquèrent, dans les plaines de Warwarin, l'armée de Kurchid-Pacha : « Enfin, s'écria l'insolent général [1], enfin les Serbes se sont décidés à descendre en rase campagne!

1. L. Ranke, loc. cit. 205 sq.

nous allons voir, mes amis, si vous méritez de manger le pain de l'empereur! » L'orgueil du général turc n'empêcha pas la défaite complète de son armée : sept drapeaux tombèrent entre les mains de ces raïas méprisés, et Zuccato s'empara du camp des Osmanlis.

Le sultan, irrité de cet échec, ordonna au pacha de Bosnie de passer la Drina avec quarante mille hommes. Le pacha obéit : Losnitza tomba entre ses mains. Le brave voïvode Antoine Bogitschévitsch dut battre en retraite. Ce fut Kara-Georges qui marcha en personne à la rencontre de l'armée de Bosnie; encouragé par le succès des Russes qui venaient d'occuper Routschouk, il appela à lui Lukas Lazarénitch, Jacob Nénadovitch de Valjevo, les vaillants soldats de Belgrade, de Kragoujévatz et de Smérédévo. Le brave commandant de la Serbie tenait à venger les défaites de 1808; la bataille qu'il livra fut la plus sanglante de toute la guerre de l'Indépendance; mais Kara-Georges coucha sur le champ de bataille. « La mêlée a duré deux heures, écrivit-il à Mladen, nous nous sommes longtemps battus à l'arme blanche, nous avons tué beaucoup de Turcs, nos sabres ont tranché les têtes de milliers de barbares : les pertes des infidèles sont triples des nôtres. »

Malheureusement les dissensions intérieures qui avaient cessé devant les dangers de la patrie commune recommencèrent après les journées de Warwarin et de la Drina. La skouptchina de 1810 fut orageuse, et l'opposition grandissait, opposition égoïste de nobles déçus dans leurs espérances ambitieuses, de voïvodes sacrifiant à leur cupidité l'intérêt de la patrie serbe.

« Qui défendra maintenant nos frontières, demanda Jacob Nénadovitch? — Ce sera le même, reprit Georges, qui les a défendues jusqu'à ce jour. — Non pas, dit le factieux voïvode, nous ne voulons pas de ceux qui repoussent les secours des puissances étrangères et nous exposent aux attaques de nos ennemis; nous voulons l'Empereur. » Mladen, président du sénat, protesta contre ces paroles et contre les discours adressés dans la matinée par Nénadovitch aux troupes qu'il commandait. Alors Kara-Georges se leva, et s'adressant à Jacob : « Si Mladen a mal fait, dit-il, prends sa place et fais mieux. » Puis étendant la main vers la skouptchina attentive : « Vous autres, s'écria-t-il, vous voulez l'empereur russe; eh bien! moi, je le veux aussi! » L'assemblée décida que l'on demanderait au czar l'appui de son armée. Ce n'était pas la première et ce ne fut pas non plus la dernière assemblée qui récompensa par l'ingratitude les services rendus par un grand citoyen.

Il arriva alors en Serbie ce qui arrive dans tous les pays où la représentation nationale n'est plus en conformité d'idées avec ceux dont elle a reçu son mandat, où l'on combat la liberté au nom de spécieux principes qui ne cachent que de misérables ambitions; le pouvoir échappa des mains de la skouptchina, et Kara-Georges en profita pour établir solidement son autorité. Ses ennemis eux-mêmes le servirent par leurs fautes.

Déjà, depuis quelque temps, les principaux chefs de l'opposition s'abstenaient d'assister aux réunions du sénat, pour tramer dans l'ombre une conspiration sans cause et sans but. C'étaient Milenko, Pierre Dobrinjatz, Nénadovitch, Zuccato, Lukas Lazarévitch, Milosch Obrénovitch, nouveau Thémistocle, que les lauriers du nouveau Miltiade empêchaient de dormir. L'absence de ces hommes à la skouptchina de 1811 permit à Kara-Georges de réaliser ses projets; il fit cerner la salle des séances en s'écriant : « Il est commode de rédiger des lois dans des appartements bien chauffés, mais qui commandera quand paraîtront les Turcs? » et singulièrement adoucie, la majorité vota la réforme des voïvodies, la révision des districts, la séparation des pouvoirs administratif et judiciaire du sénat, la création de sept ministères. Véritable coup d'état parlementaire, exécuté avec la plus grande habileté. Les conjurés furent frappés d'étonnement; ils ne pouvaient plus risquer, avec le secours des Russes, une révolution contre Kara-Georges, sans perdre toute popularité; il ne leur restait plus qu'à se soumettre, et c'est à ce parti prudent qu'ils se décidèrent. Kara-Georges composa son premier ministère; il confia les principaux portefeuilles à des amis dévoués : Mladen, Markovitch et Dosithée Obradovitch; puis, avec une hardiesse qui témoignait bien de sa force, il appela dans son conseil trois des conjurés, Nénadovitch, Milenko et Dobrinjatz.

Mais ce qui avait été fait en 1810 ne pouvait plus être

changé en 1811. Le colonel russe Balla était à Belgrade avec le régiment Menschlott. Kara-Georges eut l'habileté de se le concilier : « Je suis ici, dit Balla, pour protéger la nation serbe sous le gouvernement du prince Georges. — Mon ami, s'écria celui-ci, laisse-moi baiser ta main comme si c'était celle de l'empereur. » Puis il fit savoir à Milenko et à Dobrinjatz qu'il les priait de donner leur démission des différentes charges qu'ils occupaient et de se contenter de la dignité de sénateur; sinon, disait-il, « voici l'Autriche, voici la Turquie, voilà la Russie et la Valachie, vous avez le choix d'un lieu d'exil. » Les deux ministres choisirent l'exil et se rendirent en Russie. Aussitôt l'ambitieux hospodar de Rudnik, Milosch Obrénovitch, leur écrivit : « Résistez, rassemblez vos amis, j'arrive avec mes troupes. » La lettre fut surprise; Mladen, qui aimait Milosch, le pria de la renier; Milosch, se sachant le favori du peuple, refusa et fut conduit en prison. Traduit devant le tribunal, il osa dire aux juges : « Je vous défie de me condamner. » Les juges se laissèrent intimider, lui infligèrent un simple blâme et l'acquittèrent.

Le pouvoir de Kara-Georges n'en était pas moins incontesté; seule, la présence des Russes à Belgrade l'inquiétait dans son patriotisme. D'ailleurs, ce nouvel empiétement du czar, sur les bords du Danube, avait alarmé l'Europe. Napoléon le vit avec le plus vif mécontentement, il regretta la conduite tenue par lui après Wagram, et dicta à M. de Champagny la lettre suivante, au comte Otto, ambassadeur de France à Vienne [1] :

« Monsieur l'ambassadeur,

» S. M. voit avec déplaisir les Russes dans la Valachie et la Moldavie, mais elle serait bien plus alarmée encore de les voir établir un hospodar ou prince grec en Serbie. L'empire turc serait blessé au cœur. L'empereur veut donc que vous déclariez à la cour de Vienne son intention de ne point souffrir que les Russes consacrent à ce prix leur influence en Serbie. *Il voudrait même la restitution de la Serbie à la Porte.* »

Le czar cependant ne l'entendait pas ainsi : quand le duc de Rovigo eut verbeusement exposé à Alexandre quelle nouvelle politique son allié de Tilsitt voulait imposer à la Russie : « Ma foi, dit le czar en éclatant de rire, tout ce que l'empereur voudra! je compte uniquement sur lui; je vous dirai même que dans nos conversations de Tilsitt, il m'a souvent assuré qu'il ne tenait pas à l'évacuation de la Moldavie et de la Valachie, qu'on la traînerait en longueur pour s'en dispenser, et qu'il n'était pas possible de souffrir plus longtemps les Turcs en Europe [2].» Étonné, gêné par la présence du ministre Romanzov, Savary ne sut que répondre; il ne dit ni oui ni non, et Thibaudeau qui nous rapporte ces détails, ajoute avec sa vigueur or-

1. Corr. de Napoléon, t. XXI.

2. Correspondance inédite et confidentielle, VII. p. 364-384.

dinaire : « Mettant de côté toute finesse diplomatique, on s'exprima alors comme deux chefs de bandits sur le partage du butin. Toute l'année se passa à disputer sur le lieu où se tiendraient les négociations : la Russie les voulait en Moldavie, Napoléon à Paris[1]. »

Napoléon rompit la paix de Tilsitt. Je ne veux ni justifier la guerre de Russie, ni me laisser entraîner par mon sujet. Mais n'est-il pas évident que si l'empereur avait jeté sur le Danube un regard impartial, il eût pu faire véritablement de cette guerre, suivant la belle expression du poëte : « un duel gigantesque de la civilisation européenne contre la barbarie moscovite? » Alors au lieu de solliciter l'alliance du sultan, il eût appelé à lui et Kara-Georges qui détestait le czar et les provinces danubiennes qui détestaient leurs hospodars; il eût ainsi affaibli à jamais l'Allemagne et la Russie par la création d'un empire slave. Napoléon ne l'osa pas; un illustre historien l'a dit avant nous [2] : « Pour exécuter cette téméraire entreprise (la guerre de Russie), l'empereur manqua d'audace depuis le passage de la Vistule jusqu'au passage de la Bérézina; jamais l'empereur ne fut si timide. »

L'expédition de Napoléon en Russie a eu sur les destinées de la Serbie une influence capitale. L'empereur attaqua le czar, tête baissée, comptant aveuglément sur

1. Thibaudeau. III. p. 222.
2. Thiers XIII. p. 493. — Schlœsser Gesch des 18 Jahrh. p. 882.

Bernadotte, malgré les sincères avis du roi de Prusse; comptant sur le sultan, malgré les conseils du duc de Rovigo, qui disait : « Nous avons abandonné les Turcs à Tilsitt, après qu'ils ne s'étaient mis en campagne que pour nous, ils nous abandonneront à leur tour [1]. » Napoléon demandait au sultan son alliance ; le czar Alxandre ne lui demandait que sa neutralité. Ce fut Bernadotte qui mit en rapport à Bucharest l'ambassadeur turc, Démétrius Morusi et l'ambassadeur russe, général Kutusof. Les négociations furent poussées avec vigueur ; le czar avait besoin de toutes ses forces pour la grande guerre qui s'engageait au cœur de son empire, et ne voulait pas laisser sur le Danube des troupes désormais inutiles. L'amiral Tchitchakof vint activer les négociations. Pendant tout ce temps l'ambassadeur français à Constantinople, le général Andréossi, restait inactif à Leybach. Le 28 mai, le traité fut signé, le czar reconnaissait le Pruth comme frontière des deux empires ; le lendemain les troupes russes quittaient Belgrade et les principautés danubiennes. Quant à Napoléon, il ne connut le traité qu'à Moscou ; le 20 juillet, il écrivit au duc de Bassano une lettre où il lui exprimait son *profond mécontentement.* Il était malheureusement trop tard.

En retirant ses troupes de Belgrade, Alexandre n'avait pas abandonné les Serbes à la vengeance des Turcs. Plusieurs articles du traité de Belgrade étaient relatifs à ce

1. Savary. Mém. V. 190.

peuple qui avait demandé sa protection à la Russie. A la vérité, les Serbes étaient toujours considérés comme des sujets du sultan; mais une amnistie complète était accordée pour tous les événements de 1804 à 1811 ; la Porte s'engageait à accorder à ses sujets de la Serbie les mêmes garanties qu'aux Grecs de l'archipel ; elle leur accordait le droit de s'administrer eux-mêmes, de réunir des skouptchina, d'avoir un sénat ; elle reconnaissait Kara-Georges, mais elle exigeait le payement d'un tribut annuel, et le droit d'entretenir des garnisons dans toutes les places fortes, droit fâcheux et injuste qui occasionna des troubles perpétuels, et auquel la Porte a dû renoncer dans la suite.

Telles étaient les principales dispositions de l'article 8 du traité de Bucharest A première vue, elles semblent une confirmation de la célèbre paix d'Ischko, et une réalisation de toutes les aspirations de la Serbie au commencement du XIXe siècle. Mais, au fond, ce n'était que pure phraséologie et mensonge, et Georges ne tarda pas à en avoir la preuve.

A peine le sultan eut-il signé la paix de Bucharest qu'il commença à s'en repentir ; le général Andréossi accourut à Constantinople, vit Mahmoud et lui adressa les plus vifs reproches. Le sultan se laissa persuader; effrayé des récriminations du représentant de Napoléon, il voulut se disculper en rejetant tout le tort sur son malheureux plénipotentiaire, Démétrius Morusi. Son illustre allié avait plus d'une fois eu recours à cet odieux système. Morusi fut accusé de trahison et condamné à mort.

C'est sur ces entrefaites que les députés serbes arrivèrent à Constantinople ; ils se déclarèrent prêts à payer tribut, à recevoir à Belgrade un pacha turc avec un nombre déterminé de soldats, à livrer leurs citadelles aux garnisons ottomanes en temps de guerre, à accepter en principe les dispositions de l'article 8. Le grand vizir Kurchid-Pascha déclara ces offres inacceptables : les députés consternés retournèrent à Belgrade (décembre 1813). Au mois de janvier de l'année suivante, une conférence se réunit à Nisch. Là, le commissaire turc, Tschélébi-Effendi, exposa ses prétentions. Il demanda que les Serbes abandonnassent aux Turcs non-seulement leurs forteresses, mais leurs armes et leurs munitions, qu'ils rendissent aux Musulmans chassés en 1804 leurs propriétés et leurs biens. Kara-Georges repoussa avec indignation ces propositions. Mais la situation était grave ; la Russie était tout entière à sa lutte contre Napoléon, l'Autriche de son côté semblait n'attendre que le moment de recommencer la guerre en Allemagne et en Italie. La Serbie était seule, isolée, exposée à toute la fureur du sultan. Kara-Georges envoya une seconde députation à Constantinople avec de nouvelles offres. C'était le moment où Napoléon, laissant ensevelies dans les neiges de la Russie ses légions vaincues par le froid, était rentré à Paris comme un fugitif. La défaite de la France fut considérée à Constantinople comme une défaite pour la Turquie; Mahmoud se montra conciliant. Déjà on semblait prêt à s'entendre quand arriva la nouvelle des batailles de Lutzen et de Bautzen. Aussitôt le sultan rompt les négociations et ordonne au grand-vizir de marcher lui-même contre les Serbes. Andréossi encouragea Mahmoud, Napoléon espéra contenir son beau-père par la campagne commencée aux frontières mêmes de son empire par l'armée ottomane. Indigne politique qui ne devait profiter en rien à l'empereur, et qui eût suffi à rendre à jamais impopulaire sur les bords du Danube le nom de la France, si les peuples slaves n'avaient compris que la politique suivie par Napoléon n'était point celle de la France; que Napoléon pouvait être l'allié des despotes et des tyrans, que la France était la sœur de toutes les nations opprimées!

Lorsque Kara-Georges apprit la rupture des négociations, il ne dissimula point les périls de la guerre qui allait s'engager entre les Serbes et leurs anciens oppresseurs. Des prières publiques sont ordonnées dans toutes les églises; partout, dans les temples, sur les places publiques, dans les forêts, les popes enflamment le courage du peuple et donnent lecture d'une proclamation du prince. « Ce n'est pas pour nous seulement, disait Kara-Georges, ce n'est pas pour nous seulement, pour notre liberté, pour notre foi, que nous allons combattre; mais encore pour les têtes de nos enfants. Le czar de Stamboul veut faire peser sur la Serbie le joug que nous avons secoué en 1804; il a juré d'exterminer tous les Serbes, d'emmener en esclavage nos femmes et nos enfants. Mais Dieu soutiendra notre bonne cause; et d'ailleurs, qu'avons-nous à craindre? Ne sont-ce pas les mêmes hommes que nous avons vaincus, alors que nous ne pouvions leur opposer que notre résolution et notre courage? Aujourd'hui, nous avons cent cinquante pièces de canon, sept forteresses, quarante redoutes. Aux armes! aux armes! O Dieu, mets la force et le courage au cœur de tous les enfants de la Serbie! O Dieu, brise la puissance de nos ennemis qui viennent anéantir la vraie foi! »

Kara-Georges avait conçu un plan grandiose; il eût voulu raser toutes les forteresses établies sur la frontière et concentrer toutes les forces de la nation au cœur même du pays, au centre de l'âpre Schoumadia. Mladen s'opposa à ce projet; Georges céda; au nord, sur le Danube, il envoya le haydouck Véliko; il envoya Sima sur la Drina, Mladen à Déligradi, et lui-même se posta à Jagodina avec le gros de l'armée. Cette division des forces fut la perte de Kara-Georges, la perte de la Serbie.

C'est Véliko que Kurchid-Pascha commença par attaquer. Véliko était haydouck et très-fier de ce titre; hardi, parfois téméraire, il aimait la guerre pour elle-même. « Je demande au ciel, disait-il, que la Serbie soit en guerre avec les infidèles tant que je vivrai. Elle aura bien le temps de faire la paix après ma mort. » Kara-Georges lui avait confié la défense de Négotin et de la contrée environnante; il avait quelques milliers de momkes et de haydoucks, les Turcs étaient au nombre de vingt mille, ils repoussèrent les forces qui leur étaient opposées sous le commandement de Milutin et mirent le siége devant la forteresse défendue par Véliko. Jour et nuit les bombes pleuvaient sur la ville ; les habitants se réfugièrent dans les caves ; Véliko tentait sans cesse d'audacieuses sorties, mais les vivres s'épuisaient, les murailles croulaient et le haydouck demanda secours à Georges. Mais le prince crut de son devoir de rester à Jagodina, la rapidité de l'invasion semblait le déconcerter, sa hardiesse l'abandonnait, sa vue jadis si pénétrante devenait moins sûre, il hésitait, il doutait, et cette hésitation même le rendait incapable de communiquer à ses troupes l'ardeur et l'élan sans lesquels la victoire est impossible. « Où es-tu donc, Kara-Georges? » disaient les pesmas. Kara-Georges ne donnait plus signe de vie ; Sima demeurait immobile sur la Drina ; Mladen refusait de marcher au secours de Négotin. Seul, Véliko luttait avec enthousiasme, sans crainte, sans un instant de découragement. Un jour, à quelques lieues de distance, il aperçoit un détachement serbe ; il veut s'entendre avec le commandant de ces troupes, monte à cheval, et suivi d'un seul momke, il franchit le fossé et, le sabre entre les dents, le pistolet au poing, traverse les rangs des Turcs en criant : « Osmanlis, voici le haydouk Véliko ! » Le passage s'ouvre devant lui. Véliko rejoint le détachement, donne quelques ordres et retourne vers Négotin, toujours le sabre entre les dents, le pistolet au poing : « Osmanlis, voici le haydouk Véliko qui revient ! » et à ce cri, les rangs s'ouvrent de nouveau, et Véliko rentre dans la forteresse. Mais le danger avec l'isolement croissait autour de lui, les munitions commençaient à manquer : Véliko envoya une ambassade menaçante au sénat. Ce fut en vain; du haut des tours qui vacillaient sur leurs fondements, les sentinelles n'apercevaient que l'immense armée des Musulmans; leurs frères serbes les avaient abandonnés.....

Véliko n'eut point la douleur d'avoir à traiter avec les Turcs. Un matin, comme il faisait sa ronde, un canonnier ennemi le reconnut et le visa. Le boulet frappa le haydouk en pleine poitrine, le coupa en deux : « Tenez ferme! » cria-t-il aux momkes qui l'entouraient, et il rendit le dernier soupir.

Cet homme de moins, toute résistance cessa. Les momkes poussèrent le cri de sauve qui peut! Négotin fut emportée d'assaut; le voïvode de Kladovo prit la fuite; Sima essaya en vain de résister. Les Turcs envahissent tout le pays, égorgeant les hommes valides, livrant aux flammes les villages et les fermes. C'est en vain qu'à Ravanj, Milosch Obrénovitch, Stoupisch et Nénadovitch luttent, pendant quinze jours, contre toutes les forces des Ottomans. La Serbie est perdue! Un immense incendie éclaire sa chute, le seul homme qui eût pu la sauver ne paraît pas. « Où es-tu donc, Kara-Georges! » disent encore les pesmas. Kara-Georges ne paraît pas. Les Turcs occupent la Morawa, ils occupent la Koloubra. Le vieux héros de la Schoumadia a disparu; le 2 octobre, il a été vu exhortant le voïvode Voulé Ilitsch à se défendre jusqu'à la dernière extrémité; le 3, il a passé à Belgrade. Puis, plus rien. Kara-Georges a fui sa patrie vaincue; il a quitté le champ de bataille où il devait mourir; il a passé la Save, il s'est réfugié en Autriche, et tous les voïvodes le suivent à l'exception de Milosch.

Triste dénouement d'une vie de héros! L'histoire se demande quels sont les motifs qui ont poussé Kara-Georges à abandonner son armée, à délaisser sa patrie. Est-ce découragement? est-ce lâcheté? est-ce seulement faiblesse? C'est un mystère dont je n'essaierai pas de soulever le voile; je ne répéterai pas les reproches amers de Léopold Ranke qui se souvient trop parfois de sa patrie allemande; je préfère redire avec le poëte le chant de douleur de la Serbie affligée : « La vila poussa des cris du sommet de Roudnik, au-dessus de l'Iacénitza, le mince ruisseau. — Elle appelle Georges Pétrovitch à Topola dans la plaine : Insensé, où es-tu en ce jour? Puisses-tu n'être nulle part! Si tu bois du vin à la Méhawa, puisse ce vin s'écouler sur toi en blessures! Si tu es couché au lit près de ta femme, puisse ta femme rester veuve! Tu ne vois donc pas que les Turcs ont envahi le pays? » Et Georges lui répond : « Tais-toi, vila que la peste étouffe! » Alors la vila reprend : « Fuis, Georges, malheur à ta mère! Véliko a succombé, Milosch a été battu. Fuis, n'espère en personne! Georges! retire-toi; Georges! retire-toi dans la Sirmie, terre étrangère! » Et Georges se retire dans la Sirmie, et il s'écrie : « Ma sœur, en Dieu, vila de la Save, salue de ma part ma Schoumadia, et mon parrain le knèze Milosch. Qu'il poursuive les Turcs par les villages, je lui enverrai assez de poudre et de plomb, assez de pierres tranchantes de Silistrie. »

V

LA RÉVOLUTION SERBE. — MILOSCH.

La Serbie tout entière était occupée par les Turcs. Un seul homme luttait encore, Milosch Obrénovitch : à Jacob Nénadovitch qui le suppliait de se réfugier en Autriche, il répondait : « Écoute, frère! je ne quitterai pas ma terre natale, car je ne sais où aller. Que deviendrai-je en pays étranger, cherchant un misérable asile, tandis que les Musulmans conduiront en esclavage ma vieille mère, ma femme, mes enfants, tandis qu'ils les vendront comme des moutons? Non! Dieu m'en préserve : je retourne à Roudnik, j'accepte le sort quel qu'il soit. J'ai vu mourir mes frères, il est juste que je meure avec ceux qui restent. » Lorsque toute résistance fut devenue impossible, Milosch appela à lui quelques fidèles et se réfugia dans la forteresse d'Ouchitzé. Les Turcs arrivent; la garnison de la citadelle se disperse, et Milosch reste seul. Abandonné par ses amis, poursuivi par les bataillons ennemis,

6

Obrénovitch alla chercher une retraite dans les forêts profondes des rives de la Save.

Tant de grandeur imposa à Kurchid; il envoya un messager à Milosch. « Sois mon allié, disait-il, aide-moi à pacifier la Serbie, tu deviendras knèze et chef de district. » Milosch accepte ces propositions, il rend ses armes à Aga-Ali qui ne veut accepter que le sabre du héros, et le conduit à Belgrade où l'attendait le nouveau pacha, Soliman de Skophie. Soliman présenta Milosch à sa cour. « Le voilà, disait-il, celui qui est maintenant mon knèze favori et mon fils adoptif; voyez-vous son air modeste et calme. Qu'il était autre dans la bataille, mon maigre knèze, alors que j'ai dû fuir devant lui à me rompre le cou! regarde donc, Milosch, ce bras que tu m'as brisé, regarde cette main que tu as mordue. » Le héros de Ravanj répondit : « Eh bien, cette main que j'ai blessée, je la remplirai d'or aujourd'hui! »

Ainsi, chez Milosch, le guerrier cachait le profond politique. Lui, qui s'était battu jusqu'à la dernière heure, lui, qui avait refusé de suivre ses amis sur la terre d'exil, il se fit maintenant le serviteur, l'esclave, souvent même le bourreau des Turcs. La lutte à ciel ouvert était impossible. Restait la ruse. Milosch le comprit, et le peuple dont il était l'idole le comprit aussi.

La nouvelle oppression dura quatre ans. Le pays tout entier était inondé de spahis et de janissaires que les habitants devaient entretenir; les Ottomans, chassés en 1804, revinrent prendre possession de leurs biens; les cadis reprirent leurs fonctions; les paysans furent soumis aux plus rudes labeurs; la femme même de Milosch ne fut pas épargnée. C'est ainsi que les Turcs exécutaient l'article 8 du traité de Bucharest ! Mais la Russie ne songeait plus à la Serbie pendant ces années tristes et sanglantes de 1812, de 1813, de 1814. Le bruit des grandes batailles de l'Occident venait jusqu'en Serbie ; le peuple tressaillait d'impatience.

Il fallut toute la prudence de Milosch pour le contenir. Pour préparer dans la suite une grande insurrection, il fallait à tout prix empêcher d'inutiles soulèvements. C'est ainsi que lui-même soutint Soliman dans la répression de la folle insurrection de Hadji-Prodan au couvent de Ternara. Il disait aux Serbes : « Êtes-vous insensés de vous révolter ! Si l'heure était venue de briser nos chaînes, n'est-ce pas moi qui le saurais le premier? » Lorsque le congrès de Vienne se réunit, Milosch envoya secrètement auprès de MM. de Metternich et de Nesselrode, un prêtre intrépide, Mathieu Nénadovitch de Valiévo. Les diplomates restèrent indifférents, ils se renvoyèrent le jeune barbare dont ils semblaient ne pas comprendre les prétentions [1].

La révolte de Ternara fut suivie d'une répression barbare. Les rebelles furent jetés dans la Néboïcha, la sombre prison de Belgrade; Milosch supplia Soliman de leur

1. H. Thiers, loc. cit., 112. 113. Milontinovitj : *Hist. serbe des trois années.*

laisser la vie; le farouche pacha refusa; les malheureux complices de Prodan furent tirés de leur cachot et livrés au bourreau. En même temps, les janissaires pillaient les campagnes, l'inquisition régnait dans les villes, le pacha recherchait les complices de l'insurrection, et quand son lieutenant Bégo lui montrait les dangers d'une pareille politique : « Sache, répondit Soliman, que les ordres de la Porte sont plus sévères encore que mes actes : le divan m'accuse de modération, et menace de m'envoyer un successeur. »

La situation était telle que Milosch lui-même se trouva en danger de vie. « J'ai la tête dans le sac, » dit-il à ses amis, et il leur annonça que le jour de l'insurrection était proche. Mais comment s'échapper de Belgrade? Le rusé Serbe réussit à tromper la cupidité du pacha, il quitte la ville, court à son district de Roudnik et plante en terre l'étendard de la révolte. C'était le dimanche des Rameaux; la foule réunie dans l'église acclame Milosch. La bannière éclatante du voïvode est déployée sur les montagnes de Tsernucha.

« Mort aux Turcs ! Milosch est avec nous ! » Ce cri retentit dans toute la Serbie, dans toute la Schoumadia, des bords de la Drina à ceux de la Save, dans les forêts sombres où se sont réfugiés les haydouks de Kara-Georges et de Véliko. Jean Dobratscha accourt au secours de Milosch avec sept cents enfants de la Montagne Noire. C'est sur les bords de la Morawa, dans la vallée de Liubitch que coule le premier sang de la guerre sainte. Chaque buisson cache un haydouk, chaque arbre recèle dans son creux des sabres et des fusils. Les spahis sont massacrés, les janissaires, traqués par les momkes comme des bêtes sauvages. Pas un canon : il faudra en conquérir à prix de sang. Bientôt la révolte s'étend dans les districts de Belgrade et de Valjévo. De tous les côtés, les knèzes répondent à l'appel de Milosch ; ce sont : — l'histoire conservera leurs noms, — Stojan Tschapitch, Simon Vénadovitch, Pierre Moler, Bogitchévitch, Paul Zukitsch Reitch, le vieux porte-drapeau de Kara-Georges, Melentie surtout, le vaillant archimandrite, brandissant d'une main le glaive et de l'autre la croix, et qui criait : « A moi, frères, Melentie ne veut plus être le prêtre des raïas asservis, le prêtre d'un troupeau d'esclaves. » Devant cette insurrection formidable, les Turcs battent en retraite dans la direction de Sjénitza. Milosch les poursuit, les surprend à Ertari, les taille en pièces, fait un nombre considérable de prisonniers. Le chef des Serbes déploya une admirable générosité; les femmes turques captives disaient : « On nous a traitées comme des mères, comme des sœurs. C'est une belle religion que celle qui inspire une telle conduite ! »

C'est contre Poscharevatz, où les Turcs avaient élevé des retranchements formidables, que Milosch dirigea ses plus énergiques efforts. A ce moment des murmures se firent entendre contre Milosch : sans avoir de titre officiel, il exerçait seul le commandement suprême des Serbes, et les voïvodes le jalousaient, Moler contestait

6.

son autorité, lui proposait un partage, un règlement; mais Milosch refuse, déclare qu'il faut d'abord chasser les Turcs, délivrer la Schoumadia : « Ne serait-ce pas en vérité une ridicule folie que de vouloir dès à présent décider qui commandera dans la maison d'autrui ? Autant vaudrait préparer la broche pour le lièvre qui est encore dans la forêt. » Moler dut se taire, et Milosch poussa avec vigueur le siége de Poscharevatz. « Quiconque lâchera pied, dit-il, mourra de ma main. » On savait que Milosch ne reculerait pas devant l'exécution de la menace. L'assaut fut livré. Ce fut une lutte terrible, sanglante. Comme ses soldats pliaient devant la mitraille ennemie, raconte Blanqui, Milosch s'élança vers les fuyards. « Où courez-vous donc, malheureux, s'écria-t-il, voulez-vous que les femmes vous couvrent avec leurs tabliers ! c'est là, c'est à Poscharevatz, que sont vos maisons, votre seul asile; vous n'en avez plus d'autre. Tout est perdu si vous reculez. » Et il les força, le pistolet au poing, de revenir à la charge.

Le second jour, l'armée ottomane battit en retraite : mais déjà deux nouvelles armées s'avançaient sous le commandement de Maraschli-Ali et de Kurchid-Pacha; Ali, pacha de Bosnie, était à l'avant-garde. Milosch le surprend à Douplia, le bat, le fait prisonnier, puis lui rend la liberté. « O ban, lui écrivit Aden-Pacha, commandant de Novibasar, dans un distique demeuré célèbre, ô ban, élève-toi au-dessus des rameaux des pins ! Achève de faucher les prés comme tu as commencé, mais prends garde que la récolte ne soit mouillée par la pluie. »

L'Europe commença à devenir attentive; le czar rappela au sultan l'existence du traité de Bucharest. En même temps les sujets chrétiens de la Porte commençaient à s'agiter [1]; au premier bruit du retour de Napoléon de l'île d'Elbe, des emprunts spontanés furent ouverts à Andrinople, à Janina, à Castoria, à Sères. « Le czar de la blanche Stamboul » devint inquiet; Kurchid-Pacha entama des négociations avec Milosch qui eut la hardiesse de se risquer au milieu du camp ennemi. « Quoi, dit Kurchid, Milosch à Ljoubitch, Milosch à Poscharevatz, Milosch à Douplia!... Milosch partout! On serait tenté de croire que Milosch est grand comme cette tente, tandis qu'il pèse quatre cents okas à peine, tout au plus autant qu'un bouc rôti!» Le knèze serbe se déclara prêt à faire la paix, mais Kurchid demanda que les Serbes livrassent leurs armes; Milosch refusa avec mépris; puis, voyant que le pacha méditait de le retenir prisonnier dans son camp, il prit la fuite, et alla rejoindre son armée inquiète de son absence [2].

Les négociations avec Kurchid ayant échoué, Milosch s'aboucha avec l'autre général ottoman, Maraschli-Ali, celui qu'on surnommait Dubarodji, le tendeur de piéges. Le sultan était pressé de faire la paix : « Obéissez seulement, dit Maraschli-Ali; quant aux armes, vous pouvez porter à votre ceinture non-seulement des pistolets, mais

1. Fouqueville. *Régénération de la Grèce*, C. 487. L. Ranke, loc. cit. 279.

2. Prince Michel : *Vie de Milosch*, p. 45.

des canons, si cela vous plaît. Avec l'aide de Dieu, j'espère vous faire monter des étalons, et vêtir des pelisses fourrées de zibeline. » De son côté, Milosch n'avait point dans ses troupes une confiance sans bornes. De part et d'autre on se fit des concessions : l'article VIII du traité de Bucharest fut accepté comme base du nouveau traité, et les sept forteresses restèrent entre les mains des Turcs : c'étaient, outre Belgrade, Sémendria, Kladova, Uzica, Orsova, Sokol, au fait, misérables bâtisses, bourgades incapables de résister à la moindre attaque. Mais la Serbie put conserver son drapeau tricolore, celui de la Morawa et d'Ertari, avec les armes de la principauté brodées en relief, avec la croix d'argent et la couronne.

Milosch eût-il pu continuer la guerre avec succès? Question difficile à résoudre. Certes, il eût mieux valu arracher au sultan la paix proposée jadis par Pierre Itschko, que d'obtenir une simple confirmation du traité de Bucharest. Mais les troupes serbes étaient mal organisées, Milosch espéra obtenir peu à peu de nouvelles garanties d'indépendance. Le temps des haydouks était passé; celui des hommes politiques commençait; et, racontant l'histoire de cette paix, le prince Michel put dire : « A l'orage succédait enfin le beau temps ; car le ciel de la Serbie devenait plus clair et les rayons du soleil avaient percé les sombres nuages qui couvraient la Schoumadia. »

Le traité conclu avec Dubarodji contenait une stipulation importante : les Serbes conserveraient leurs armes.

Le knèze eût préféré poursuivre une lutte incertaine que de céder sur ce point; soutenu par la skouptchina, il opposa à toutes les nouvelles demandes du pacha turc une simple fin de non-recevoir. De là, un vif mécontentement chez Maraschli qui se manifesta par de perfides intrigues. Il encourage secrètement les rivaux de Milosch, jaloux de son autorité et de sa popularité; c'est d'abord Jean Dobratscha que le knèze est réduit à destituer; puis Viza, qu'il exile dans son district de Smédérévo; l'archimandrite Melentie; le voïvode Pierre Moler, qui dans la skouptchina de 1816, accuse Milosch de mensonge et de perfidie : « Mes frères, reprend Milosch, j'ai été votre chef jusqu'à ce jour, Moler va prendre ma place. » Aussitôt les momkes se précipitent sur l'insolent voïvode, le chargent de chaînes et le livrent au pacha, qui se voit réduit à le punir de mort [1].

Une autre tragédie, autrement terrible, suivit la mort de Moler. Au printemps de 1817, Kara-Georges, revenu en Serbie, avait été assassiné par des mains inconnues. Quel était ce mystère? était-ce Maraschli? était-ce Milosch lui-même qui était le meurtrier? C'est là un problème que l'histoire ne saurait résoudre d'une manière absolue, même après les recherches de Cunibert et de Gervinus. Mais la seule possibilité d'un doute est une tache sur la mémoire de Milosch. Il me semble toutefois que les accusations portées par ses ennemis ne reposent

1. Cunibert, *Essai historique sur les révolutions et l'indépendance de la Serbie*, 2 vol. Leipzig, 1855.

guère sur des fondements solides ; c'est ainsi qu'on a rappelé qu'il avait dit un jour que la vie humaine est chose dont il ne faut point se préoccuper, quand un intérêt important est en jeu. Mais ici nul intérêt important n'était en jeu: Milosch ne tira aucun profit du meurtre odieux de Kara-Georges. Et en effet ce n'est pas au mois de juillet 1817 qu'est véritablement mort Kara-Georges ; c'est en 1813, le jour où il disparut des rangs des combattants, le jour où il passa la Save pour se réfugier en Autriche. — Voici d'ailleurs les faits tels que dans son impartial récit les relate le Dr Cunibert.

Au mois de décembre 1816, l'hétairie de Belgrade avait envoyé à Kara-Georges un messager secret, le serbe Georgakis. La présence des Turcs dans les citadelles excitait dans plusieurs districts un profond mécontentement contre Milosch; on l'accusait de timidité dans ses rapports avec Maraschli, on lui reprochait son autocratie, sa soif de richesses et de pouvoir. Georgakis proposa à Georges de revenir en Serbie, d'appeler à lui ses anciens compagnons et de chasser les Musulmans. Kara-Georges accepte, il quitte la Bessarabie, reçoit les encouragements du consul russe à Jassy, passe le Danube et arrive à Smérédévo, où l'attendait le knèze Viza. Séduit par l'enthousiasme des Serbes, il écrit à Milosch, lui annonce un prochain soulèvement de la Morée et lui demande de se mettre avec lui à la tête d'une nouvelle révolte de la patrie serbe. Aussitôt Milosch va trouver Maraschli et lui annonce l'arrivée de Georges; le pacha le somme d'éloigner à tout prix le vainqueur de Schabatz, l'intrépide guerrier de la Schoumadia. Le knèze promet, envoie à Viza cette lettre laconique : « Ou la tête de Georges le Noir ou la tienne ; » puis il monte à cheval avec ses momkes et s'apprête à courir à Smérédévo. A l'instant même, un janissaire lui apporte la tête de Kara-Georges. Milosch verse des larmes ; sa femme Lioubitza saisit la tête sanglante et la couvre de baisers. Mais les Turcs arrachent ce triste trophée pour l'envoyer à Constantinople où il sera exposé à la porte du sérail avec cette inscription : « *Tête du fameux chef de bandits serbes, dit Kara-Georges.* » Quant à Milosch, il accusa les janissaires du meurtre dont Smérédévo avait été le théâtre, il fit ensevelir solennellement dans sa ville natale le corps de son rival, et fit graver sur son tombeau ces lignes qu'on peut lire encore, et où il s'efforça de repousser les insinuations dirigées contre lui-même :

« *Ici reposent les restes de Georges Petrovitch le Noir, qui le premier, en 1804, donna le signal de la délivrance, et fut, plus tard, le chef suprême de la nation serbe. En 1813, les intrigues des ennemis du pays le contraignirent à passer sur la terre d'Autriche, où il fut retenu prisonnier durant une année ; après quoi, ayant émigré en Russie, il fut reçu avec la plus haute distinction, et comblé d'honneurs par le czar. Pourtant, par des motifs qu'on ignore, il quitta la Russie et rentra en Serbie, où, sur l'ordre du gouvernement turc, il eut la tête tranchée — Juillet 1817.* »

Cinq mois après la mort de Kara-Georges une assemblée

générale des prélats, des kmètes, des knèzes, de tous les notables de la Serbie, proclamait Milosch prince des Serbes (Verhonni knèze), avec le droit de choisir un héritier dans sa famille.

Les événements qui avaient précédé le retour et la mort de Georges avaient fait ouvrir les yeux à Milosch. Il reconnut que, pour rester chef de la nation serbe, il fallait entreprendre contre la Porte une hardie campagne diplomatique, assurer à la Serbie plus d'indépendance, imposer peu à peu au sultan la paix de Pierre Itschko, ce résumé de toutes les aspirations nationales. Aussi avec une grande hardiesse, il commença par réformer d'une manière complète la juridiction et l'administration, jusqu'alors à la merci des spahis et des janissaires; coup sur coup, il enleva au pacha le droit de prononcer la peine de mort, augmenta les attributs du tribunal national, établit dans chaque province un oberknèze, dans chaque district un knèze, dans chaque village un kmète; il édicta les peines les plus sévères contre le rapt et le viol. Tout cela au grand mécontentement de Maraschli, qui ne cessait d'ourdir de nouveaux complots.

Mais ces réformes, bien que considérables, ne suffisaient pas à Milosch. Soutenu par la Russie, il demanda à la Sublime-Porte un firman (1820) confirmant les préliminaires de 1815 et les décisions de l'assemblée de novembre 1817. Le sultan hésita; les envoyés serbes, l'archimandrite Samuel, Weikaschinovitch de Jagodina, Viza, Markovitch, Dmitri insistèrent avec la plus grande énergie. Le sultan accorda le firman; il reconnaissait aux Serbes le droit d'avoir une administration indépendante de celle de la Porte; il ratifiait la décision qui avait donné à Milosch le titre de prince; il défendait aux Musulmans de séjourner dans les forteresses de la frontièr autrichienne; enfin le dernier article était ainsi conçu « *les Serbes renoncent pour l'avenir à toute autre prétention.* » Milosch était à Topchidéré quand l'envoyé du sultan lui donna lecture du firman impérial. « Remerciez Sa Hautesse, lui dit fièrement le prince, mais on ne saurait nous empêcher de demander plus tard de nouveaux droits, on ne peut pas nous forcer à nous dire à jamais satisfaits. »

La Serbie tout entière applaudit à ses énergiques paroles. Milosch eut le tort de ne pas comprendre le prix des applaudissements de son peuple; s'il l'eût compris, il eût été plus qu'un général intrépide et qu'un administrateur rigide, il eût été un de ceux sur la tombe desquels on peut écrire, suivant l'expression du poëte : « Ouvrier de l'Humanité; » il n'eût pas alors repoussé, comme il le fit, l'alliance que lui proposait le prince Ypsilanti, le chef intrépide de l'insurrection grecque. Certes, Milosch était doué d'un esprit politique plus pénétrant que Kara-Georges; mais s'il eût été au pouvoir en 1821, Georges eût secouru la Grèce soulevée contre ses oppresseurs, il n'eût écouté que la voix du cœur. Milosch raisonna froidement cette alliance; il considéra trop le présent, il ne songea pas assez à l'avenir; il refusa un secours actif qui eût contribué considérablement au progrès de la Serbie, à l'unité des peuples slaves.

Milosch, comme tous les despotes, avait érigé la centralisation en une véritable théorie d'État : il eut raison quand il introduisit l'unité dans l'administration, mais une fois dans cette voie il ne put plus s'arrêter; entraîné par de fausses notions, il voulut faire de la Serbie un pachalik, il fut trop musulman, il ne fut pas assez chrétien. Alors les murmures pour la première fois éclatèrent : « il tourmentait les fonctionnaires, dit un historien serbe, et ceux-ci opprimaient ce peuple. » Ce fut un gouvernement de monopoles exorbitants, d'exactions monstrueuses, tant Milosch en sa personne identifiait tout l'État, tant, de l'aveu de Pirsch, il comprenait l'art de lever les impôts indirects, parcourant les districts pour son commerce de bestiaux, irritant par son avarice et sa luxure toutes les classes de la nation. Plus tard, en 1850, défendant contre les attaques passionnées de Cyprien Robert la mémoire de son père, le prince Michel ne pourra dissimuler la vérité : « Oui, mon père a commis de grandes fautes. » Et cependant, malgré cet aveu, malgré tant de témoignages, un doute me vient. Milosch n'a-t-il pas été en quelque sorte le Louis XI de la Serbie, à la vérité, pour parler avec Comines, « ordonnant le bien âpres punitions, » mais cela dans l'intérêt du grand nombre, ne frappant que les knèzes et les voïvodes, les nobles? D'ailleurs, par quelle nécessité admirer exclusivement ou Kara-Georges ou Milosch? pourquoi le panégyriste de l'un doit-il être forcément le détracteur de l'autre? L'historien procède autrement : Kara-Georges et Milosch ont l'un et l'autre accompli une tâche grande et belle, mais ils sont l'expression d'époques, de nécessités différentes. Il faut lire le récit d'un contemporain, Bystrézonowski, bon patriote, très-digne de foi : « Milosch profita habilement de la situation politique de l'Europe pour organiser son pays ; mais les hommes puissants qui l'avaient aidé plus particulièrement à le délivrer, espéraient obtenir des priviléges tout à fait semblables à ceux dont jouissaient les boyards en Valachie ou les magnats hongrois; ils croyaient pouvoir remplacer les spahis turcs qu'on avait expulsés, et leur succéder dans les droits féodaux des timars. Ils avaient commencé par exiger du peuple l'accomplissement des anciennes coutumes, des dîmes et des corvées. Mais Milosch supprima cet abus, voulut tous les Serbes libres, égaux, soumis à la même loi et au même impôt; il détruisit les priviléges, toutes les prérogatives qu'on voulait établir; et c'est ainsi que prit naissance cette opposition qui, avec des dehors libéraux, s'appuyait uniquement sur des amours-propres froissés et des prétentions déçues. » Et, au fait, que d'utiles réformes ! partout, à travers les forêts, de vastes routes frayées, ouvertes au commerce; la perception de l'impôt régularisée, l'établissement des cordons sanitaires, la milice disciplinée, la construction de casernes, d'hôpitaux; les tribunaux réorganisés, quarante écoles s'élevant dans les villes et les villages. Qu'on étudie encore l'*oustav*, c'est-à-dire la constitution de 1825 : Cyprien Robert, si défavorable à Milosch, y signale lui-même, malgré quelques réticences absolutistes, un cachet profondément gréco-slave, libéral et chrétien; il n'y a pas de nobles parmi les Serbes, parce que tous professent la religion du Christ; l'Évangile est encore la base de l'administration de la justice, mais les tribunaux ecclésiastiques sont remplacés par des tribunaux civils, qui prononcent même en matière de divorce; chaque commune est solidaire des actions de ses enfants, doit elle-même livrer au gouvernement les coupables.

Après cela, que le gouvernement de Milosch ait été souvent dur, cruel même, je n'en disconviens pas. Mais combien de fois les violences du prince auront été provoquées par la perfidie de Maraschli! C'étaient sans cesse de nouvelles intrigues, de nouveaux embarras suscités au prince, de nouveaux complots. Le pacha avait été violemment irrité par l'énergie de Milosch à faire respecter le traité de Bucharest : honte! lui, le dubarodji, il était tombé dans les piéges d'un misérable raïa qui le reléguait maintenant dans sa citadelle, qui sans le consulter nommait knèzes et capitans! Maraschli profita de la crédulité des paysans et de l'ambition des voïvodes pour entraver, autant qu'il était en sa puissance, le gouvernement de Milosch. De ces complots, deux sont restés célèbres : celui de 1821, dont les chefs étaient les knèzes Marko Abdullah et Stéphan Dobrinjatz, complot ouvertement soutenu par le pacha, et que la trahison du jeune Milko fit seule échouer; puis celui de 1824, véritable jacquerie conduite par les paysans Izurowitch et Ratkovitch, et qui fut noyée dans le sang.

Les hommes politiques ont toujours su tirer profit des révoltes comprimées par eux : elles servent à effrayer les timides et par suite à affermir le pouvoir entre les mains de ceux qui le tiennent. A quoi bon cacher la vérité? Milosch sut profiter des deux insurrections de 1821 et de 1824, dans l'intérêt de sa politique aussi bien que dans son intérêt personnel. Après la jacquerie de 1824 il se fit commanditeur du commerce du sel et des bestiaux [1].

Quant à Maraschli, il était mort de dépit et de rage. Le sultan lui donna pour successeur Abd-el-Rhaïm, homme probe et intègre qui ne songeait nullement à conspirer. Cela créa des loisirs à Milosch qui les employa à apprendre à lire, à étudier l'histoire et l'économie politique. Pourquoi, avec tout son génie, cet homme n'a-t-il pas compris que la liberté seule pouvait consolider son trône, que la tyrannie au contraire en minait les fondements? De nouvelles révoltes agitèrent le pays; ce fut d'abord le diacre Milvé qui souleva le peuple des campagnes, ensuite le Grec Mirko qui appelait les Serbes au secours de sa patrie, soulevée contre les Turcs; Georges Tcharapitch, Radenatchitch, se joignirent à lui; c'étaient de misérables ambitieux qui, tout en prenant pour modèles Harmodius et Aristogiton, dressaient

1. V. le voyage du baron de Herder en Serbie, 1825.

d'avance des tables de proscription. La révolte éclata en 1826. Milosch la réprima avec la dernière sévérité ; des supplices nombreux plongèrent le pays dans l'épouvante.

En dépit des intrigues qui l'environnaient, en dépit du mécontentement qu'excitaient les vices de son administration, Milosch n'en poursuivait pas moins avec énergie la grande tâche qu'il s'était proposée, l'application complète du traité de Bucharest. A ce moment (1826) la situation de la Sublime-Porte était grave ; les Grecs venaient de se soulever, et cette insurrection héroïque donnait une extension immense au principe de l'émancipation des nations chrétiennes soumises au divan. Milosch ne joignit pas ses forces à celles du prince Ypsilanti, mais, appuyé par le czar Nicolas, il sut en profiter dans l'intérêt de la Serbie. « Je demande, dit-il au sultan, l'exécution de toutes les promesses de l'article 8 et du firman de 1820. » Le malheureux Mahmoud n'était maintenant entouré que d'ennemis. La Grèce soulevée avait provoqué une coalition de la France, de l'Angleterre et de la Russie ; les Serbes, et avec eux toutes les populations chrétiennes de l'empire le menaçaient de défection ; les janissaires devenaient plus redoutables et plus insolents que jamais. Il fallut accorder à Milosch tout ce qu'il demandait ; les commissaires turcs et serbes se réunirent à Ackerman au mois de septembre, et deux envoyés du czar, MM. de Ribaupierre et de Voronzoff assistèrent aux délibérations. Enfin le 7 octobre fut signée la convention explicative en exécution du traité de Bucharest, connue sous le nom de convention d'Ackermann. Pour ce qui regardait la Serbie, le sultan s'engageait à publier, dans l'espace de dix-huit mois, un hatti-chérif, confirmant l'article 8, et accordant à Milosch les demandes adressées par lui à la Porte, et qu'une note officielle du divan, en date du 13 mai, résumait ainsi : « la liberté du culte, le choix de ses chefs, l'indépendance de son administration intérieure, la réunion des districts détachés de la Serbie, la réunion des différents impôts en un seul, l'abandon aux Serbes des biens appartenant à des Musulmans, à charge d'en payer le revenu ensemble avec le tribut, la liberté de commerce, la permission aux négociants serbes de voyager dans les États ottomans avec leurs propres passe-ports, l'établissement d'hôpitaux, écoles et imprimeries, et enfin la défense aux Musulmans, autres que ceux appartenant aux garnisons de s'établir en Serbie. »

Grande fut la joie des Serbes; l'empire de Douchan se reconstituait peu à peu, et cela sans guerre, sans combat, par la simple force des choses, par la sagesse d'un gouvernement habile. Milosch convoqua la skouptchina à Kragoujevatz : il lui annonça la convention d'Ackermann, il rappela les luttes de la Serbie pour la liberté, l'appui généreux de la Russie, les réformes dont il avait pris l'initiative, les révoltes qu'il avait comprimées : « Ma conscience, dit-il en finissant, après avoir exhorté le peuple à la concorde, ma conscience et le témoignage de mes actions connues du monde entier, voilà le prix de mes labeurs et de mes peines ! » D'unanimes applaudissements accueillirent ces belles paroles. Le lendemain, la skouptchina demanda au sultan la confirmation du titre de prince, que le sénat avait voté à Milosch, et le tribunal suprême rédigea une nouvelle formule de serment de fidélité.

Ce fut l'apogée de la puissance de Milosch. La France, la Russie, l'Angleterre et l'Autriche envoyèrent des représentants à Belgrade. Bientôt la capitale vit se former autour du prince une véritable cour, élégante, amie de la civilisation et du luxe. Milosch n'en garda pas moins toute sa simplicité. Un officier prussien, le comte Otto de Pirsch, qui visita alors la Serbie, en revint plein d'un naïf enthousiasme [1]; tout l'avait frappé, la bienveillance de Milosch, l'intelligence supérieure de sa femme, la belle Lioubitza, la grâce et l'affabilité de la princesse Jelisavéta, le repas patriarcal, précédé d'une simple et modeste prière, l'intérêt porté par le prince à toutes les institutions financières et agricoles de l'Allemagne, ses questions sur Napoléon et le maréchal Blücher. — Blanqui, qui le vit quelques années plus tard, le dépeint comme « un homme d'une stature courte et ramassée, mais d'une complexion énergique et robuste, au delà de toute expression; la tête d'une grosseur énorme et couverte d'une forêt de cheveux gris coupés courts, semble comme enfoncée dans de larges épaules, lui donne l'apparence d'un taureau indompté. Sa bouche est grande, ornée de dents très-blan-

1. Reise nach Serbien 145 sq.

ches; ses yeux vifs et perçants ont je ne sais quel air de malice et de dissimulation qui s'accorde fort bien avec ce que l'on connait des habitudes de sa vie publique et privée; son obésité semble mal aise dans le costume européen. »

Revenons à l'histoire des rapports de la Serbie et de la Porte. L'année 1828 vit les événements se compliquer singulièrement. Au fait, le traité d'Ackermann ne contenait que des promesses, et Mahmoud apportait les plus grandes lenteurs à les exécuter. Quant au malheureux sultan il voyait son autorité s'évanouir entre ses mains; un jour, c'était la destruction des janissaires, puis la bataille de Navarin, puis encore la déclaration de guerre de la Russie. Pendant deux ans, on attendait à chaque instant la grande nouvelle, l'occupation de Constantinople par les Russes [1]. Milosch hésitait, ne sachant s'il fallait espérer la destruction complète de l'empire ottoman en Europe, et la victoire du czar. Mais l'attitude de l'Autriche et de la Grande-Bretagne lui imposait la neutralité; il fallut attendre la paix. Cette fois-ci encore, l'empereur russe devait renoncer à la conquête de Constantinople; le traité d'Andrinople termina la guerre (25 septembre 1829). Deux semaines après, Milosch recevait le firman impérial qui confirmait les promesses d'Ackermann, et dès les premiers jours du mois d'août de l'année suivante, le hatti-chérif qui réglait d'une façon définitive le gouvernement de la Serbie et ses rapports avec la Porte.

1. Muller Gesch. der Neuren Zeit.

Le hatti-chérif de 1830 est le grand triomphe de Milosch. Et cependant avec plus d'énergie, avec plus de franchise et de loyauté, il eût pu obtenir plus encore! Malheureusement à la souveraineté de l'empire turc avait été substituée la suzeraineté morale de la Russie ; et le czar, jaloux des Serbes, désireux de les retenir dans sa dépendance, ne voulait pas leur accorder dans un seul jour toutes les satisfactions, toutes les réformes qu'ils désiraient : M. de Kotzebue dit tout haut que son maître traitait les Serbes comme des enfants, et que c'était là la meilleure politique à suivre à leur égard. Milosch dévora l'affront; la protection du czar lui étant nécessaire encore pour obtenir une satisfaction personnelle qu'il poursuivait depuis trois ans, la confirmation par le sultan de son titre de prince. Mais Mahmoud refusa longtemps à signer le bérat d'investiture; il fallut, pour l'y décider, 500,000 piastres en or, plus des sommes considérables nécessaires à soudoyer les ministres, conseillers, pachas, uhlévas, et autres fonctionnaires ou voleurs de l'empire turc. Enfin le 30 novembre 1830, jour anniversaire de la prise de Belgrade par Kara-Georges en 1806, et jour de Saint-André, protecteur de la Serbie sous les anciens rois, lecture fut donnée au peuple de Belgrade du hatti-chérif et du bérat impérial. Ce fut une fête nationale, un des plus beaux jours de la Serbie. Le hatti-chérif était motivé sur la fidélité du peuple serbe et était réputé irrévocable ; le bérat d'investiture reconnaissait Milosch comme le prince actuel de la Serbie, vrai modèle des nobles chrétiens, dont la sagesse, la probité et le dévouement à la Sublime-Porte sont connus du monde entier.

La Serbie crut son indépendance assurée à jamais. Et cependant, quelles étaient en réalité les modifications apportées à sa situation politique par les conférences d'Ackermann par le traité d'Andrinople, par le hatti-chérif de 1830?... Cette situation ne reposait-elle pas toujours sur une combinaison de l'autonomie serbe et de la suzeraineté turque? N'y avait-il pas une source de complications perpétuelles dans la constante immixtion de la Russie dans les affaires de la principauté? Le czar jalousait Milosch, lui reprochait son ingratitude ; il en vint bientôt à lui susciter des embarras, tantôt au sujet de l'exil des compagnons de Kara-Georges, tantôt au sujet des fortifications de Belgrade. Milosch perdit patience, s'efforça de repousser le joug que l'empereur Nicolas voulait lui imposer. C'eût été le moment alors de commencer une véritable politique nationale, de parler à la Russie et à l'Europe en véritable prince indépendant, en chef suprême des Slaves du sud ; c'eût été le moment de jeter hardiment les bases d'un nouvel empire de Douchan, de proclamer à la face du monde l'union de tous les peuples slaves, de préparer par tous les moyens possibles la réalisation de cette généreuse entreprise. Alors la Serbie eût oublié tout l'ancien despotisme de Milosch pour lui prêter un entier concours ; le Monténégro eût signé avec lui un traité d'alliance ; les peuples slaves se seraient soulevés à la voix du libérateur. « Le champ était labouré, il suffisait de répandre la semence dans les sillons. »

Ce que nous venons d'avancer n'est pas un rêve, un plan chimérique facile à faire après coup. En 1831, les esprits les plus sages et les plus modérés, tous ceux qui, en Europe, commençaient à s'occuper de la Serbie, MM. de Lamartine, Léopold Ranke, Müller, Adolphe Blanqui, espéraient que Milosch entrerait dans cette nouvelle voie. Loin de là, le prince serbe devint l'allié du sultan, le soutint contre les révoltes de la Bosnie et de l'Albanie, concentra tous les pouvoirs publics entre ses mains. Alors ce ne furent pas seulement les nobles, mais le peuple tout entier à qui son autocratie devint insupportable ; et, par malheur, s'obstinant dans ses errements, sourd à tout conseil, Milosch repoussa avec colère le programme libéral des notables, rejeta le projet de code rédigé par Lazare Théodorovitch, et auquel le code Napoléon avait servi de modèle, augmenta le mécontentement par des attentats répétés contre la propriété publique qu'il méprisa, qu'il foula aux pieds. « Je voudrais bien voir qu'on osât me résister, disait-il ; je suis le maître, j'agirai selon mon bon plaisir ; » et il incendiait tout un quartier de Belgrade pour le reconstruire sur un nouveau plan. En même temps, la skouptchina était humiliée, les fonctionnaires abreuvés d'insultes, traités en esclaves, bâtonnés. Dès lors, ses ministres, ses amis, sa femme même, l'abandonnèrent, firent autour de lui une solitude complète. Qu'arriva-t-il ? N'ayant plus autour de lui que des hommes médiocres et corrompus, des aventuriers ou des traîtres, Milosch n'en persista qu'avec plus d'entêtement dans son funeste système; de la Serbie que le héros de 1808 avait voulu libre et indépendante, il fit un pachalik; il exerça sans ménagement le droit auguste de vie et de mort, il écarta des affaires tous ceux qui le gênaient, les poursuivit d'une jalousie inquiète. « Milosch nous barre le chemin à tous ! » s'écriait Stoïan Simitch. Deux années suffirent pour rendre le vainqueur de Duplia plus odieux au peuple serbe que le sultan lui-même. Lui aussi il avait ses janissaires, les momkes qui régnaient en maîtres dans les villages et dans les campagnes [1].

Bientôt s'organisa dans tout le pays une vaste et permanente conspiration des grands, des knèzes, des juges, des ministres eux-mêmes. On voyait à leur tête Voutchitch, Miléta, Abraham Milosav, Miloutine, Stoïan Simitch. Le mécontentement était à son comble : « Je prends sur moi d'assassiner Milosch ! » s'écria un des conjurés. Miléta Radoïévitch s'opposa vivement à cette sauvage proposition : « Organisons, disait-il, une grande manifestation pour la prochaine skouptchina ; peut-être pourrons-nous contraindre Milosch à abdiquer sa couronne. » — « La Serbie, reprend impatiemment le ministre Pétroniévitch, la Serbie n'a fait que changer de tyran; Milosch s'est substitué au pacha de Belgrade ! » On se sépara sans avoir rien décidé ; Miloutine, le soir même, confia à Lioubitza le secret de la conjuration et l'imminence d'une révolte. Effrayée par la violence des

1. Ranke, loc. cit. pag. 352. S. René Taillandier, pag. 293. D .Cunibert.

avis de quelques-uns des mécontents, la princesse révéla à Milosch le complot tramé contre sa couronne et sa vie; elle le supplia de renvoyer les momkes, de réunir une skouptchina, d'appeler au ministère les hommes libéraux de l'opposition, de renoncer à une politique fatale.

Milosch songea d'abord à suivre l'exemple donné naguères par Kara-Georges, à prendre la fuite; puis brusquement, retrouvant son énergie ordinaire sur les conseils du kmète Kotza, il se décida à rester, fit venir Miloutine : « Voilà donc, lui dit-il, la façon dont tu reconnais mes bienfaits! » « Tes bienfaits! dit Miloutine, eh bien! reçois ce conseil: ce n'est pas moi qui suis l'auteur de la conspiration contre toi, mais sache qu'il n'est plus personne parmi les Serbes qui ne désire ta chute. » — « Personne! s'écria Milosch. » — « Oui, reprit Miloutine avec calme, tout le monde te hait, en commençant par l'homme qui te parle. » Quand le hardi voïvode se fut retiré, le prince s'adressa à un vieux momke qui ne le quittait jamais. « Est-ce vrai, demanda-t-il, ce que Miloutine a dit? » Il hésitait, il tremblait en parlant ainsi. « Seigneur, répondit le momke, le peuple crie partout que son existence est devenue insupportable [1]. »

A chaque instant la position du prince devenait plus grave. Avertis par Miloutine, les conjurés s'étaient réunis : « Mes frères, dit Simitch, permettez-moi d'immoler le tyran! » Miléta fit entendre encore une fois la voix

1. Ranke, 347. Iankovitch et Grouitch, loc. cit.

de la modération et ses conseils prévalurent encore. On entra en négociation avec Voutchitch, alors ministre de la guerre ; l'entente fut vite faite, et les portes de Kragoujévatz ouvertes aux conjurés (1834). Aussitôt une skouptchina militaire se forme, qui attend des communications de Belgrade. Le lendemain, Davidovitch accourt avec les pleins pouvoirs du prince ; Pétroniévitch le reçoit, lui expose les causes du mécontentement des Serbes : « Va dire à Milosch, s'écria-t-il, que nous voulons une constitution politique, avec des lois civiles et criminelles. » Davidovitch promet au nom de son maître et demande aux conjurés de se séparer : pour toute réponse Miléta lui montre les milices et le peuple qui réclament la réunion immédiate d'une skouptchina. Milosch cède, convoque une assemblée générale, décrète une amnistie complète. Ces nouvelles sont accueillies avec enthousiasme ; le prince revint à Kragoujévatz et put croire un moment qu'il avait retrouvé toute sa popularité. Les chefs de la révolte vinrent à sa rencontre : « Nous avons eu tous des torts, leur dit-il, tâchons de les réparer et pardonnons-nous mutuellement. »

La skouptchina se réunit le 2 février 1835 ; jamais elle n'avait été si nombreuse. Milosch lui-même ouvrit la session et fit lire par Davidovitch un exposé des idées nouvelles que les circonstances lui avaient imposées. Les lois que le prince a promises, il les accordera ; une constitution est nécessaire pour gouverner le pays, et le jour où cette constitution sera établie, Milosch respectera et fera respecter partout ses décisions; il nommera un ministère responsable, qui proposera de nouvelles lois, lois politiques, lois administratives, lois financières fondées sur l'abolition des corvées et l'établissement d'une taxe personnelle de trois écus par semestre, les forêts des villages et les pâturages seront désormais un bien commun, il faut créer des ponts, des chemins. La skouptchina remercia Milosch et se mit immédiatement à son travail constitutionnel. Un mois après, Milosch jurait solennellement les nouveaux statuts de la principauté et la skouptchina lui offrit un sabre d'honneur avec cette inscription : « A son knèze, Milosch Obrénovitch, la Serbie reconnaissante. »

L'opposition parlementaire triomphait; elle crut le pays sauvé, elle se flatta d'avoir à jamais abattu le despotisme, tout cela parce qu'elle avait fait une constitution, précédée d'une déclaration des droits de l'homme. Cette illusion dura quelques jours à peine. Milosch avait dit avec une grande perspicacité : « Nous ne sommes devenus de nouveaux hommes que depuis un an : sachez qu'à la fondation de tout État, il faut bien prendre garde de se trop presser et de ne pas même publier une seule parole qu'on soit obligé de rétracter à son propre détriment et à celui de la communauté. La fondation des États actuels a demandé des siècles, et aujourd'hui encore on trouve toujours quelque chose à améliorer. La Serbie ne peut pas suivre une autre voie : elle a des particularités nationales qu'il faut d'abord tâcher d'adapter à la civilisation de l'Europe, pour prendre peu à peu une place honorable dans ses rangs. » Mais les membres de la skouptchina n'avaient prêté aucune attention à ces sages paroles : sous l'inspiration de Davidovitch, ils étudient les innombrables constitutions et projets de constitution de la France, les législations anglaise et allemande, jusqu'aux lois des douze tables; et, naïfs éclectiques, en composent le plus bizarre des amalgames. C'est le sénat et le prince qui gouvernent conjointement, l'initiative des lois appartient à l'un et à l'autre, le président du sénat les signe, le knèze les promulgue; tous les citoyens sont égaux, les juges irresponsables. Puis ils avaient emprunté à l'Europe ses titres, ses dignités administratives, sa bureaucratie; si bien que, pendant quelques mois, la Serbie fut le théâtre d'une mascarade ridicule, où les haydouks étaient devenus scribes et se faisaient appeler Excellences, où les pesmas avaient cédé la place aux comédies de nos théâtres de genre, où l'uniforme et le costume si pittoresque de la Serbie avaient été abandonnés pour le shako, le pantalon bleu, les bottes gênantes de l'uniforme hongrois [1]. Milosch alors se hâta de constater toute l'insuffisance de cette constitution; il accusa Davidovitch, celui-ci accusa la skouptchina, bref, la Serbie fut bientôt unanime pour demander de nouvelles lois organiques. Le mécontentement, un moment apaisé,

1. S. René Taillandier, loc. cit. Docteur Cunibert : *Essai*, t. II. p. 201-202.

redoubla d'intensité; le despote se réveilla chez Milosch, il revint à son ancienne politique. Mais les récents événements de Kragoujévatz avaient produit une émotion profonde aux trois cours de Vienne, de Saint-Pétersbourg et de Constantinople; le czar envoya M. de Buchmann présenter ses observations à Milosch. Ce fut le secrétaire du prince, Ziganovitch, qui reçut l'envoyé russe; M. de Buchmann s'emporta, contesta à Milosch ses titres, se moqua des ministres, déclara que les Serbes n'étaient que des raïas et des valets, insista pour être introduit auprès du prince. Milosch l'écouta quelque temps en silence, puis, tout à coup, sentant se ranimer tous ses instincts de patriotisme et de fierté : « Monsieur, dit-il, j'ignore beaucoup de choses en administration et suis prêt à recevoir les conseils des hommes éclairés, mais si le baron de Buchmann prétend m'imposer ses avis comme des ordres, chef de la nation et gardien de ses droits, je les repousserai résolûment. »

Étrange caractère que celui de Milosch! Le héros cachait un despote, le patriote cachait le plus habile des comédiens : nul, pas même Kara-Georges, n'avait rendu de plus éclatants services à la Serbie, nul n'avait fait peser sur elle un joug plus rude. Tantôt embrassant avec une remarquable sûreté de coup d'œil la situation politique, il en devinait les besoins avec une intelligence qui étonnait ses ennemis, leur arrachait un cri d'admiration; tantôt il lâchait la bride à ses passions, voulait gouverner seul, détruisait en quelques heures l'œuvre pénible de plusieurs années. Ainsi en 1835. Accueillie d'abord avec un véritable enthousiasme, la skouptchina avait commis de graves fautes, n'avait contenté personne : Milosch vit qu'il y avait là pour lui un moyen assuré de raffermir son autorité ébranlée, que, pour y réussir, il fallait frapper l'imagination populaire ; mais il ne s'arrêtera pas là, il voudra reprendre l'une après l'autre toutes ses concessions et il se perdra de nouveau. Une chose l'embarrassait alors: comment frapper l'imagination du peuple, se montrer à lui sous un jour nouveau et brillant ? Après quelques hésitations, Milosch se décida à entreprendre un voyage à Constantinople; en vain les députés, tous les ministres, Davidovitch, l'en dissuadèrent, le prince tint bon, institua un conseil de régence sous la double présidence de son frère Ephrem et de Miléta et partit le 19 juillet. Une nombreuse escorte l'accompagna jusqu'à Widin; partout où son vaisseau s'arrêta sur le Danube, il reçut l'accueil le plus flatteur; les pachas venaient à sa rencontre, le farouche exterminateur des janissaires, Hussein Pacha, le salua comme son maître. Enfin, le 16 août, il arriva dans la capitale de l'empire turc et fut reçu au palais d'été par le sultan [1] : debout, entre Halil-Pacha, gendre de Mahmoud et le grand séraskier, il lut un long discours en langue serbe, qui fut traduit du serbe en grec par Abraham Pétroniévitch, et du grec en turc par Bogosidi,

1. Ranke, p. 352. — Saint-René Taillandier, loc. cit. ch. V.

prince de Samos. Il terminait ainsi : « Chef de la nation serbe, honoré de la haute confiance et des faveurs de V. M., je suis venu pour vous prier de recevoir l'expression de notre reconnaissance filiale. » Mahmoud repondit : « Sois le bienvenu, prince Milosch. Je reçois avec plaisir, de ta bouche, l'expression des sentiments des Serbes. Tant que vous ne vous écarterez pas de vos devoirs, j'aurai toujours pour vous les égards paternels qu'un souverain doit à ses vassaux, aux sujets que Dieu lui a confiés; vous aurez toujours part à ma sollicitude impériale. » Alors Milosch offrit à Mahmoud de riches présents et le sultan s'écria : « Ses présents lui ressemblent : ils sont grands ! »

Lorsque Milosch revint à Kragoujévatz il était comme enivré des honneurs dont on l'avait comblé, il était plein d'admiration pour le gouvernement absolu et personnel de Mahmoud. Insensible aux murmures qui s'élevaient autour de lui, il se crut le droit de corriger arbitrairement la constitution, il refusa d'écouter les conseils des ministres, il reprit le hautain langage de 1834, il brava le czar, qui, par un bizarre revirement, s'était fait le protecteur des idées libérales en Serbie. Dès le mois de janvier de l'année suivante, les complots contre Milosch recommencèrent; l'inquiétude gagna les cabinets européens, la Porte avertit le knèze des dangers qui le menaçaient, les empereurs de Russie et d'Autriche se liguèrent contre leur ancien allié, la France et l'Angleterre firent d'inutiles efforts pour éclairer Milosch et concilier les partis.

La situation était des plus graves et des plus compliquées. Stoïan Simitch et Georges Protitch émigrèrent à Bucharest et nouèrent avec le consul russe de sourdes intrigues; de son côté, l'Autriche envoya à Belgrade le hautain croate Antoine Néanovitch, qui se ligua avec l'opposition contre Milosch. Puis ce fut le czar Nicolas qui rédigea un projet de constitution serbe, destiné à faire de la principauté une simple province russe; il l'envoya au kniaze, l'assurant que là seulement était le salut. Milosch repoussa le projet : l'empereur, blessé dans son amour-propre, violemment irrité par l'attitude indépendante du prince à son égard, ordonna à Vaschenko, consul de Russie à Bucharest, d'établir à Orsova, sur la frontière même, son quartier général de complots et d'intrigues. Mais à peine cette nouvelle fut-elle connue à Londres, que le colonel Georges Hodges fut envoyé auprès de Milosch. L'agitation augmenta encore. Simitch et Protitch se rendent à Saint-Pétersbourg pour demander l'intervention du czar; l'ambitieux Ephrem soutient leur demande. C'est en vain que le colonel Hodges et le docteur Cunibert s'efforcent de montrer au prince les progrès de la conspiration, l'utilité d'une alliance franco-anglaise, la nécessité de prévenir les conjurés par une formelle déclaration des droits et par une charte libérale, le respect des droits du peuple par le maintien de la skouptchina, et ceux des nobles par le maintien du sénat. Milosch perd la tête, il repousse les conseils de ses amis, demande des garanties à l'Angleterre, son intervention pour amener l'évacuation de Belgrade par les Turcs, il entame de timides négociations avec son frère Ephrem. Sur ces entrefaites (janvier 1836), arrive à Kragoujévatz le prince Dolgorouki, ambassadeur du czar; il demande une entrevue à Milosch, lui assure hardiment l'existence d'une conspiration protégée par la Russie; le kniaze accuse la perfidie de l'empereur; Dolgorouki lui répond en exigeant la cessation immédiate des conférences avec le colonel Hodges, l'établissement d'un sénat conformément au hatti-chérif, et dont feraient partie les chefs de l'opposition, Stoïan Simitch, Voutchitch, Pétroniévitch. Alors Milosch essaie de lutter d'adresse avec l'habile diplomate; il se tait sur ses rapports avec l'Angleterre : « A quoi bon un sénat, s'écrie-t-il, n'avons-nous pas la skouptchina? Pourquoi une chambre haute? *Il m'est impossible de renoncer au grand principe de l'unité de la représentation nationale.* Quant aux conjurés, ce ne sont que de vils ambitieux, qui ne s'adressent à la Russie que par intérêt, qui, repoussés par la Russie, s'adresseront, avec la même insistance, à la France, à l'Autriche, ou au Grand-Mogol. » Ce fut en vain : le prince Dolgorouki rappela le texte formel de l'article 3 du hatti-chérif de 1830, d'après lequel le kniaze devait administrer les affaires de Serbie avec l'assemblée des notables, déclara que si Milosch se refusait à le mettre en exécution, la Russie s'unirait à la Porte pour l'y contraindre : « Mais vous me brisez le pouvoir entre les mains! s'écria Milosch avec emportement; votre interprétation est fausse, je ne puis consentir à un suicide. D'ailleurs la diplomatie européenne me soutiendra. » En effet, le 15 décembre, lord Palmerston lui écrivait : « J'érige le consulat britannique de Belgrade en consulat général. Je vous prie d'agréer cette mesure comme une preuve du vif intérêt que je prends au prince et au pays. Le colonel Hodges vous fera connaître les intentions bienveillantes du gouvernement de la reine. » Et le 6 janvier 1838, lord Ponsomby, le nouvel ambassadeur anglais à Constantinople, adressait à Milosch une lettre où il confirmait la dépêche du ministre.

Ainsi la lutte était ouvertement engagée, lutte ambiguë, étrange, dont parfois le caractère nous échappe. « On vit alors, dit Ranke, un spectacle extraordinaire : par un bizarre contraste l'Angleterre et la France, gouvernements parlementaires, encourageaient le despotisme de Milosch; la Turquie et la Russie, gouvernements absolus, voulaient lui imposer des réformes libérales, se prononçaient pour une limitation de ses pouvoirs. » Pas plus que M. Saint-René Taillandier, je ne puis accepter cette manière d'expliquer la longue lutte diplomatique de 1838, cette interprétation dont je trouve la source tantôt dans un sentiment inqualifiable de haine contre Milosch, comme chez Cyprien Robert; tantôt dans une croyance erronée à des intentions libérales de la part du czar et du sultan, comme chez Ranke. Et d'ailleurs étaient-ils bien dignes d'estime ces adversaires de Milosch, ces chefs d'une opposition hypocritement démocratique, ce Georges Protitch qui avait voulu assassiner le knèze, ce Miloutine affamé de basse popularité, ce Stoïan Simitch qui dira tout à l'heure : « La Serbie a reculé d'un siècle depuis la révolution de 1839, mais nous nous sommes vengés [1] ! »

Quoi qu'il en soit, le dénouement approchait, mais lentement, avec peine, comme si la Serbie eût voulu à tout prix conclure une nouvelle entente avec Milosch : « Une charte ! il nous faut une charte ! » cria le peuple, ameuté devant le palais. « Frères, reprit le prince, qu'y-a-t-il besoin d'une charte? nous avons déjà celle de 1835 que j'ai jurée. » Et, poussé par lord Ponsomby, excité par le colonel Hodges qui déclarait qu'après le diable rien n'était plus funeste que les législateurs, Milosch opposa aux instances du prince Dolgorouki une fin de non-recevoir. Mais cet acte était à peine consommé qu'il s'en repentit, qu'épouvanté par l'irritation populaire il consentit à tout, envoya à Constantinople une députation dont Pétroniévitch faisait partie, et, sourd aux protestations du consul anglais, entra en négociations avec le grand vizir. C'était une nouvelle constitution qui allait être imposée à Milosch ; le kniaze restait chef du pouvoir exécutif, il conservait le droit de grâce, la nomination des administrateurs, la perception des impôts, le commandement de l'armée ; mais, toutes ses décisions devaient être contrôlées par le sénat qui réglait le budget

1. Ranke. *Révolution serbe*, p. 358.

et auquel était attribué tout le pouvoir législatif. Ce n'est pas tout : le prince ne pouvait gouverner sans le secours des *popetschiteli* ou ministres, préposés aux affaires étrangères, à l'intérieur, aux finances, à la justice et à l'instruction publique. Le ministère, comme le sénat, devait être nommé par le kniaze, mais les sénateurs et les juges étaient inamovibles. Tel était le hatti-chérif de 1838; c'était un ordre auquel Milosch ne pouvait qu'obéir. La nation l'accueillait avec enthousiasme, elle croyait y voir la fin du despotisme de Milosch.

Le prince nomma le sénat et appela au ministère Abraham Pétroniévitch et Georges Protitch. L'opposition triomphait partout ; le sénat, cédant au courant populaire, entra dans une voie complète de réformes. Milosch frémissait de rage ; il courut à Semlin, souleva une bande de paysans et de haydouks, puis revint en toute hâte à Kragoujévatz exposer au sénat les dangers de cette révolte, causée, disait-il, par le hatti-chérif impérial et les actes des ministres ; il demanda le commandement de l'armée pour combattre les rebelles. Aucun des sénateurs ne fut dupe de cette misérable comédie ; Voutchitch est mis à la tête de l'armée ; les bandes soulevées sont dispersées sans résistance ; le frère de Milosch, Jovan, est surpris par les soldats, excitant les paysans à la révolte ; Voutchitch retourne à Belgrade ; le peuple court à sa rencontre, le couvre d'acclamations, demande la mort du tyran. Le sénat effrayé se réunit : « Ce serait pour la Serbie un opprobre éternel, s'écrie Pétroniévitch, de tuer l'homme qui a délivré la patrie du joug ottoman. Oui, je le reconnais, le temps du despotisme est fini! Mais ne cédons pas à la fureur aveugle du peuple. Il faut que Milosch abdique! » Des applaudissements unanimes accueillirent ces paroles: Voutchitch est député auprès du kniaze pour lui faire part des résolutions du sénat : « Eh bien, dit Milosch, si le peuple ne veut plus de moi, je n'ai pas l'intention de m'imposer à lui. » Et il signa son acte d'abdication. Le lendemain, il quitta Belgrade. Quelques sénateurs l'accompagnèrent jusqu'à la frontière. Milosch supporta sa disgrâce avec noblesse. Il fit venir le colonel Hodges : « Toute proportion gardée, dit-il, ma chute ressemble à celle de Napoléon ; comme lui, j'ai délivré mon pays par les armes, comme lui, j'ai assuré son repos par des négociations ; on n'a plus besoin de moi, on me chasse. »

Laissons Milosch partir pour un long exil dont le peuple le rappellera un jour, et avant de continuer l'histoire de la Serbie, disons quelle était alors la situation d'une autre nation slave, l'alliée naturelle de la Serbie, qui avait combattu avec elle à Kossovo, et qui combattra avec elle, comme autrefois, quand l'heure sonnera de la reconstitution de l'empire de Douchan, et de l'union des peulpes slaves.

VI

LE MONTÉNÉGRO.

Au sud de l'Herzégovine, s'élève, entre une triple enceinte de sombres montagnes, le plateau de Tzernogora, hérissé lui-même de hautes collines et de rochers escarpés. Le voyageur qui, du sommet des Alpes de Bosnie, contemple pour la première fois cette terre calcaire et aride, avec ses vallées nues, ses gorges profondes, ses pics inaccessibles, croit avoir sous les yeux, soit « une mer houleuse tout à coup pétrifiée, » soit « un vaste gâteau de cire aux mille alvéoles. » Cette terre c'est le Monténégro, le nid de libres faucons que célèbrent les pesmas. Trois crêtes élevées couvertes de neige, le Lotchen, le Kom et le Domitor, dominent la contrée environnante, dont elles sont comme les sentinelles avancées. Partout des rochers sombres revêtus de lichen, superbes, tantôt ondulant comme des vagues, tantôt pareils à des tours crénelées; partout d'épaisses forêts, pleines de charme, dit le poëte slave, car le venin de la douleur et des passions s'engourdit dans leurs retraites où passe le souffle d'une impérissable jeunesse, où l'âme se confond avec la sublime nature, où l'esprit respire l'éternelle liberté. Çà et là des ruisseaux entraînés par leur pente vers la mer intérieure de Scoutari ou s'écoulant par voie souterraine dans un terrain de sable et de galets. Le sol est peu fertile : le blé et le maïs y viennent avec peine. Mais les vignes sont belles, les pâturages sont riches et nourrissent de nombreux troupeaux.

Le peuple qui habite la Tzernogora est un peuple de chasseurs et de bergers. Dans les hautes montagnes où ils conduisent leurs troupeaux de moutons et de chèvres, les pâtres du Monténégro luttent hardiment contre les obstacles que leur oppose la nature. Ils ont créé des vignobles dans les massifs de la Riéka; ils élèvent des abeilles, cultivent l'olivier et l'oranger. Mais les sources manquent : comme les Arabes qui se battent entre eux pour la possession d'un puits, les Monténégrins se disputent leurs rares fontaines. Aussi cette vie âpre et rude a formé un peuple brave, belliqueux, qui, les armes à la main, a sans cesse combattu pour son indépendance et pour sa foi. Dispersés dans les forêts et les vallées, au premier appel du kniaze, les Monténégrins accourent : ils étaient trente mille âmes au XVIIe siècle, ils sont aujourd'hui deux cent mille dont vingt-cinq mille guerriers. Ce sont des hommes grands et forts, de mœurs généralement pures, doués d'une imagination vive et poétique, pleins d'une foi ardente; mais violents, batailleurs, physiquement moins beaux que leurs frères du Danube. Le peuple de la Montagne Noire a conservé toute la simplicité et toute la férocité des temps primitifs : sur les champs de bataille où la victoire lui est restée fidèle, il bâtit de sanglants trophées avec les têtes de ses ennemis égorgés; et ses historiens justifient cette coutume. « S'il est permis, disent Païtj et Sherb, de tuer les hommes dans les combats, l'usage de couper les têtes des morts n'est qu'un accessoire; et s'il met un terme aux souffrances des blessés, il devient un véritable bienfait. » Aux yeux des farouches guerriers la vengeance est chose sainte; mais elle doit s'exercer franchement, à la face du ciel : l'homme lâche qui frappe un homme désarmé est considéré comme le dernier des êtres. « S'il se trouve un lâche, dit la loi, on lui enlèvera ses armes et de sa vie il ne pourra plus les porter : chacun le méprisera et autour du corps on lui attachera un tablier de femme, pour que personne n'ignore que ce n'est plus un cœur d'homme qui bat sous sa poitrine. » Tomber dans les combats contre l'ennemi héréditaire, c'est le rêve de tout Monténégrin. Honte à celui dont les aïeux sont morts dans leur lit! Quand un malade a été enlevé de mort naturelle, les parents disent : « C'est Dieu, le vieux meurtrier, qui l'a tué. » Nul peuple n'est plus hospitalier : au départ du voyageur, la seule récompense qu'il demande, c'est une décharge de ses armes, une salve d'adieu en son honneur[1]. — La femme est forte, assujettie aux plus durs travaux; mais libre, respectée, *aimant pour aimer* : elle envoie ses fils au combat avec le courage des femmes spartiates, et parfois on la voit elle-même marcher au premier rang des guerriers, vêtue du costume des haydouks, les pistolets à la ceinture et le yatagan à la main. Comme l'histoire des Serbes, l'histoire des Monténégrins ne devrait pas s'écrire, elle devrait se chanter.

C'est une dynastie d'origine française qui régna la première dans le Monténégro. Lorsque Charles d'Anjou monta sur le trône de Naples, il amena avec lui en Italie un noble comte de Provence, Bertrand de Baux, intrépide rival de Raymond Bérenger et qui portait pour armes : *de gueules, à la comète à raies d'argent*. C'était l'époque où la quatrième croisade avait découvert à l'Europe la faiblesse de l'empire d'Orient : les comtes de Baux, faits princes de Tarente par le frère de saint Louis, surent en profiter : ils passèrent l'Adriatique, s'établirent en Albanie, et ajoutèrent à leurs titres celui de prince d'Achaïe. Bientôt ces puissants vassaux inquiétèrent le roi de Naples; à la mort du comte Mainfroy, il envoya

1. Cyprien Robert, *les Slaves de Turquie*, p. 105 sq. — Colonel L. C. Vialla de Sommières, *Voyage historique et politique au Monténégro*, contenant l'origine des Monténégrins, peuple autocthone ou aborigène et très-peu connu; les mœurs de cette nation, les cérémonies curieuses et bizarres de son culte l'exposé de divers traits de courage, de générosité, ainsi que de férocité communs dans ce peuple. — Paris, 1820, 2 vol. in-8

Jean de Cléry s'emparer de Corfou et du littoral de l'Épire. Mais de nouvelles entreprises s'offraient à l'esprit aventureux des comtes de Baux. Blessés dans leurs croyances religieuses par le roi de Serbie, Ourosch II, qui abandonna l'église romaine pour l'église grecque, les princes albanais avaient imploré la protection de Charles III et l'avaient reconnu pour suzerain ; en vain le fils du roi Étienne attaqua le chef des révoltés, l'intrépide comte de Clissani : la dynastie angevine triompha en Albanie, grâce à la vaillance des comtes de Baux qui s'emparèrent des principales forteresses de la Guégarie et de la Tzernogora (1270-1320.) [1].

On sait combien a été éphémère la puissance des princes de la maison d'Anjou en Italie. Seuls les comtes de Baux ne renoncèrent pas à leurs conquêtes : dès le lendemain des Vêpres Siciliennes, guidés par une habile politique, ils reconnurent la suzeraineté des rois de Serbie et prirent le nom de Balschas. Ce n'était qu'une vassalité apparente : plus d'une fois ces hardis Balschides, devenus bans du Zèta, se révoltèrent contre la dynastie de Douchan, et, soutenus par le pape Urbain V, ils affirmèrent hautement leur foi dans la religion catholique et romaine.

A Balscha, succédèrent ses trois fils, Georges, Strachimir et Balscha II. Les Osmanlis venaient de pénétrer en

1. Du Cange, *Histoire de l'Empire latin de Constantinople*, éd. Buchen. t. II, p. 285. — Lenormant, *Turcs et Monténégrins*, Paris, 1866, p. 5.

Europe : les trois frères redoublèrent d'efforts pour consolider leur puissance : guerre contre Voukaschine, le meurtrier d'Ourosch V; guerre contre Tvartko, tyran de Bosnie, contre Charles Topia, contre les Doukadjins, contre Louis de Navarre, contre les rois de Naples et de Hongrie. A la mort de ses frères, Balscha devint le chef de sa famille et régna seul : Durazzo lui ouvrit ses portes, et la république de Raguse inscrivit son nom sur le livre d'or de la noblesse. Mais cette puissance si brillante ne devait durer que peu de temps. La conquête de Durazzo était à peine achevée par le ban du Zèta, que le sultan Mourad envoya quarante mille soldats pour envahir l'Albanie; Georges commença par disperser les troupes rebelles du seigneur de Tzernogora, Étienne de Maramont; puis il signa avec le kral de Serbie, l'illustre Lazare, un traité d'alliance et épousa sa fille Jouvélitza. De jour en jour la puissance des Osmanlis devenait plus redoutable : le Saint-Siége prêcha une nouvelle croisade. Nous avons raconté plus haut la sanglante journée de Kossovo où Georges, à la tête de ses troupes, déploya le plus éclatant courage pour défendre dans cette lutte suprême la cause de la chrétienté. Aussi, dès le lendemain de sa victoire, Bayézid lança ses janissaires sur l'Albanie et le Monténégro; les hardis montagnards coururent aux armes et des flots de sang furent versés. Les Vénitiens, jaloux de la nouvelle puissance qui s'était élevée si près d'eux, pillèrent les plaines fertiles de la Zèta. Georges et son fils Balscha, qui lui succéda, combattirent trente années contre ces deux ennemis, également redoutables. Le succès justifia leur audace, et, comme Mithridate, Balscha, avant de mourir, assista à la déroute des armées qui avaient envahi son pays. Avec lui s'éteignit la dynastie des Balschides (1421).

Étienne de Maramont, fils de Tsernoïé, devint le chef de la nation. Celui que l'on appelait l'homme de la Montagne Noire, ne se sentit pas le courage de poursuivre l'œuvre des Balschides : il s'enfuit dans la Pouille, laissant les Vénitiens s'emparer de toute la Zéta, et les seigneurs de l'Albanie se constituer partout des principautés indépendantes. L'exil volontaire d'Étienne dura six ans ; lorsqu'il revint, après les victoires remportées par le kral de Serbie sur les Vénitiens, il trouva son royaume réduit à la Tzernogora actuelle ; alors, pendant quelques années, il s'appliqua uniquement à faire prospérer ce faible débris de son ancien empire : il fonda Jabliak, fortifia Smokovitza, et construisit sur le lac de Scoutari un magnifique monastère en l'honneur de la Vierge. Puis, lorsque Georges Castriot souleva l'Albanie contre les Turcs, Étienne accourut à Alessio où se tenait l'assemblée générale des chefs chrétiens : le hardi soldat que les Turcs avaient surnommé Scanderberg fut proclamé prince d'Albanie. Étienne retrouva alors l'ardeur de la première jeunesse : il épousa Voïsava, fille de Scanderberg et courut aux armes. La lutte contre les infidèles dura vingt-quatre ans ; soixante-trois batailles furent livrées, le prince de Tzernogora combattit jusqu'à son dernier jour, et à son lit de mort, il légua à ses deux fils Georges et Yvane, sa couronne et sa haine de l'Osmanli.

Yvane, même après la mort de Scanderberg, continua contre Mohammed la lutte engagée par son père : les pesmas célébrèrent son indomptable courage et sa fermeté dans la mauvaise fortune. C'est lui qui fonda Cétinié ; c'est lui encore le héros du célèbre chant : *le Mariage de Maxime.* Mais un jour arriva où les Turcs furent vainqueurs, où Jabliak fut prise et saccagée : « Alors, dit le pesma, Yvane Tsernoïévitj quitta sa demeure : chargé de trésors, il vogua sur la mer bleuâtre, demander au doge de la grande Venise la main de sa fille pour son fils Maxime, et des secours contre les infidèles. » Il faut lire dans la belle traduction de Talvi le récit de l'épisode qui suivit ce voyage : le meurtre de Milosch par Maxime, les pleurs de la belle Vénitienne, qui s'en retourna vierge chez son père, la fuite de son époux et de son beau-frère Stanicha à Stamboul, leur conversion à l'islamisme. Dévoré de tristesse, le vieil Yvane se retira dans la Montagne Noire ; de poétiques et mystiques légendes chantèrent sa gloire et sa retraite. Comme Lazare, comme Marko, le grand vieillard n'est pas mort ; il repose dans la grotte d'Obod entre les bras d'une vila et il se réveillera un jour pour conduire les guerriers slaves à la conquête de la mer [1].

Ce que l'historien ne saurait assez admirer, c'est la

1. Lenormand, p. 73. Andritj, p. 14.

constance et l'obstination héroïque des Monténégrins, si fidèles à leur foi et à leurs princes, que ni les trahisons, ni les défaites ne purent ébranler ce dévouement. Confiante dans l'avenir, la nation n'eut pas un instant de faiblesse : elle aimait ces princes de Maramont, héroïques et frivoles à la fois, vrais fils de la Provence, où s'éleva longtemps le château de leurs ancêtres ; mais la patrie elle-même lui était plus chère encore, et c'est dans cet amour de la patrie qu'elle trouva la force de supporter toutes les épreuves, de résister aux infidèles qui avaient forcé les défilés de ses montagnes. Lorsque le dernier des Maramont, le cinquième successeur d'Yvane le Noir, Georges Tsernoïévitj, se réfugia à Venise, les vaillants soldats du Monténégro continuèrent contre les Osmanlis une guerre déjà séculaire. Réunis en skouptchina, ils choisirent pour chef Vayol, prince-évêque de Tzernogora; et, pendant près de deux cents ans, ce furent les prêtres du Christ qui conduisirent au combat les haydouks de la Montagne Noire (1516-1692). « Quand le troupeau est attaqué, disaient les belliqueux évêques, c'est au pasteur qu'il appartient de le défendre. »

Bientôt les Monténégrins, vainqueurs devant la Tzernogora, passèrent leurs âpres rochers pour aller chercher sur son propre territoire l'ennemi de leur foi : sous le gouvernement du second vladika, Germasi, le régent Jean Voukotitj envahit la Bosnie ; et, pendant quarante ans, les intrépides montagnards renouvelèrent ces courses sur la contrée environnante. Les évêques Paul, Nikoudin et Makarios profitèrent de ces succès pour introduire la civilisation de l'Europe chez les pâtres et les chasseurs du Monténégro ; l'art de Guttemberg pénétra dans leurs sombres montagnes et la littérature serbe y vint chercher un refuge contre la tyrannie des Ottomans. Mais, en même temps, par d'inexplicables circonstances, la foi religieuse s'affaiblissait, bon nombre de Monténégrins se convertissaient à l'islamisme, et les efforts des évêques étaient impuissants à combattre les progrès du Coran.

Il y avait ainsi, au sein même de la Tzernogora, un véritable parti turc, hostile aux chrétiens et aux vladikas. Des troubles en résultèrent et les sultans purent recommencer avec succès la guerre contre le Monténégro. En vain Pachomios et Roufin se mirent à la tête des haydouks; en vain ils remportèrent sur les spahis quelques sanglants succès ; en vain, unis aux Chimariotes, ils entrèrent dans un vaste complot pour rétablir l'empire d'Orient et poser la couronne de Constantin sur la tête d'un prince français, le duc de Nevers [1] : la victoire définitive resta aux Turcs. C'était sous le vladika Roufin II. Le féroce pacha de Scoutari, Soliman, força le col de la

1. V. pour les détails de ce curieux épisode, le tome XV des mémoires de l'Académie des inscriptions et belles lettres: Mémoire de M. Berger de Xivrey sur une tentative d'insurrection organisée dans le Magne de 1612 à 1619, au nom du duc de Nevers, comme héritier des droits des Paléologues, d'après les manuscrits de la bibliothèque nationale de Béthune, nos 9525, 9526, 9546 et 9547 : lettres en grec à l'évesque de Braccio demeurant auprès du prestre Jan, au Roy et à M. de Nevers.

Riéka, le couvent d'Yvane le Noir fut détruit, les campagnes ravagées, les villages livrés aux flammes, et le croissant fut planté devant les portes mêmes de Cétinié. Du haut de leurs montagnes, les Monténégrins assistèrent à la ruine de leurs campagnes, à l'incendie de leurs demeures : il fallut traiter. Le fier vladika s'humilia, et le pacha leva sur tout le pays l'impôt douloureux du kharatch. « Honte, honte éternelle, disent les pesmas, nous avons payé l'impôt, nous les soldats d'Yvane, pour que le sultan achète des chaussures aux femmes du sérail ! » A partir de ce jour, l'indépendance du Monténégro cessa de fait : les habitants de la Montagne Noire devinrent les sujets de la Porte.

Mais ce qui caractérise bien le peuple de la Tzernogora, c'est qu'il se refusa longtemps à reconnaître la suzeraineté très-réelle de la Turquie ; il la subissait ; il payait l'impôt ; mais quand il remontait dans ses forêts profondes, quand il tenait les assemblées où les vladikas étaient élus, il se sentait libre, il croyait à son indépendance. Du reste, l'autorité du pacha de Scoutari ne s'appesantit que plus tard sur ce vaillant peuple, de tout le poids du despotisme et de l'oppression : il n'était guère possible d'asservir en un jour ces enfants belliqueux des montagnes, rendus maintenant à toute leur foi religieuse, à toute leur ardeur patriotique.

C'est ainsi qu'on arriva à l'année 1687, si tristement célèbre dans les pesmas. Sobiesky venait de délivrer Vienne assiégée par le grand vizir ; à la voix éloquente du héros polonais, l'Europe sembla un instant préparer une nouvelle croisade. A ces nouvelles, le Monténégro tressaillit : le dixième vladika, Vessarion, et le gouverneur Voutcheta signent avec Venise un traité d'alliance; l'étendard de la révolte est levé; le peuple court aux armes ; dix mille guerriers se rendent à l'appel de l'évêque, le pacha Topal-Oman est battu à Mokrina, le vizir de Scoutari est repoussé, Castel-Novo ouvre ses portes aux armées alliées de Saint-Marc et de la Montagne Noire. Le sultan, furieux, envoya de nouvelles troupes contre ces insolents haydouks qui défendaient avec tant de succès leur indépendance et leur foi. Lâchement trahis par la république de Venise, les Monténégrins soutinrent héroïquement le choc terrible de l'armée turque : les prêtres et les moines se battirent comme les soldats eux-mêmes, décidés à succomber plutôt qu'à s'humilier devant le Coran. Tant d'héroïsme fit sortir l'Europe de son indifférence : l'empereur Léopold envoya des secours au vladika. Ce fut en vain : Cétinié fut prise ; les plus déterminés des haydouks allèrent chercher dans leurs montagnes une retraite et un abri, mais les habitants des campagnes se soumirent au joug ottoman. Alors l'empereur Léopold oublia ses alliés : la Tzernogora n'était plus, comme la Serbie, sa sœur, qu'une province turque, payant le kharatch et gouvernée par un pacha (1699).

La suzeraineté ottomane dura douze années à peine. Nous avons dit plus haut quelles étaient dans les pays conquis la rigueur du joug musulman, la tyrannie des pachas, l'insolence des spahis et des janissaires, les exactions des dahis. Mais en Serbie ce qui rendit si durable la domination du sultan, ce fut sa tolérance religieuse : ce qui, dans le Monténégro, la rendit si courte, ce fut précisément le manque de tolérance, la Porte ayant jugé bon de suivre une politique différente à l'est et à l'ouest du Kara-Dagh. Dans le Monténégro, l'islamisme devint persécuteur : le pacha de Scoutari voulut faire régner dans toute la province le Coran qui s'était introduit dans quelques villages. Toute la puissance turque se brisa contre l'Évangile, et le Monténégro reconquit à la fois sa liberté religieuse et sa liberté politique.

A la mort du vladika Sava, le peuple avait proclamé évêque, le prêtre Daniel. C'était un homme entreprenant et plein de foi : sa naissance était illustre ; il avait passé sa jeunesse dans le village de Niégousch, situé au pied de la sombre forêt de Lootchen, qui s'élève au-dessus du Cattaro. Puis il était entré dans les ordres, et avait apporté à sa mission sainte toute l'ardeur des anciens apôtres. A peine élu vladika, il repoussa comme impie la consécration du patriarche d'Ipek : à travers mille dangers, il alla [1] sur le territoire autrichien demander au patriarche proscrit la seule consécration qu'il pût croire légitime. De retour dans la Tzernogora, il forma le projet de délivrer sa patrie asservie et de chasser les infidèles (1700). Une occasion favorable ne tarda pas à se présenter au vaillant évêque.

1. Miloutinovitj, p. 28.

Voici ce que chantent les pesmas [1].

« A force de présents, les raïas du Zéta ont obtenu,du pacha de la sanglante ville de Scoutari, la permission de bâtir une église. L'édifice terminé, le pope Jove se présente aux anciens des tribus réunis en assemblée et leur dit : Notre église est bâtie, mais ce n'est qu'une profane caserne tant qu'elle ne sera pas bénie ; obtenons donc, à prix d'argent, du pacha un sauf-conduit pour que l'évêque de la Tzernogora vienne la consacrer.

» Démir-Pacha délivre le sauf-conduit pour le moine noir et les députés de la Zéta vont le porter au vladika de Cétinié. Daniel Petrovitj, en lisant l'écrit, secoue la tête et dit : Il n'y a point de promesse sacrée parmi ces Turcs ; mais, pour l'amour de notre sainte foi, j'irai, dussé-je ne pas revenir.

» Aussitôt l'évêque fait seller son meilleur cheval et part. Les perfides Musulmans lui laissent bénir l'église, puis ils le saisissent et le mènent à Podgaritsa, les mains liées derrière le dos. Le pacha veut le contraindre à renier l'Évangile : l'évêque souffre sans se plaindre les plus cruels martyres, mais il ne renonce pas à sa foi. .

. . . .

» A cette nouvelle, toute la Zéta, plaine et montagne, se leva, et vint dans la sanglante cité de Scoutari implorer Démir-Pacha, qui fixa la rançon de l'évêque à 3,000 ducats d'or.

1. Trad. de M. Lenormant : loc. cit., p. 140. Le chant populaire est intitulé Sve-Oslobod, (entièrement affranchi).

» Pour compléter une telle somme, de concert avec les tributs de la Zéta, les Tzernogorstes durent vendre les vases sacrés de Cétinié.

» Le vladika est mis en liberté. En voyant revenir leur éclatant soleil, les guerriers de la Montagne ne purent contenir leurs transports de joie. Mais Daniel, qu'affligeaient depuis longtemps les conquêtes religieuses des Turcs cantonnés dans la Tzernogora, et qui craignait de voir un jour apostasier son peuple, demande aux tribus rassemblées de convenir entre elles d'un jour où les Turcs seront, dans tout le pays, attaqués et massacrés.

» A cette proposition la plupart des guerriers se taisent; les cinq frères Martinovitj s'offrent seuls pour exécuter le projet. La nuit de Noël est choisie pour être la nuit du massacre, qui aura lieu en souvenir des victimes de Kossovo.

» L'époque fixée pour la sainte veille arrive. Les frères Martinovitj allument leurs cierges sacrés, ils prient avec ferveur le Dieu nouveau-né, boivent chacun une coupe de vin à la gloire du Christ, et, saisissant leurs massues bénites, ils s'élancent à travers les ténèbres. Partout où il y a des Turcs, les cinq exécuteurs apparaissent; tous ceux qui embrassent la croix sont présentés comme frères au vladika.

» Le peuple, réuni à Cétinié, salue l'aurore de Noël par des chants de triomphe; pour la première fois, depuis le jour de Kossovo, il pouvait s'écrier : « *La Tzernogora est libre*! »

. . . .

La révolte se répand avec la rapidité d'un torrent qui déborde : les haydouks descendent de leurs montagnes, tous les infidèles prennent la fuite. Puis, pendant que Daniel s'applique à réparer les désastres des guerres précédentes et de la domination ottomane, les bandes monténégrines ravagent l'Herzégovine, imposent à cette province turque de honteux traités, échangeant les prisonniers faits dans les combats contre des pourceaux. La victoire amène aux Monténégrins de nombreux alliés, les raïas de la vallée du Zéta; les Ouskoks, hardis pirates de la Dalmatie; les tribus albanaises de Drolniak, les schkypétares de Koutchi. Mais l'alliance la plus avantageuse, c'est celle de la Russie; Pierre le Grand venait de donner à l'empire moscovite un développement immense; son génie comprit que la révolte du Monténégro était le signal d'une ère nouvelle pour les races slaves, que la grandeur des Slaves serait la ruine de la puissance turque en Europe, qu'un double intérêt commandait ainsi à la Russie une alliance étroite avec les Slaves et avec leur vaillante avant-garde de la Montagne. Le 3 mars 1711, le czar Pierre envoya au vladika Daniel les colonels serbes Milovadovitj et Ivan Loukaschevitj de Podgaritza, porteurs d'une lettre missive; l'empereur disait [1] :

« Salut et joie aux nobles, excellents et honorables métropolites, knèzes, voïvodes, serdars, avan-bachis, capitaines et guerriers, et à toutes personnes ecclésiastiques

1. Alex. Andriç. *Geschichte der Furstenthum Monténégro*, p. 27, 28, 29.

ou séculières qui professent la foi orthodoxe, grecque ou romaine, en Servie, Slavonie, Macédoine, Bosnie, Herzégovine, et particulièrement aux habitants de la Tzernogora, de Nikohitj, Bania, Prolia, Drobniak, Gascha, Trébinié, aux croates et aux autres chrétiens qui se trouvent sous le joug tyrannique du sultan turc...

» Nous avons résolu de porter la guerre sur le territoire ottoman, et de délivrer les chrétiens opprimés sous le joug des infidèles; nous marcherons en personne à la tête de notre chère et fidèle armée. Vous devez vous unir à nos soldats, vous armer contre l'ennemi commun des chrétiens, et combattre pour la foi et la patrie, pour la gloire et l'honneur, pour votre liberté, votre indépendance et celle de vos enfants.

» Celui qui prendra part à cette guerre juste et légitime recevra de Dieu même sa récompense. Nous aussi, nous lui accorderons notre protection et nos bienfaits. *S'il le désire et le mérite, nous le ferons participer à tous les privilèges accordés à nos sujets*; car nous ne désirons pas d'autre gloire que celle de délivrer les peuples chrétiens de la tyrannie des infidèles, de rendre son éclat à l'église orthodoxe et de relever la croix, source de vie... »

Ainsi, dès les premiers jours de l'insurrection du Monténégro, se révélait l'ambition du czar. Mais, au printemps de 1711, elle n'eut d'autre effet que d'augmenter l'enthousiasme des vaillants guerriers. « Aux paroles du czar slave, dit le pesma, aux paroles du grand empereur chrétien, tous brisent les fourreaux de leurs sabres et saisissent leurs fusils. Il n'y a qu'une voix : marchons aux Turcs et le plus tôt sera le mieux [1]. »

Cependant le czar Pierre avait trop préjugé de la faiblesse de la Porte. Tout le monde sait l'issue de la campagne du Pruth; la victoire du grand-vizir Méhémet-Baltadji, le triste traité de Falksea. Le Monténégro se vit seul en face d'un ennemi redoutable, qui venait de faire trembler encore une fois toute l'Europe chrétienne. Mais l'enthousiasme ne faiblit pas; n'était-ce pas pour la cause sacrée de l'Évangile, pour la liberté, pour leurs enfants que combattaient les Monténégrins? Le poëte populaire, le Tyrtée de la Montagne Noire, éleva sa forte voix au milieu du choc des armées : « Tant qu'un de nous restera en vie, nous nous défendrons contre qui que ce soit, Turc ou autre. Oh! elle n'est pas une ombre vaine, la liberté du Monténégro. Nul autre que Dieu ne pourrait la dompter, et, dans cette entreprise, qui sait si Dieu lui-même ne se lasserait pas? »

Audacieux défi! Mais la liberté, comme le soleil, a ses éclipses. Il faut lire, dans la belle traduction de Cyprien Robert, le chant national qui raconte la guerre de l'indépendance. A la nouvelle du désastre des Moscovites et de l'approche d'Ahmed-Pacha avec cinquante mille hommes, le vladika Daniel réunit la diète. Les uns disaient : « Donnons le kharatch! » les autres : « Donnons plutôt des pierres! » — « Compagnons, s'écria Mitjounovitj, donnez ce qu'il vous plaira : moi, je ne livrerai point mes frères

1. Miloutinovitj.

comme otages, à moins qu'ils ne partent en emportant ma tête. » Alors la diète jura de périr pour la sainte foi et la douce liberté, ou de vaincre le séraskier impérial.

C'était au mois de juillet 1712 : l'armée turque était campée le long de la Vlahinia. Tout à coup les deux frères Iouraschkovitj, Ianko et Bagdone, fondent sur elle du haut des rochers escarpés de Perjnik. La lutte fut longue et acharnée, mais les Monténégrins furent vainqueurs. « Pendant trois jours, la superbe armée des *maîtres* est poursuivie sans relâche par des *rebelles*, par de *vils haydouks*. Oh! qu'il était beau de voir comme étincelaient les sabres serbes, comme ils fendaient les têtes ennemies, et comment les rochers eux-mêmes, quand il s'en trouvait sur leur passage, volaient en éclats. »

Si près du but rêvé, les chefs de la Montagne Noire devaient poursuivre sans trêve ni repos leur glorieuse entreprise. Le sultan proposa la paix : le vladika Daniel rejeta ses propositions. La guerre recommença : cent vingt mille hommes commandés par le grand vizir Nonouman-Kuprilu, furent envoyés contre la poignée des héros monténégrins. La lutte ouverte semblant trop incertaine, le gouverneur de Bosnie eut recours à la trahison : il invita les chefs de la Tzernogora à une conférence, les fit cerner par ses janissaires et massacrer jusqu'au dernier. Mais un peuple qui combat pour sa foi et sa liberté ne tire pas ses forces de ses chefs : il les tire de lui-même. Les Monténégrins furieux, désespérés, continuèrent la lutte, qui devint sanglante, terrible : Kuprilu porta partout la mort et l'incendie, Cétinié fut saccagée : il ne resta pas dans tout le pays une seule maison, un seul autel debout. Alors Daniel et les haydouks se réfugièrent dans les montagnes : les vieillards, les femmes et les enfants cherchèrent à Cattaro, sur le territoire de Venise, un abri contre la fureur des Turcs.

Le doge avait alors un beau rôle à jouer : chrétien et chef d'une puissante république, il eût dû prendre en main la cause du Monténégro. Il ne l'osa pas, il hésita, il temporisa, il découvrit aux yeux de tous les peuples sa faiblesse et son égoïsme [1]. Le sultan en profita : ce fut lui qui déclara la guerre au doge. Coup sur coup, Venise perdit toutes ses provinces orientales, la Morée d'abord, puis Candie. Corfou seule, défendue par le brave maréchal de Schulenbourg, repoussa le kapondan-pacha. Au même instant la guerre recommençait entre la Porte et l'empereur d'Allemagne. Le sultan dut rappeler le grand vizir : les Monténégrins étaient sauvés encore une fois, grâce à leur persistance à refuser toutes les propositions de Kuprilu.

A peine le gouverneur de Bosnie eut-il évacué la Tzernogora, que les haydouks descendirent de leurs montagnes. Après trois années de luttes continuelles, la fortune leur sourit de nouveau (1715). La république de Venise sollicita leur alliance, Pierre le Grand leur envoya Milovádovitj avec des félicitations et des secours

1. Ogledalo Srbsko, p. 48.

pécuniaires. Ce n'est qu'alors que le vieux Daniel rentra à Cétinié, et les héros de la Montagne Noire « se rassemblèrent autour de leur chef, comme font les abeilles autour de la mère abeille. »

La guerre reprit son cours, mais la victoire fut fidèle au vladika. Le bey Tchenghitj-Sinan fut vaincu et tué, le voïvode Nicolas Tomasche soutint dans Tchévo un siége héroïque et força les Turcs à battre en retraite. Écoutez encore le poëte populaire, le Tyrtée de la Montagne Noire : « Pendant que la mêlée avait lieu dans la plaine, pendant que le feu des fusils remplissait l'air de fumée de la terre au ciel, Tomasche et ses compagnons, du haut du rocher de Tchévo, priaient Dieu d'écarter d'un coup de vent ces nuages de fumée, pour qu'ils pussent découvrir laquelle des deux armées l'emportait. Enfin ils voient monter vers eux leurs frères monténégrins, qui venaient de couper la tête à plus de mille Turcs, et qui amenaient un nombre non moins grand de prisonniers enchaînés : « O Dieu! s'écria Tomasche, grâces te soient rendues de ce que nous vengeons si bien nos pères et nos frères massacrés par Kuprilu! Puisses-tu donner dans ton ciel, à ceux qui meurent pour défendre le Monténégro, les joies d'un triomphe sans fin. [1] » — L'année suivante (1717), nouvelle victoire remportée sur le pacha de Scoutari par les troupes unies de Daniel et du maréchal de Schulenbourg.

1. Ogledalo Srbsko, p. 52, la *Vengeance de Tchévo*, trad. de F. Lenormant.

Cependant la paix de Passarovitz, négociée par la Grande-Bretagne, avait rétabli la paix entre le doge, l'empereur et le sultan. Les Monténégrins furent encore une fois oubliés. Mais la Turquie était trop affaiblie pour tenter de nouvelles expéditions contre les soldats noirs du vladika. Des tentatives isolées furent repoussées, et lorsque, le 11 janvier 1737, Daniel Niégoscho s'endormit de l'éternel sommeil, la Tzernogora était libre.

Quand les Monténégrins eurent pleuré le vaillant évêque qui, toute sa vie, avait combattu pour l'indépendance de sa douce patrie, ils se réunirent en skouptchina nationale pour lui élire un successeur. Ce fut son neveu, Sava Petrovitj, qui fut nommé vladika. C'était un homme doux et faible, qui supportait avec peine le fardeau des affaires. La Turquie n'avait pas encore retrouvé des forces suffisantes pour renouveler contre les Monténégrins les guerres de Démir et de Kuprilu; comme dans les dernières années du gouvernement de Daniel, le sultan se contenta de tentatives de pillage et d'excursions sur le sol de la Tzernogora. Les soldats noirs restèrent toujours maîtres des champs de batailles; mais les combats avaient perdu leur grandeur épique, les haydouks se déshonorèrent parfois par de sauvages cruautés. La voix du peuple, si grande et si généreuse, protesta : ces tristes exploits n'inspirèrent aucun pesma.

Cependant les relations avec la Russie devenaient de plus en plus étroites et de plus en plus cette grande puissance s'efforça d'établir son protectorat sur le Monténégro.

Elle ne réussit qu'en partie. Sava se rendit à Moscou, l'impératrice Élisabeth le reçut avec la plus grande distinction ; un oukaze, en date du 10 mai 1744, promit aux Tzernogorstes l'appui constant de la cour de Saint-Pétersbourg [1]. A son retour de Russie, Sava, las du pouvoir, abdiqua son titre de vladika et laissa l'autorité à son neveu Vassili, que le patriarche de Serbie proclama, le 22 août 1750, archevêque et exarque du Saint-Trône serbe.

A peine l'ambitieux Vassili eut réparé les désordres causés par l'indolente faiblesse de son oncle, que les Turcs dirigèrent contre la Montagne une attaque formidable. On vit se renouveler les exploits du temps de Daniel; d'héroïques paroles furent prononcées; au vizir de Bosnie, qui demandait le kharatch et le tribut de douze vierges, il fut renvoyé une réponse superbe que Rhigas a rendue immortelle : « Mieux vaut une heure de liberté que quarante années de la vie des esclaves! » Mais ce qui vaut mieux que de belles paroles, il y eut de beaux actes. L'armée turque fut vaincue, « et le kihaya, dit le pesma, s'enfuit blessé et hors d'haleine, pour apprendre à son vizir combien il lui amenait de belles Monténégrines. »

C'est à la suite de cette victoire que Vassili se rendit pour la première fois en Russie. L'impératrice le reçut avec les mêmes distinctions que son prédécesseur Sava; sur sa demande, elle lui accorda par oukase un subside

1. Andritj, p. 38 Miloutinovitj. p. 80. Lenormant. p. 174.

de cinq mille roubles, puis le vladika lui offrit une histoire de la Montagne Noire, qui était son œuvre, et le premier ouvrage historique écrit dans la Tzernogora. Ainsi le prince s'efforçait par son exemple personnel de donner au peuple qui l'avait élu le goût de la civilisation de l'Europe. Mais ce peuple était encore bien farouche! L'impératrice Élisabeth en fit l'expérience le jour où elle forma un régiment avec les vaillants soldats de la montagne. Ceux-ci ne demandaient pas mieux que de servir dans l'armée moscovite, mais ils ne voulaient obéir qu'à un chef serbe : le chancelier Woronzoff s'obstina à ne pas se prêter à leurs vœux. Aussi, un beau jour, sac au dos et la stronka sur l'épaule, ils se mirent en marche pour retourner chez eux. On n'osa pas les retenir de force; ils passèrent par Kiev et Leybach, et après deux mois de marche forcée, rentrèrent dans leur âpre patrie [1].

Le vladika, encouragé par l'impératrice, ne tarda pas à reprendre les hostilités contre les Turcs. Le vizir de Bosnie lui offrit une paix avantageuse. Vassili la repoussa : « Il ne traiterait, disait-il, que le jour où le sultan renoncerait à toute suzeraineté sur le Monténégro. » La guerre recommença, c'étaient toujours les mêmes surprises, les mêmes combats, la même lutte dans les montagnes escarpées et les sombres forêts. Vassili fut vainqueur, mais la victoire fut chèrement achetée. Malheureusement pour la Tzernogora, l'argent manquait : les subsides de la Russie étaient indispensables, et de la sorte

1. Iankovitch et Grouitch : loc. cit. p. 61.

en échappant à la souveraineté ottomane, les Monténégrins rencontraient celle de l'empire moscovite. Deux fois encore le prince-évêque dut retourner à Pétersbourg. Ce fut dans son second voyage qu'il tomba malade et mourut entre les bras de son petit-neveu Pierre (10 mars 1766). La grande Catherine le fit enterrer dans l'église de Saint-Alexandre Neusky « à cause de son extrême bon vouloir envers le peuple monténégrin, » et adressa « aux nobles et honorés seigneurs des pays serbes, dans la Macédoine, l'Albanie, le Monténégro et les côtes de la mer » un impérial oukaze pour renouveler les promesses faites par ses prédécesseurs à tous les Slaves chrétiens.

Le vieux vladika Sava reprit le pouvoir en main. Le hasard sert quelquefois les hommes faibles plus que les hommes hardis et entreprenants. On sait que l'Église serbe, bien que dans la dépendance du patriarche de Constantinople, avait conservé un patriarcat particulier. Sous les règnes d'Étienne Némania et de ses successeurs, le patriarche serbe siégeait à Belgrade; mais, après la bataille de Kossovo, il dut quitter la capitale du czar Douchan et se fixer en dernier lieu à Ipek : les vladikas du Monténégro étaient tenus de recevoir de lui leur consécration définitive, entrave naturellement pénible, et qui devint plus pénible encore le jour où les Turcs réduisirent dans leur dépendance le malheureux patriarche. Daniel et Vassili avaient songé à secouer ce joug; ce fut Sava qui en fut délivré, sans avoir eu d'autre mérite que d'attendre.

L'intolérance des Turcs à Ipek dépassait toutes les bornes. Déjà Arsène III avait été forcé, en 1737, de se réfugier sur le territoire autrichien; en 1765, Vassili Berkitj avait dû également se démettre de ses fonctions. Son neveu, Arsène Plamerats, lui succéda : persécuté par les pachas, circonvenu par les intrigues de Byzance, le nouveau patriarche ne garda son titre que deux années. Le 16 janvier 1767, il abdiqua : « Je me désiste, disait-il non sans tristesse, et de l'archevêché d'Achrida et de ma précédente éparchie de Pélagonie. La présente abdication est libre et volontaire. » Aussitôt un synode fut réuni à Constantinople par le grand patriarche : un acte, d'ailleurs évidemment irrégulier, supprima l'Église nationale des Serbes et des Bulgares.

Une profonde irritation s'ensuivit chez tous les Slaves du sud. On se résignait à l'abdication de l'archevêque d'Achrida; mais de quel droit le patriarche de Constantinople supprimait-il une Église nationale? Jadis les ancêtres des Serbes s'étaient séparés du pape dont ils se refusaient à reconnaître l'autorité souveraine : assurément, ce n'était pas pour se créer un second pape, également souverain, à Constantinople. Sava, du reste, gardait le plus profond silence; de son côté, Arsène se retirait paisiblement dans le monastère de Bertchili. Ce fut son prédécesseur démissionnaire, Vassili, qui seul eut le courage de protester. Les Turcs le chassent d'Ipek; mais les Monténégrins lui offrent un asile. Vassili accourt, reprend son titre de patriarche. Puis, se sentant près de sa mort, il abdique de nouveau et lègue ses pouvoirs spirituels à Sava. Les vladikas se trouvaient ainsi, comme le czar russe, à la fois chefs spirituels et temporels de leur peuple.

Nous avons raconté avec quel héroïsme les soldats de la Montagne Noire avaient, de tout temps, combattu les Ottomans; nous avons dit leur fidélité à l'Évangile, leur amour admirable de la liberté. Pendant toutes ces luttes, pendant toutes ces souffrances d'un peuple chrétien, l'Europe occidentale avait à peine détourné les yeux. Il fallut pour fixer son attention sur la Tzernogora, un événement bizarre et romanesque, sans autre importance d'ailleurs au point de vue historique.

Le drame sanglant dont le palais des czars avait été le théâtre, pendant l'année 1762, avait produit dans l'Europe entière la plus vive impression. Tout le monde n'avait pas pour Catherine la Grande la même admiration que Voltaire et Diderot. Le premier sentiment qui se manifesta à l'avénement de l'impératrice fut une profonde horreur pour la femme qui s'était fait du cadavre de son époux le marchepied du trône moscovite. Puis une sourde incrédulité commença à se manifester. Pierre III avait-il été vraiment assassiné? n'était-ce pas un cadavre emprunté qui avait été publiquement exposé à Saint-Pétersbourg? Puis de vagues bruits circulèrent : le czar avait été soustrait aux poignards des assassins par de fidèles serviteurs. Il y avait eu de faux Démétrius; il y eut de faux Pierre III.

Les premiers qui essayèrent de jouer le rôle de l'empereur trouvèrent peu de partisans : d'ailleurs leurs tentatives manquaient d'habileté ; mais après trois ou quatre essais infructueux, on put remarquer chez les imposteurs des perfectionnements successifs. On commença à comprendre le rôle.

C'était au printemps de l'année 1767. Il y avait alors à Venise un réfractaire dalmate, nommé Stépan le Petit. Encouragé par la faiblesse de Sava, excité sous main par le doge, cet homme déclara tout à coup qu'il avait jusque-là caché sa véritable origine, et qu'il était le czar Pierre en personne. Le bruit s'en répand aussitôt dans tous les pays slaves : Stépan en profite et va dans le Monténégro rassembler des partisans. C'est en vain que Sava crie à l'imposture : chasseurs, pâtres, villageois, haydouks, tous courent à la rencontre de Pierre. Alors l'habile imposteur déclare qu'il renonce volontiers à l'empire des Russies, si Dieu veut lui accorder la grâce de relever l'empire de Douchan. Modestie digne d'éloges et remarquable désintéressement ! Abusé comme les autres, le patriarche Vassili offre ses services au pseudo-Pierre. De tous les côtés de la Dalmatie et des pays slaves les paysans enthousiasmés se lèvent. L'Europe devint attentive. Le doge, très-inquiet maintenant, signe un traité d'alliance avec celui que les pesmas appellent le czar de la blanche Stamboul. Quatre armées attaquent à la fois le Monténégro.

Cependant Stépan profitait de l'enthousiasme des Serbes. Il rassemble dix mille hommes, enflamme les imaginations par des proclamations ardentes, et coup sur coup taille en pièces les troupes du vizir de Roumélie, celles des vizirs de Bosnie et de Scoutari, et celles du doge. Ces quatre victoires augmentent encore l'autorité dont il jouit : son pouvoir semble incontesté. Le vieux Sava a pris le soin de disparaître, et les pesmas célèbrent la gloire de Stépan.

« Le doge de Venise avait écrit au czar de la blanche Stamboul ; il le salue amicalement et lui dit : « Pur sultan, tu sais que sur ces rochers du Monténégro, au seul nom de l'empereur russe, tout le peuple s'émeut, comme feraient des enfants pour leur père. Détruisons de concert ces rebelles, et qu'il n'en reste plus trace. Je lèverai mes Dalmates et mes braves volontaires croates, et je les posterai sur la frontière, pour que les bandes échappées à ton cimeterre n'échappent pas à mon épée. » Et aussitôt le czar osmanli rassemble ses Albanais, ses Bosniaques et ses Rouméliotes, en tout cent vingt mille fantassins et cavaliers, qui, leurs vizirs en tête, marchent vers la Montagne Noire et l'envahissent de trois côtés à la fois, pendant que les Vénitiens couvrent de troupes leur frontière.

» Cernés de toute part, les Monténégrins invoquent le Dieu d'en haut, et dans une assemblée générale décident qu'il ne faut pas songer à la vie, mais à mourir glorieusement pour la foi et la chère liberté ; puis, au nombre de dix mille, ils partent en différents corps pour les divers points attaqués. Les Turcs marchaient entourés de l'incendie, et pénétrèrent très-avant dans le pays; mais la mort les y attendait, car ils ne savent pas, comme nos guerriers, se cacher derrière les rochers et les arbres. Vainement ils criaient aux nôtres : « Ames de souris, Monténégrins, levez-vous que nous vous voyions en plaine! Où fuyez-vous comme des rats à travers les broussailles? » Du sein des broussailles, les coups de feu n'en partaient pas moins et frappaient l'ennemi à l'improviste.

» Cependant le Turc se bat durant neuf semaines, et nos pauvres haydouks n'ont plus ni poudre ni plomb. Ils vont périr, quand arrive la fortune monténégrine, la bonne fortune envoyée de Dieu : le premier jour de novembre, une pluie abondante tombe des nuages et dure jusqu'au lendemain accompagnée d'éclairs et de tonnerre, qui ravagent près de Boudra le camp du doge de Venise, et mettent en pièces les tentes du pacha de Scoutari. Au milieu de ce désordre, les montagnards accourent et s'emparent des munitions mal gardées. Désormais pourvus, ils défient les trois vizirs, qui, désespérant de se maintenir durant l'hiver dans la Montagne, l'évacuent en semant de cadavres tous les sentiers.

» C'est ainsi que le vrai Dieu aide ceux qui le prient! crois donc au Christ, cher frère, crois au Dieu que les Monténégrins adorent, au Dieu dont ils reçoivent joie, courage et santé. »

Informée de ces événements, Catherine s'alarme. Elle venait de déclarer la guerre au sultan; l'alliance du

Monténégro lui était nécessaire, et dans cette situation le succès d'Étienne le Petit entravait toutes ses démarches. Aussi, le 6 août 1769, arrive à Cétinié le prince Dolgorouki : l'envoyé de l'impératrice s'efforce de dévoiler l'imposture de Stépan, il donne lecture d'une proclamation de sa souveraine aux soldats de la Montagne Noire : « Aux armes! s'écrie Catherine, j'ai déclaré la guerre à la Porte Ottomane. De notre côté est le droit : nos légions sont protégées par la sainte église. Braves Monténégrins, chassez d'ici le reste des infidèles, renouvelez l'orthodoxie à laquelle votre patrie est consacrée. *Nous vous promettons appui et secours* [1]. »

Solennel mensonge que contre-signèrent le comte Parnin et le prince Alexandre Galitzin! Les malheureux habitants de la Morée en furent les victimes : une circonstance fortuite sauva la Tzernogora.

Déjà convaincus par le prince Dolgorouki, les Monténégrins avaient laissé arrêter, par ordre de Sava, l'imposteur Stépan; déjà ils couraient aux armes, lorsque, par un coup d'audace, le rusé Dalmate réussit à soulever de nouveau les habitants de Cétinié; l'envoyé de Catherine prend la fuite : le pseudo-Pierre se fait reconnaître encore une fois par la Tzernogora tout entière, qui retint ses haydouks déjà prêts à commencer les hostilités contre les Turcs.

Le règne d'Étienne dura sept ans. En 1770, comme il faisait percer une route dans les forêts de la Tsernitska-

1. Bogovanié, l'*Œuvre de Dieu*, trad. de P. Lenormant.

Nahia, il fut atteint par une explosion de rochers. Le malheureux perdit la vue et dut abdiquer. Retiré dans le village de Bertchéli, il fut assassiné par un de ses secrétaires, le grec Stanko, gagné à prix d'or par le pacha de Scoutari.

Ainsi se termina cette bizarre aventure; elle eut ceci de bon qu'elle attira sur le peuple monténégrin l'attention de l'Europe, et empêcha celui-ci de suivre Catherine dans une entreprise périlleuse, dont il aurait été la victime. Sava sortit de sa retraite, mais ce ne fut que pour abdiquer; son petit-neveu, l'archimandrite Pierre Pétrovitj, lui succéda (1778).

C'était un véritable homme de génie que Pierre Pétrovitj; un historien moderne l'a comparé, non sans raison, à Jules II. Le jeune vladika avait la taille de l'illustre pontife, il avait son visage plein de majesté, son courage, son habileté politique, son amour des arts; il était bien l'homme dont le Monténégro avait besoin pour affermir sa puissance et chercher de nouveaux alliés. Cependant le moment favorable n'était pas venu encore, et le prince-évêque l'apprit par une dure expérience. A peine élu, Pierre se rendit à Saint-Pétersbourg; dans son voyage, il s'arrêta à Vienne, où Marie-Thérèse le reçut avec faveur. Mais ce fut en vain qu'il sollicita l'alliance de l'impératrice. La czarine, encore irritée du règne de Stépan et du mauvais accueil fait à Dolgorouki, refusa, elle aussi, de se prêter aux propositions du vladika. De Saint-Pétersbourg, Pierre courut à Postdam, confiant dans le génie éclairé du grand Frédéric; arrivé à Berlin, dit un narrateur slave, le pauvre pèlerin apprend que le grand homme est mort, il y a quinze jours. Le vladika retourne à Cétinié après une absence de quatre ans.

Kara-Mahmoud, descendant de ce Maxime, fils d'Yvane le Noir, si célèbre dans les pesmas, était alors pacha de Scoutari. A demi indépendant du sultan, l'audacieux neveu des anciens souverains du Monténégro venait de pénétrer sur le territoire de sa mère patrie, où il mettait tout à feu et à sang, lorsque Pierre revint de son infructueux voyage. Kara-Mahmoud était également redouté de la Porte et de la Montagne Noire. Pendant que l'évêque, tenant dans une main la croix et dans l'autre le sabre, parcourait ses montagnes et appelait les haydouks aux armes, le gouvernement de Stamboul mettait à prix la tête de l'insolent pacha. Aussitôt Mahmoud leva l'étendard de la rébellion; il négocia avec Joseph II qui lui promit de le reconnaître comme souverain indépendant de l'Albanie et successeur de Scanderbeg; il négocia avec Pierre Pétrovitj et sollicita son alliance. Alors eurent lieu les journées sanglantes connues sous le nom de Vêpres Albanaises. Mais bientôt les événements se compliquèrent; Joseph se défia de Kara-Mahmoud, et Kara-Mahmoud, qui se défiait de Joseph, le trahit pour rentrer en grâce auprès du divan. La guerre sévissait partout: le vladika, à la tête de ses troupes, livrait aux Ottomans de sanglantes batailles; les armées autrichiennes luttaient en Albanie contre le vizir de Scoutari; le général russe, comte

Markovélitj avait soulevé l'Herzégovine ; les Ouscoques ravageaient les côtes de la Dalmatie et incendiaient les flottes du sultan ; l'armée de Catherine avait passé le Danube.

Telle était la situation en 1792. Soudain, devant les progrès de la Révolution française, l'Autriche et la Russie signent la paix avec la Sublime-Porte. Ni l'empereur, ni la czarine, ne pensent plus à leurs vaillants alliés de la Montagne Noire, qui se trouvent pour la cinquième fois exposés seuls à toute la colère du sultan et de Kara-Mahmoud. Mais la Tzernogora était habituée à ces défections ; le vladika se mit à la tête de ses haydouks et l'orgueilleux vizir fut vaincu. Cette défaite fut suivie de quatre années de paix ; la guerre recommença en 1796, et tandis que de l'autre côté de l'Adriatique le général Bonaparte étonnait l'Europe de ses rapides victoires, Kara-Mahmoud essuya une nouvelle défaite. Furieux, le vizir de la blanche Scoutari rassembla une dernière armée, car dit le pesma, « depuis le jour où il a été vaincu, il ne dort ni ne parle, il oublie ses salutations ; il est plein de colère contre le vladika Pierre et ses guerriers montagnards ; il compte toujours le nombre de ses agas, de ses beys, de ses koulouks, de ses héros morts. »

L'armée du vizir comptait trente mille hommes ; celle des Monténégrins, commandée par Pierre et Joka Radonitj, en comptait six mille à peine. Ce fut à Kroussa que les deux armées se rencontrèrent, l'une animée par la soif du pillage, l'autre décidée à périr ou à sauver la patrie menacée. Les haydouks de la Tzernogora furent vainqueurs; la journée fut sanglante. On vit Pierre combattre à la tête de ses troupes, semblable, disaient les vieillards de Cétinié à Gédéon, libérateur d'Israël. Mahmoud fut tué. « Malheureux que je suis, s'écrie-t-il avant de mourir dans le pesma albanais, malheureux, je ne laisse pas un fils pour me venger et punir les rebelles [1]. »

Devant cette victoire éclatante, le sultan s'humilia ; il était impossible de contester plus longtemps l'indépendance du Monténégro : Pierre Petrovitj reçut communication du firman qui suit et qui consacrait les efforts des vaillants soldats de la Montagne Noire, leur longue lutte pour leur foi et leur liberté. Voici le texte de ce firman célèbre :

« Nous, sultan Sélim-Emir-Khan, régnant du ciel à la terre, de l'Orient à l'Occident, donnons à la connaissance de nos vizirs, pachas et cadis en Bosnie, Herzégovine, Albanie et Macédoine qui sont les provinces voisines du Monténégro, que les Monténégrins n'ont jamais été sujets de notre Sublime-Porte, afin qu'ils soient bien accueillis à nos frontières, et nous espérons qu'ils agiront de la même manière envers nos sujets. »

Avec la victoire de Kroussa, s'ouvre pour le Monténégro une ère nouvelle : l'Europe commence à s'occuper de ce peuple si intrépide, jusqu'ici perdu dans ses sombres montagnes. « C'était l'époque, dit un pesma, où

1. Hecquard. *Histoire et description de la Haute-Albanie*, p. 498.

deux hommes puissants se querellaient pour la couronne du doge de Venise; l'un le César de Vienne, l'autre le kral Bonaparte. Le jeune kral écrit au César : « Si tu ne veux pas me céder Venise, j'irai avec mes raïas brûler tous tes villages, prendre tes châteaux et ta blanche capitale; j'entrerai à cheval dans ton propre divan, et changerai ton palais en hôpital. Alors je te chasserai de la terre germanique; je t'enlèverai l'Istrie, la Dalmatie et je reviendrai prendre dans Venise mon royal repos. » Et aux victoires de Bonaparte, le Monténégro applaudit. Mais quand le kral victorieux portera plus tard ses armes contre le czar russe, les guerriers de la Montagne descendront de leurs montagnes à la voix du vladika, et joints aux Russes marcheront sur Cattaro « pour y assiéger les braves Français, en barrant les chemins et les escaliers de cette citadelle, de telle sorte que personne n'y puisse désormais pénétrer. » Surpris, dit le colonel Vialla, par des mouvements brusques et imprévus, hors des règles de la tactique militaire, les soldats français sont rejetés dans Raguse, tandis que la flotte anglaise remet Cattaro aux Monténégrins. Conquête éphémère! Un détachement du maréchal Marmont suffit pour rejeter le vladika dans ses montagnes, et le traité de Tilsitt confirma la conquête des bouches du Cattaro.

Pierre Petrovitj n'en avait pas moins réalisé par son énergie l'œuvre que ses prédécesseurs avaient mis deux siècles à préparer. La reconnaissance de sa patrie tout entière fut la récompense du vainqueur de Kroussa. Malheureusement le vladika fut trop disposé à accepter une espèce de suzeraineté de la Russie; il se prêta avec trop de confiance aux avances de l'Autriche. Il faut lire, dans les mémoires du duc de Raguse, l'histoire des négociations entre le gouvernement indépendant du Monténégro et le gouverneur de la Dalmatie; on verra alors quelle était l'habileté, quel était le génie diplomatique et administratif de Pierre Petrovitj. Pour réunir toutes les gloires, il ne lui manqua que le courage d'inscrire sur son drapeau la grande cause du Panslavisme; il n'en fut rien : l'évêque regarda avec indifférence la grande insurrection de la Serbie; il n'encouragea Kara-Georges ni par une alliance ni par un envoi de troupes, il n'intervint pas lors des cruels désastres de 1813. Ce ne fut qu'en 1820, lors du célèbre firman de Topschidéré, qu'il crut le moment venu d'étendre les frontières du Monténégro du côté de la Bosnie et de l'Herzégovine; la victoire de Morava arracha au sultan de tardives concessions. Pierre régna encore dix années, pour ne mourir qu'en 1830, après avoir présidé pendant un demi-siècle aux destinées de son pays. Des dissensions intérieures avaient troublé la fin de son règne; sur la tombe du grand patriote, les chefs rivaux jurèrent d'oublier leurs haines particulières.

Le successeur de Pierre fut un jeune homme de dix-sept ans, son neveu, Rado Tomov. L'évêque de Prisren le sacra diacre et archimandrite, mais ce ne fut qu'en 1838 qu'il se rendit à Saint-Pétersbourg pour y recevoir des mains de l'empereur le titre d'évêque. C'était un esprit fin et distingué, un caractère essentiellement politique. Profitant de la paix qui régnait dans le Monténégro, il voulut faire goûter à sa patrie les bienfaits de la civilisation. Il disait au consul anglais, sir Gardner Wilkinson : « Nos voisins parlent de nous comme d'un peuple de bandits et de voleurs ; je leur ferai voir que nous sommes susceptibles d'être aussi civilisés que les autres peuples. » Pierre II se mit résolùment à l'œuvre ; il abolit la vengeance du sang, punit sévèrement le vol et le brigandage, réforma la magistrature et la police, institua un sénat. Le pouvoir du prince resta absolu ; ce n'était que dans des circonstances exceptionnelles qu'il convoquait la skouptchina, au couvent d'Ostrova Cettigné. Et cependant l'amour de la liberté, telle est la passion dominante dans le Monténégro ! Mais, ainsi que le dit dans la suite le prince Danilo : « Les Tzernogorstes jusqu'à ce jour (1838) jouissaient de la liberté, mais ce sont les vélikas qui leur ont donné la liberté légale. » L'institution du sénat contribua beaucoup à cette importante réforme ; il comprenait soixante membres présidés par le prince lui-même et qui recevaient une indemnité de cent florins ; et cent trente-cinq administrateurs dits « gardiens de la loi » les assistaient dans leurs fonctions. Le Code de Pierre Ier fut également réformé, d'après les principes du Code Napoléon ; tous les citoyens de la Tzernogora sont libres devant la loi ; les peines édictées par le Code sont la mort, l'emprisonnement, la bastonnade, l'exil, l'amende, le désarmement, peine cruelle dans ces pays où un homme serait déshonoré s'il se montrait en public autrement qu'armé jusqu'aux dents. Quant aux juges monténégrins, ils ne siégent ni à jour fixe, ni dans des lieux déterminés. Le mode de procédure rappelle celui du bon roi Louis IX sous le chêne de Vincennes.

L'œuvre de Pierre, comme jadis celle de Douchan en Serbie, tendait à transformer la nation : elle rencontra une vive résistance de la part de tous ceux qui tenaient à l'ancien système, des classes nobles surtout qui s'opposaient à toutes les réformes, à celles des lois ecclésiastiques, à celle de la vendetta, terriblement enracinée dans le pays. « Quel âge as-tu? demandait-on à un jeune Monténégrin. — Dix ans. — Ton père n'est-il pas mort? — Non! il n'est pas mort, il a été tué, et moi je le vengerai. Ma mère et le pope me l'ont fait jurer [1]. » Mais Pierre représentait la cause du progrès et de la civilisation ; et comme Richelieu, il fut impitoyable dans la répression des séditions. Des têtes patriciennes furent tranchées par le glaive du bourreau, la famille de Radonitch fut proscrite. Le peuple applaudit. Le vladika, d'ailleurs, n'était-il pas fidèle aux traditions militaires de ses ancêtres? Les Autrichiens furent repoussés en 1838, et, la même année, les Turcs ayant repris les hostilités en Bosnie et en Herzégovine, l'évêque se mit lui-même à la tête de ses troupes, s'empara de Grahovo, et imposa à Hadji-Méhémet

1. Marmier, *Voyage au Monténégro*, II, p. 305.

un traité dont il convient de citer l'article 5 : « Il y aura paix perpétuelle *entre le gouvernement indépendant du Monténégro* d'un côté, et entre les paschaliks de Bosnie et d'Herzégovine de l'autre... »

Daniel, son neveu, lui succéda. Élevé en Russie, il avait conçu d'ambitieux projets que sa persistance et sa hardiesse réussirent à réaliser. « Sous l'empire de l'ancienne constitution, quand un souverain mourait, l'installation de son successeur était pour le pays la cause des plus sérieux embarras. D'abord, l'héritier du pouvoir n'était connu que par le testament du défunt, qui, étant évêque et par conséquent condamné au célibat, dont les simples prêtres grecs sont affranchis, ne pouvait pas avoir de descendant direct. De là, à chaque avénement, des rivalités, des intrigues, des dissensions périlleuses pour un si petit pays, toujours en butte aux attaques des Turcs. Cette coutume avait encore un autre inconvénient, non moins grave : l'héritier désigné était un simple moine, ou même un jeune homme entièrement étranger à l'état ecclésiastique. Dans les deux cas, il devait être consacré, et, cette consécration, il ne pouvait l'obtenir que d'un métropolitain, qu'il fallait aller chercher à Carlovitz ou à Pétersbourg [1]. »

C'est dans ces circonstances que Daniel, peu de temps après son avénement, partit pour la Russie, accompagné de deux sénateurs (février 1852). Mais à peine arrivé à

1. *Annuaire des Deux-Mondes*, 1852-1853 — *Races Turco-Slaves.*

Vienne, il adressa au sénat une lettre missive, annonçant qu'il renonçait au pouvoir spirituel, pour ne conserver que le pouvoir civil et militaire, que le peuple devait être d'ailleurs consulté sur cette réforme importante, qui avait reçu l'approbation entière de l'empereur Nicolas. Aussitôt une assemblée générale fut réunie à Cétinié, et, dès le 21 mars, les sénateurs approuvèrent le message de Daniel, *vu les idées du siècle et les besoins de la civilisation.* Elle décida encore que la couronne serait héréditaire de mâle en mâle et par ordre de progéniture, que dans le cas de l'extinction de la descendance du prince, la couronne reviendrait au plus proche parent du défunt et au plus âgé des parents de même degré ; que le souverain serait inviolable, jouissant du droit de grâce et commandant en chef des armées.

Daniel était à peine revenu à Cétinié au milieu d'un immense enthousiasme, que le sultan protesta avec énergie contre cette nouvelle usurpation de droits. Certes, le Monténégro n'était ni une possession, ni une colonie russe; mais il était difficile de ne pas reconnaître dans son attitude une vassalité tacite. Aussi l'alarme fut vive à Constantinople. Daniel répondit aux menaces d'Omer-Pacha en demandant l'intervention de la France et de l'Angleterre. Mais le sultan ne voulut rien entendre, et Omer-Pacha se mit en marche. Alors le prince adressa au peuple une proclamation et, prenant l'initiative, mit le siége devant la citadelle de Jabliak qui ouvrit ses portes. La guerre fut poursuivie avec vigueur : secondée par la trahison de deux préfets, Omer fut au moment de réussir. Mais Daniel le prévint encore, et les victoires de Moralscha et de Podgoritza rejetèrent les Turcs en Herzégovine.

Cependant la cour de Vienne avait conçu contre la Porte une vive irritation. Le ministre des affaires étrangères envoya à Constantinople le comte de Linange demander une explication catégorique sur les événements du Monténégro. « Les mouvements mal adoptés par le sultan contre le prince Daniel, disait le comte de Linange, auraient même, en des circonstances habituelles, exigé un avis préalable du gouvernement voisin, et cet avis n'avait pas été donné. Pourquoi Omer-Pascha avait-il reçu dans son armée des réfugiés hongrois ? Pourquoi les districts de Kleck et de Sottorino étaient-ils encore occupés par la Porte au mépris des traités ? » L'envoyé autrichien fixa un délai de cinq jours pour la réponse du grand vizir; la réponse fut faite le 10 février. La Porte Ottomane s'étonnait des reproches faits à son gouvernement : c'était le Monténégro qui avait commencé les hostilités; on avait ordonné à Omer-Pacha de respecter le territoire autrichien, et la guerre entreprise n'était nullement une guerre de religion entre musulmans et chrétiens. « Le gouvernement, ajoutait Fuad-Effendi, le gouvernement repousse cette accusation avec la plus profonde horreur; il est facile d'ailleurs d'en constater l'inanité par des preuves irrécusables. L'armée d'Omer est composée en moitié de volontaires chrétiens, *sujets du sultan*. Quant à l'affaire des districts, les ministres turcs se bornent à rappeler une note antérieure du baron d'Offenfels. » M. de Linange communiqua à l'empereur la réponse du gouvernement ottoman, et le 14, il présenta à Fuad-Effendi une note qui fut acceptée en principe, èt approuvée par le sultan, après d'insignifiantes modifications. Cette note était ainsi conçue :

« La Sublime-Porte sans porter atteinte en aucune façon à ses droits souverains qu'elle réserve tout entiers, déclare qu'elle n'est nullement dans l'intention de modifier l'état existant avant les derniers mouvements du Monténégro, soit dans l'administration, soit dans le territoire du Monténégro. En conséquence, le gouvernement ottoman, d'ici à peu de temps donnera à ses troupes l'ordre d'évacuer les districts de la montagne qu'elles occupent encore. »

C'est cette note d'une grande habileté, qui fut opposée quelques mois plus tard aux insolentes prétentions du prince Mentschikoff, ambassadeur extraordinaire du czar à Constantinople.

La guerre contre la Turquie terminée, Daniel continua l'œuvre civilisatrice commencée par son oncle. Soutenu par le consul français Hecquard, le prince ne recule pas devant l'opposition de l'aristocratie. « Si le sénat est disposé à ratifier ses réformes, dit Neigebaur, il le convoque ; sinon il sait admirablement s'en passer. » C'est Daniel qui, en 1855, publia le nouveau code monténégrin ; l'exorde en est remarquable.

« Daniel, le prince et seigneur du libre Monténégro et Berda, d'accord avec les chefs et vieillards, institue le code général d'après lequel, à partir d'aujourd'hui et pour toujours, seront jugés tous Monténégrins et Berdianès, petits ou grands, pauvres ou riches, chacun ayant des droits égaux à ce qu'il lui soit rendu justice! Le prince et seigneur, pour le bien de ses valeureux frères, qui, pendant tant de siècles, ont répandu leur sang pour conserver une liberté qui leur est si précieuse, et dont ils se vantent chaque jour, désire que son cher peuple, ses chers frères aient la liberté à l'intérieur comme au dehors, et qu'ils puissent s'en vanter devant le monde entier. A chaque bon frère du Monténégro, cette loi sera le plus cher gage, le plus cher trésor; car, en elle, il trouvera des garanties pour sa tranquillité, un bouclier pour son honneur et sa dignité, enfin la sécurité pour son avenir et sa prospérité. »

Six mois après la journée de Podgoritza, les Russes franchissaient le Pruth et donnaient le signal de la guerre sanglante qui ne devait se terminer qu'à la prise de Sébastopol. Cette nouvelle causa chez tous les peuples chrétien de l'empire ottoman une profonde émotion. La France et la Grande-Bretagne hésitaient, gardaient encore le chimérique espoir de maintenir la paix. « Prenez garde [1], disait l'Angleterre à l'Autriche, le czar s'est mis dans une position fâcheuse; nous avons intérêt à l'en tirer, vous, surtout, car s'il continue à surexciter les po-

1. Taxile Delord, *Histoire du second Empire*, v. I, p. 531, sq.

pulations chrétiennes soumises à la Turquie, elles se soulèveront. Prenez garde dans ce cas à vos provinces danubiennes : l'étincelle partie de là pourrait bien s'étendre à la Hongrie et à l'Italie; il faut éviter la conflagration..... » Très-inquiet, l'empereur envoya le chevalier de Leiningen à Constantinople, pour insister sur l'évacuation des derniers districts de la Montagne et le retrait des troupes turques toujours en sentinelles sur la frontière du Monténégro. Le sultan commença par refuser : M. de Leiningen insista et ses réclamations furent admises. Il n'était que temps; Daniel repoussa les avances du czar et se décida pour une neutralité absolue; ce fut en vain que M. Hecquard, consul général de France, s'efforça de l'engager dans la cause des puissances alliées.

La situation du Monténégro fut l'objet de plusieurs délibérations du congrès de Paris, le 21 février, réuni sous la présidence du comte Waleski. Dès le 25 mars, le comte de Buol [1] demanda au prince Orloff, quelles étaient, au sujet du Monténégro, les intentions de la Russie; le czar voulait-il exercer dans cette province une action analogue à celle qui lui était dévolue dans les principautés danubiennes? Le plénipotentiaire russe répondit immédiatement : « Il n'a été fait mention du Monténégro, disait-il, ni aux conférences de Vienne, ni dans les actes qui ont précédé la réunion de ce congrès; cependant, le représentant du czar n'hésite pas à déclarer que son gouver-

1. Protocole, n° XIV.

nement n'entretient avec le Monténégro d'autres rapports que ceux qui naissent des sympathies réciproques des deux nations.» Cette déclaration fut jugée satisfaisante; mais le lendemain Aali-Pacha demanda à prendre acte de la déclaration du prince Orloff: «la Porte, ajouta-t-il, regarde le Monténégro comme partie intégrante de l'Empire ottoman, elle n'a nullement l'intention de changer l'état de chose actuel [1]. »

Ces paroles du représentant de la Turquie produisirent à Cétinié une vive émotion. Le 19 mai, les plénipotentiaires de la France, de l'Autriche, de la Grande-Bretagne, de la Prusse, de la Russie et de la Sardaigne recevaient un long mémorandum du prince Daniel, accompagné de la lettre suivante :

« Excellence, dans les conférences de Paris, en présence des plénipotentiaires de toutes les puissances, Aali-Pacha a avancé que la Porte considère le Monténégro comme une de ses provinces. *Cette assertion est insoutenable*. Les Monténégrins auraient bien plutôt le droit de prétendre à la moitié de l'Albanie et à toute l'Herzégovine, puisque nos prédécesseurs, princes indépendants du Monténégro, ducs de Zéta, ont possédé autrefois ces territoires, tandis que les Turcs n'ont jamais possédé le Monténégro. Je prie Votre Excellence de prendre acte de cette protestation.

» Le prince du Monténégro et des Berdas,

» DANIEL PETROVITJ NIEGOSCH. »

1. Protocole, n° XV.

L'alliance de la France fut la conséquence de cette lettre remarquable : la Russie était trop loin, l'Autriche avait été blessée par les prétentions de Daniel qui se proclamait le champion de l'unité slave, l'Angleterre s'était déclarée hautement la première puissance musulmane du monde ; la France seule, même sous le régime du 2 décembre, demeurait fidèle aux généreuses traditions dont le souvenir remonte aux croisades. Au printemps de 1857, le prince Daniel vint à Paris, et fut reçu aux Tuileries par l'empereur Napoléon, qui tint sur les fonts de baptême l'héritier présomptif de son nouvel allié.

Cette nouvelle alliance, les déclarations du congrès de Paris, l'attitude de la Russie et de l'Autriche, avaient profondément irrité le sultan. Une insurrection ayant éclaté dans la Bosnie et l'Herzégovine, un corps d'armée turc en profita pour envahir sans déclaration de guerre le territoire monténégrin ; le 4 mai, vingt mille Osmanlis occupèrent le territoire de Grahovo. La Tzernogora fut plongée dans la consternation et le pesma chanta [1] : « Où est la Bosnie, où est notre Serbie jadis si puissante ? que sont devenues la Zèta et l'Herzégovine, berceau de nos dieux ? Rien ne nous est resté, rien que des falaises stériles ! O Monténégro, petit cierge qui brûle encore, comme la dernière étincelle de ce feu qui, naguère, brillait sur l'autel des libertés de la Serbie : ici même, Satan veut pénétrer ; le voilà, il se redresse pour éteindre

1. Chant national de la bataille de Grahovo.

le feu sacré! » Mais le prince Daniel, le faucon de la Montagne Noire ne se laissa pas abattre, et du plus profond de sa gorge, il poussa ce cri : « Aux armes, mes héros! Comme les feuilles du même arbre, disséminez-vous dans les halliers, arborez-y notre drapeau tricolore! que tous les braves y accourent, tous ceux qui ont de quoi payer dûment la bienvenue à ce pacha! Il nous envoie de ses nouvelles; il nous attend dans les plaines de Grahovo... Il faut qu'il ait lieu de se louer de l'accueil que nous lui ferons à notre tour. Aux armes! » Aussitôt les vitèzes se réunissent sous leur drapeau, et Mirko Pétrovitj, frère chéri du faucon Daniel, se met à leur tête. Le héros envoya au pacha un fier défi, puis, s'approchant des retranchements ennemis, il invoqua le vrai Dieu et s'écria : « Sus, mes braves, il est à nous! Courez sus aux Turcs! » Sanglante est la bataille. Le choc des armées fit tressaillir les monts et les vallées; les cris de guerre s'élevaient jusqu'au faite du ciel, et les champs oscillaient sous les pieds des combattants. Une fois seulement les vitèzes déchargèrent leurs fusils, puis ils dégaînèrent leurs yatagans effilés, pourfendant les Turcs. Ah! ce carnage fut terrible, et comparable seulement à celui de Kossovo, où l'empire de Serbie finit en une journée. Cher Dieu! as-tu contemplé les horreurs de cette tuerie? Comme nos vitèzes se sont confondus dans une sanglante mêlée avec les infidèles! Les Turcs défaits cherchent leur salut, les uns dans la fuite, les autres en recourant à la grâce du vainqueur; mais le Monténégrin ne pardonne pas aux

Turcs. Les cadavres tombent entassés les uns sur les autres : on dirait la forêt d'un mont renversé par l'orage. Toute l'armée des Ottomans disparut à Grahovo, une armée de trente mille hommes, ainsi que leur pacha et un de ses vélikos; et les vitèzes, chargés d'un riche butin, rentraient dans leurs montagnes en chantant : « Seigneur Dieu! le miracle de notre victoire est un acte de ton omnipotence. Sois glorifié dans toutes les œuvres qui émanent de toi!... »

Telle fut la glorieuse journée de Grahovo que cet admirable pesma a rendue immortelle dans le souvenir de tous les Serbes. A la première nouvelle de l'invasion des Turcs, la France était intervenue, menaçant de jeter dans la balance l'épée de l'Alma et de Sébastopol : une division navale, sous les ordres de l'amiral Jurien de la Gravière, était venue mouiller devant Antipari, et dès le lendemain de la victoire remportée par son frère Mirko, Daniel avait adressé au consul de France à Scoutari la relation des faits qui s'étaient accomplis à Grahovo, en le priant d'en instruire le comte Waleski, ministre de l'empereur. Le gouvernement impérial répondit en chargeant une commission européenne de fixer les frontières de la Turquie et du Monténégro, de manière à éviter de nouveaux conflits.

Il n'était pas donné au prince Daniel de jouir longtemps de sa gloire et de sa nouvelle puissance. Le 11 août 1860, le prince se trouvait à Cattaro pour prendre les bains de mer; un inconnu fend la foule qui l'entoure, s'élance sur lui et le frappe à plusieurs reprises d'un poignard qu'il a tiré de son sein. Le prince expira le lendemain. Le meurtrier était un Monténégrin qui avait été expulsé de la Dalmatie et qui y était rentré trois jours auparavant, venant de l'Albanie. On crut à un complot, on accusa le sultan d'avoir armé le bras de l'assassin : « *is fecit cui profuit,* » dit le jurisconsulte latin. Ces insinuations nous semblent entièrement dénuées de fondement; il y a eu de tout temps, et il y aura toujours des hommes qui se refusent à croire au fanatisme, et qui, derrière un assassin politique, soupçonnent sur-le-champ un vaste complot.

Le prince Daniel avait désigné, pour lui succéder, son neveu, Nicolas, fils de Mirko. Ce jeune prince avait fait ses études à Paris; la veuve de Daniel, la princesse Darinka, le seconda puissamment, posant elle-même sur sa tête le bonnet princier de son époux. Les commencements du nouveau règne furent calmes, mais ce changement de règne était une circonstance trop favorable pour que les Turcs ne se hâtassent pas d'en profiter. Le prétexte fut facilement trouvé; à la vérité, les frontières du Monténégro venaient d'être fixées par la commission mixte instituée à la suite de la bataille de Grahovo. Mais des prétentions réciproques subsistaient encore; la Porte se refusait à reconnaître l'indépendance de la Tzernogora, elle voulait venger les humiliantes défaites de la dernière guerre. Au même moment, l'Herzégovine se soulève contre les Turcs; irrité des sympathies du Monténégro pour ces peuples de même race et de même religion, le général ottoman fait couper traîtreusement la tête à quatre Monténégrins de Sponge. Aussitôt, et malgré les efforts des consuls européens, le prince Nicolas ordonne à ses sujets d'attaquer Sponge, où s'était commis l'odieux attentat, et lance ses montagnards contre Niktchitch et Korionitsh. L'émotion est grande chez toutes les populations chrétiennes de l'empire; Garibaldi annonce qu'il va passer l'Adriatique et mettre l'épée qui a délivré l'Italie au service des Slaves. Sérieusement alarmés, les cabinets européens ordonnent à leurs représentants de rétablir à tout prix la paix si subitement troublée; Omer-Pacha, nommé par le sultan ministre sans portefeuille, donne aux puissances des assurances complètes, accepte, bien qu'à regret, la formation d'une commission consulaire, répond favorablement aux demandes des chrétiens de l'Herzégovine. Mais les négociations n'interrompirent pas les opérations militaires, et de jour en jour la situation se compliqua. Les Turcs pillèrent le couvent de Kosériévo; la profanation de l'église, la vente, dans le bazar de Trébigné, des ornements et des vases sacrés augmentèrent l'irritation; la conférence commencée à Castel-Novo fut rompue.

Cependant le prince Nicolas témoignait de la plus grande modération [1] : sur la demande des consuls il avait accordé passage par le territoire de la Tzernogora aux convois destinés à ravitailler la forteresse turque de

1. Annuaire des Deux-Mondes, 1861. Sir Gardner Wilkinson : *Dalmatia et Monténégro*, Londres 1868.

Niktchitch; il avait demandé à Omer-Pacha une entrevue à Dodosch, sur le territoire monténégrin. Le ministre ottoman répondit qu'il attendait le prince à Jabliak. Cette insolence décida la guerre. Le général turc proclama le blocus du Monténégro, le prince répondit fièrement par un ultimatum, où il demandait la reconnaissance par la Porte de l'indépendance du Monténégro, l'obtention d'un débouché sur la mer, la rectification des frontières. En même temps il remportait à Tsernetsi une éclatante victoire sur les bachi-bouzouks d'Omer, tandis que l'intrépide Louka Vonkalovitch vengeait la défaite des chrétiens de Soutarina, en coupant les communications des Turcs avec la mer. Là-dessus les négociations avaient repris entre Omer-Pacha et le prince; elles étaient destinées à échouer comme les précédentes, et de graves complicacations diplomatiques vinrent encore en hâter le dénouement. On se rappelle l'ambassade à Constantinople d'un diplomate autrichien, le comte de Linange, à la suite des événements du mois de février 1852, et cette question adressée par lui à Fuad-Effendi, question demeurée sans réponse : « Pourquoi les districts de Kleck et de Sottorino sont-ils encore occupés par la Porte au mépris des traités ? » Or, le chef de l'insurrection chrétienne de l'Herzégovine, Louka Vonkalovitch, avait, au mois de novembre 1861, élevé une batterie sur le territoire de Sottorino. Le ministère autrichien avait alors pour président l'archiduc Régnier, et les principaux portefeuilles avaient été confiés aux chefs de l'opposition libérale, le comte Degenfeld, le comte de Rechberg et M. de Schmerling. A la nouvelle des événements de Sottorino, M. de Rechberg somma Vonkalovitch de démolir la batterie, en lui annonçant *qu'il y serait procédé par force, s'il ne l'avait pas fait dans huit jours*. Il va sans dire que Vonkalovitch refusa : aussitôt M. de Rechberg exécuta sa menace, et les ouvrages de Sottorino furent démolis par les soldats autrichiens. Les puissances signataires du traité de Paris se montrèrent vivement irritées; M. Thouvenel envisagea cet acte, blâmé du reste par la Porte, comme une violation de l'article 30 du traité de Paris; le prince Gortschakoff rédigea, le 10 décembre, une protestation des plus violentes.

Ce triste incident avait rendu sans espoir les négociations entamées entre la Porte et le Monténégro. Omer-Pacha adressa au prince Nicolas un ultimatum du grand vizir, le sommant de n'aider en aucune façon les insurgés de l'Herzégovine. « Si dans le délai de cinq jours il ne recevait pas une réponse contenant la pleine adhésion du prince, il était autorisé, par ordre du sultan, à prendre toutes les mesures qu'il croirait nécessaires pour repousser les agressions au delà des limites tracées, et pour rétablir l'ordre et la sécurité des habitants. » Le prince répondit par un refus formel; il adressa aux consuls une énergique protestation, et la guerre commença, guerre sanglante et terrible, où les Monténégrins restèrent encore une fois seuls; où lord Palmerston, après avoir envoyé au camp turc le trop fameux Churchill, n'eut pas honte de déclarer à la tribune du parlement britannique « que ce serait aux applaudissements de l'Angleterre que les rebelles de la Tzernogora seraient châtiés par les troupes du sultan. »

La Tzernogora est formée de deux massifs, l'un, amas confus de roches sans système et sans ensemble, que les Turcs appellent Kara-Dagh; l'autre, la Zêta, composée de plusieurs vallées régulières dont la principale est celle de Biélopavlitj. Mais dans ce second massif qui semble plus exposé aux attaques extérieures, « la nature, dit M. Marmier, a été gratuitement elle-même le Vauban des Monténégrins; elle leur a fait un cercle de remparts, une enceinte continue. Non-seulement tout le plateau est entouré d'éternels bastions, mais d'autres lignes de retranchements le divisent en plusieurs districts, et les vallées qu'elles enlacent dans leur ceinture, forment autant de petites forteresses dans la grande forteresse. » Le plan d'Omer-Pacha, en 1862, était celui qu'il avait déjà tenté d'exécuter en 1853, et que Daniel avait prévenu par l'éclatante victoire de Podgoritza. Il consistait à partager l'armée en trois corps, dont deux étaient chargés d'envahir la vallée de Zêta et de forcer l'entrée du bassin de Niktchitch, du côté de Sponge; le troisième, d'assaillir les Berdas et d'occuper la région orientale. Houssin-Pacha commandait ce dernier corps, et c'est lui qui commença l'attaque; il arriva jusqu'aux bords de la Lins, mais là, les intrépides tribus des Koutchi et des Vassoiévitj descendirent de leurs montagnes et lui barrèrent le passage.

La lutte fut sanglante, le pacha dut battre en retraite. Mais, au même instant, Omer-Pacha remportait un éclatant succès; immobile lui-même à son quartier général de Scoutari, il avait divisé son armée en deux colonnes, et les avait lancées, l'une, sous le commandement d'Abdi-Pacha, sur la route de Niktchitch, l'autre, sous le commandement de Dervich-Pacha, sur le défilé de Donga. Du côté des Monténégrins, la ligne de la Zèta était défendue à l'est par Mirko Pétrovitj, président du sénat et père du prince Nicolas, au sud par Peter Stéphanof Voukotitch, dont le prince avait épousé la fille Miléna. Une première ois les colonnes ennemies sont repoussées sur les champs de bataille de Martinitj et d'Ostrog. Mais, dans les derniers jours de juin, Dervich-Pacha trompe les montagnards par une fausse attaque, se dérobe par une marche de flanc, force le passage de Koutchiski-Most et pénètre dans la haute vallée de Zèta. Le 12 juillet 1862, les deux colonnes opérèrent leur jonction. En vain Peter Stéphanof accourut, et à la tête de ses héroïques soldats tenta trois fois l'assaut des pics escarpés de Golia et d'Oréa-Louka; trois fois l'artillerie turque foudroya les intrépides légions. La vallée de Biéloplavlitj, celles de la Riéka et de la Haute-Moratcha, furent occupées coup sur coup par les Turcs. D'effroyables ravages signalèrent ce triomphe. Les habitants furent massacrés, empalés; les villages détruits, les campagnes dévastées, les forêts livrées aux flammes. De Cétinié, où il concentrait ses troupes, le prince Nicolas put apercevoir l'horizon embrasé par les lueurs fauves de cet incendie. Le désir de la vengeance redoubla l'énergie des enfants de la Montagne Noire. L'armée ottomane marcha sur la capitale; les Monténégrins l'attendirent de pied ferme. Deux grandes batailles furent livrées à Zagaratj et à Kokoti; les Turcs vaincus battirent en retraite, évacuèrent la Zêta et se concentrèrent autour de la citadelle de Jabliak.

C'était le moment pour la diplomatie européenne d'intervenir contre la violente politique de la Porte et l'inqualifiable appui que lui prêtait le cabinet de Saint-James, toujours présidé par lord Palmerston. Après la bataille de Zagaratj, l'Autriche prit l'initiative d'une intervention; mais cette initiative fut timide. Le comte de Rechberg proposa, comme base des négociations, l'ultimatum du 29 avril; M. Drouyn de Lhuys approuva cette proposition et chargea le marquis de Moustier de l'appuyer à Constantinople. La France avait agi autrement en 1858, autrement encore sous le ministère de M. Guizot; mais la politique du second Empire commençait à porter ses fruits : la folle expédition du Mexique empêchait la France d'agir en Orient, en attendant qu'elle l'empêche d'agir sur le Rhin, en 1866. Seuls, le Saint-Siége et la Russie appuyèrent énergiquement le prince Nicolas : Pie IX adressa aux évêques catholiques d'Albanie une encyclique qui leur défendait de prêter le moindre secours aux Ottomans; le czar Alexandre approuva la conduite de son consul à Raguse, Pétkovitch, qui excitait le gouvernement monténégrin à continuer la guerre. La proposition de M. de Rechberg se perdit au milieu du bruit des armes qui résonnait de nouveau autour de Jabliak et de Riéka.

Cette nouvelle campagne fut funeste pour l'intrépide nation de la Tzernogora. Ce fut en vain que les Slaves de l'Autriche témoignèrent la plus vive sympathie aux Monténégrins; que le noble évêque de Diakovar, Mgr Strossmeyer, ouvrit publiquement une souscription en leur faveur. La lutte entre le Monténégro et l'Empire ottoman était trop inégale! Les deux colonnes d'Abdi et de Dervich-Pacha, entièrement reconstituées, s'élancèrent dans les vallées de Riéka et de Tzernitza; Mirko et Peter Stéphanof prirent de nouveau le commandement des forces monténégrines et attendirent l'ennemi devant Riéka. La bataille du 25 août dura six heures, et les Turcs furent vainqueurs encore une fois. Des hauteurs voisines, ils apercevaient Cétinié, et, à leurs pieds, dans la vallée de Dobersko-Vélo, les derniers soldats de la Tzernogora, sept mille hommes à peine, prêts à tenter de nouveau le sort des armes, pour défendre la capitale menacée par soixante-dix mille Musulmans, et, en cas de défaite, à se retirer avec le prince Nicolas, avec leurs chefs bien-aimés Mirko Voukotitj et Stéphanof, dans les hautes montagnes du Kara-Dagh. Cette lutte suprême fut épargnée aux glorieux vaincus de Koutschiski et de la Riéka. Les ambassadeurs étrangers s'étaient décidés à présenter des Notes collectives à la Porte, pour faire appel à sa générosité. Omer-Pacha répondit par l'ultimatum suivant, en date du 31 août. Nous croyons utile de reproduire textuellement cette pièce diplomatique, demeurée célèbre en Orient :

« 1° L'administration intérieure du Monténégro restera telle qu'elle a été avant l'entrée des troupes impériales sur son territoire; — 2° La ligne de démarcation tracée par la commission mixte, en 1859, constituera à l'avenir la limite du Monténégro; — 3° Le gouvernement ottoman permettra aux Monténégrins l'exportation et l'importation des marchandises dans le port d'Antivari, sans prélever aucun droit de douane L'importation d'armes et de munitions de guerre est prohibée; — 4° Les Monténégrins auront la faculté de prendre à ferme des terrains en dehors du Monténégro pour faire de l'agriculture; — 5° *Mirko quittera le Monténégro et n'y pourra plus retourner;* — 6° La route de l'Herzégovine à Scoutari, passant par l'intérieur du Monténégro, sera ouverte au commerce. *Sur le trajet de cette route plusieurs points seront occupés par les troupes impériales qui tiendront garnison dans des blockhaus.* Les points occupés seront désignés plus tard; — 7° Les Monténégrins ne devront plus faire des excursions hostiles en dehors de leurs frontières. *En cas de soulèvement d'un ou de plusieurs districts voisins du Monténégro, les Monténégrins ne leur accorderont aucun appui ni matériel ni moral.* Tous les sénateurs, chefs de districts et autres dignitaires du Monténégro devront donner au serbarekrem leur engagement par écrit d'observer cette condition; — 8° Tous les différends de moindre importance qui pourraient survenir sur les confins seront réglés d'un commun accord. Chacune des puissances limitrophes du Monténégro aura un représentant chargé de régler ces différends, et dans le cas où une question importante ne pourrait recevoir par eux une solution satisfaisante, les deux parties s'adresseront directement à la Sublime-Porte... »

Tel était cet ultimatum, violation évidente des engagements pris par la Porte au Congrès de Paris : il fallait le subir pourtant. Le consul russe, qui demandait la guerre à outrance, quitta Cétinié; la princesse Darinka, M. Wiett, consul de France à Scoutari, obtinrent du prince Nicolas l'acceptation pure et simple. Cette reconnaissance de la suzeraineté turque, suzeraineté absolument nominale et qui devait rester telle, une fois consentie par le Monténégro, les cabinets de Paris et de Saint-Pétersbourg intervinrent activement pour la modification de l'article 6 et la suppression de l'article 5. Tandis que la France et l'Autriche envoyaient du maïs et du blé aux populations affamées de la Montagne Noire, que M. Fould autorisait l'émission d'une loterie d'un million de francs en leur faveur, que des souscriptions s'organisaient à Saint-Pétersbourg, à Athènes, en Croatie; l'Angleterre seule continua à se montrer défavorable au Monténégro et à soutenir dans son intégrité l'ultimatum d'Omer-Pacha, qui déjà venait de faire construire neuf blockhaus sur la route de

Sponge à Niktchitch. Le 30 septembre 1862 lord John Russell écrivait : « Si le prince Nicolas est un vassal, le sultan a le droit de le réduire à l'obéissance et de lui imposer telles conditions qui peuvent assurer cette obéissance dans l'avenir. Si au contraire il est un prince indépendant, le sultan a le droit de lui imposer telles conditions de paix qui peuvent prévenir le renouvellement d'une agression de sa part. » Misérable dilemme! brutale expression d'une politique égoïste dont la Grande-Bretagne se repentira un jour !

Le prince Gortschakoff et M. Drouyn de Lhuys protestèrent avec énergie. Sur leur conseil, le prince Nicolas envoya à Constantinople le sénateur Matanovitch et son secrétaire Vaclik. La négociation fut longue et pénible. Enfin le 3 mars 1863 la Porte déclara renoncer aux blockhaus aux conditions suivantes :

1° Le prince tiendra toujours ouverte la route sur laquelle il n'y aura plus de blockhaus;

2° Il fera indemniser les voyageurs des pertes qu'ils pourraient essuyer en traversant cette route.

Le prince Nicolas accepta cette nouvelle rédaction de l'article 6; le 3 décembre il eut à Ostrog une entrevue avec Omer-Feuzi-Pacha, gouverneur de l'Herzégovine, et la paix fut signée (1864). Mais neuf blockhaus avaient déjà été élevés, et le grand vizir, tout en promettant leur destruction, traînait les négociations en longueur. Il fallut deux années entières, une énergique protestation de la Russie, toute l'habileté de M. Drouyn de Lhuys et du marquis de Moustier, pour obtenir l'exécution des protocoles du 3 mars 1863. Ce ne fut que le 26 octobre 1864, en présence de l'excitation causée dans le Monténégro par l'attitude menaçante de la Serbie vis-à-vis de la Porte, que les derniers fortins furent démolis et que le dernier bataillon turc évacua Novi-Sélo.

Était-ce là cependant une paix solide, présentant des garanties de durée? La diplomatie européenne put le croire, mais nul ne le pensa sur cette noble terre de Monténégro que pouvait encore embraser à tout instant le caprice d'un chef d'Ouscoks ou de bachi-bouzouks. De là, des liens de plus en plus étroits avec la Russie, une entente tacite avec la Serbie, l'espérance secrètement nourrie de reprendre les armes contre l'ennemi commun. Écoutez : le vieux beffroi de Cétinié s'ébranle et du fond du palais une voix harmonieuse et forte lui répond; c'est celle du prince lui-même qui chante, en s'accompagnant sur la gouzla : « Sonne, sonne, ô cloche chérie; des Serbes tu attestes la foi, la foi sainte pour laquelle ont coulé des flots de sang, don sacré qu'ils ont fait à Dieu. Sonne, sonne : qu'à travers l'air et les nuages, ton doux bruit retentisse; salue tous les héros que notre siècle admire, salue Kara-Georges et Daniel. Que tes sons leur annoncent que plus grande est la puissance des Musulmans, plus grand sera le triomphe de mon peuple en l'anéantissant! »

VII

ORGANISATION DU GOUVERNEMENT PARLEMENTAIRE EN SERBIE. — PREMIER RÈGNE DE MICHEL OBRENOVITCH. — ALEXANDRE KARA-GEORGEVITCH. — SECOND RÈGNE DE MIOSCH. — SECOND RÈGNE DE MICHEL OBRENOVITCH. — AVÉNEMENT DE MILAN.

Il est difficile à un peuple asservi de conquérir sa liberté; il n'est pas moins difficile au peuple qui a conquis sa liberté de savoir en user, de faire évanouir devant l'éclat de la civilisation les dernières ténèbres de l'esclavage et de l'ignorance, de remplacer l'arbitraire par la loi, l'habitude d'obéir à un maître par l'habitude de se conduire soi-même, de ne pas se laisser prendre au mirage d'un despotisme déguisé ou d'une démagogie trompeuse, de trouver sa véritable politique, de deviner la voie qui doit le conduire au but marqué, d'y marcher sans hésitation et sans peur, confiant dans sa destinée, confiant dans l'avenir. Mais la route qui conduit au but n'est pas une route plane et unie ; la nature des choses s'y oppose; elle est hérissée de périls et de dangers, elle est sillonnée de gouffres et d'abîmes. De là les combats, de là les luttes, de là les révolutions et les réactions. Celui qui les considère de près les condamne, n'en comprend pas le secret; c'est avec le temps seulement qu'on peut en deviner la loi mystérieuse, l'intime union qui hâte le progrès. Dans une œuvre pareille, un peuple allume et éteint d'innombrables flambeaux, d'innombrables idées; il use, il dévore des hommes, il outrage le soir celui qu'il acclamait le matin, et pas à pas le progrès continue sa marche, le but inconnu apparait à tous les yeux éclatant de lumière.

Telle est la loi de l'histoire, la loi qu'ont énoncée tous ces grands penseurs, Guichardini et Hume, Bossuet et Voltaire; telle est la loi dont il faut se bien pénétrer pour comprendre l'histoire, celle des grandes nations comme celle des petites, celle de Rome comme celle de la Serbie. Kara-Georges avait conquis la liberté serbe, Milosch l'avait fait reconnaître par l'Europe, les princes qui lui ont succédé ont travaillé à la rendre solide et durable. Certes, tous n'ont pas apporté à cette tâche le même talent, la même énergie; l'œuvre n'est pas terminée encore. Il ne nous appartient pas de préjuger de l'avenir; mais ces considérations étaient nécessaires avant d'entreprendre le récit succinct des événements dont la Serbie a été le théâtre de 1838 jusqu'à nos jours, avant de raconter comment le sceptre de Milosch passa des mains de son fils aux mains du fils de Kara-Georges, pour revenir entre les mains de Milosch et de sa dynastie.

Aux termes du hatti-chérif de 1838 et de l'acte d'abdication de Milosch, le prince Milan Obrénovitch était le successeur légitime de son père. Le sénat le reconnut, et sa mère Lioubitza le ramena de Semlin à Belgrade; mais le malheureux prince était rongé par une maladie sans espoir, il ignorait la révolution du mois de juin, l'abdication et l'exil de son père, son propre règne. Il fallut former un conseil de régence; le sénat élut Voutchitch, Abraham Pétroniévitch, Ephrem Obrénovitch. Un mois après, Milan expira entre les bras de Lioubitza.

Le sénat commit alors une faute grave. A la mort de Milan, le trône revenait de droit à son frère Michel, alors âgé de seize ans : il fallait le reconnaître sans discussion, conformément au bérat impérial qui avait donné à la famille Obrénovitch le droit d'hérédité; procéder à une élection, c'était renoncer à ce droit. En vain Ephrem s'efforça de détourner ses collègues Voutchitch et Pétroniévitch d'une entreprise qui n'était qu'une vulgaire flatterie à l'adresse du peuple. Un temps précieux fut perdu en vaines négociations; déjà le nom d'un fils de Kara-Georges était prononcé dans la masse. Il fallut se hâter de proclamer Michel.

Mais bientôt de nouveaux embarras surgirent. Milosch, alors à Bucharest, refusa longtemps de laisser partir son fils pour Belgrade; puis Abdul-Medjid insista pour que Michel vînt à Constantinople reconnaître la suzeraineté de la Porte et recevoir de ses mains, avec les insignes de son rang, un décret lui donnant pour tuteurs Voutchitch et Pétroniévitch. Le jeune prince ressentit vivement l'affront que lui faisait le sultan ; à peine de retour à Belgrade, il protesta avec la plus grande énergie et Lioubitza joignit ses protestations à celles de son fils. Alors Voutchitch, confiant dans l'appui du pacha, ordonna à Lioubitza de se séparer de Michel, et réunit des troupes. Aussitôt des groupes animés se forment dans les rues de la capitale : est-ce pour courber la tête sous un joug plus despotique encore qu'on a chassé Milosch ? quel est donc ce Voutchith qui veut s'imposer au pays comme dictateur? Stoïan Simitch, Garaschanine, Prota Nénadovitch refusent de le suivre dans cet audacieux coup d'État; Michel s'enhardit et convoque une skouptchina.

Cet acte énergique sauva le pays. A peine assemblée, la skouptchina décide le retour du gouvernement à Kragoujévatz loin de l'influence turque trop sensible à Belgrade, et demande aux régents compte de leur administration. Quelques membres proposent de rappeler Milosch. Mais Michel intervient; il ratifie les deux premières mesures de la skouptchina, invoque le texte du hatti-chérif qui interdit de rappeler le kniaze déchu sans l'autorisation de la Porte. Les régents s'agitaient à leurs bancs : « Jamais nous ne rendrons nos comptes à la skouptchina! jamais nous ne quitterons Belgrade! le droit est pour nous, le pacha saura nous défendre! » Michel hésite, le peuple s'assemble devant le palais, demande la tête de Voutchitch. Alors tandis que la skouptchina se trouble, le jeune prince retrouve tout son courage; il harangue la foule, appelle à lui les knèzes et se rend à Kragoujévatz. En même temps les régents se réfugient dans la citadelle; la Porte, alarmée, envoie Moussa-Effendi à Kragoujévatz; mais les juges sont décidés à faire leur devoir, Voutchitch et ses amis sont déclarés coupables et n'échappent à la fureur du peuple qu'en se réfugiant à Constantinople.

Michel, bien que très-jeune, était un caractère grave et attentif; il avait dix-neuf ans à peine, était grand, pâle, très-entreprenant et très-timide à la fois. Sa mère Lioubitza le conseillait, l'encourageait à procéder rapidement aux réformes les plus urgentes; le ministre Raditchévitch le poussait dans la même voie. Le jeune prince s'y précipita avec toute la généreuse ardeur de son âge; coup sur coup il décréta l'instruction obligatoire, une constitution très-libérale du clergé, la révision du cadastre, la fondation d'une société de savants et d'une caisse des écoles. Malheureusement, les décrets une fois rendus, Michel croyait les réformes immédiatement exécutées; et il n'en était rien. Raditchévitch brusqua les choses, blessa des susceptibilités respectables. Les amis du prince se refroidirent, ses ennemis reprirent assurance. La Porte demanda le rappel des exilés de 1840; en vain Lioubitza s'y opposa, Michel crut désarmer l'opposition par une conduite magnanime; il permit aux anciens régents et à leurs complices de revenir en Serbie. Ils rentrèrent à Belgrade et conspirèrent de nouveau.

Il est peu de caractères plus généreux et plus sympathiques que celui du prince Michel; si Raditchévitch avait été le Richelieu qu'il croyait trouver en lui, déjà ce premier règne eût été pour la Serbie fécond en résultats importants. Mais le ministre, après s'être montré trop audacieux, manqua subitement de l'énergie nécessaire pour contenir les partis. Les raïas de la Bulgarie et de l'Herzégovine venaient de se soulever contre le sultan; emportée par sa piété chrétienne, Lioubitza voulait que son fils prît le commandement des Slaves révoltés, et appelât l'Europe à une nouvelle croisade contre les Turcs. Michel la supplia de renoncer à son projet, allégua la désorganisation de l'armée serbe, les manœuvres de Voutchitch; Lioubitza s'emporta, menaça de rappeler Milosch, conspira contre son fils; le complot fut découvert, Radichévitch voulut arrêter la princesse, Michel s'y opposa, se contenta de la reléguer dans ses appartements : « Hélas! s'écria-t-elle, si tous les hommes n'étaient pas des femmes, ou s'ils étaient des femmes comme moi, notre religion serait bientôt débarrassée de ses oppresseurs! »

Le mécontentement redoubla. L'augmentation de l'impôt, la réforme des lois forestières, irritèrent le peuple des campagnes, tandis que Voutchitch et Garachanine répandaient dans les villes les plus mauvaises des doctrines socialistes, dont eux-mêmes ne comprenaient pas la portée. « Qu'est-ce qu'un gospodine (seigneur), disaient les chefs du complot[1]? Dieu seul est seigneur, et nous sommes tous frères. Qu'est-ce encore que la sourdia? (Administration et juridiction.) Autre chose est le peuple allemand, autre chose est le peuple serbe! » (1842.)

Au mois d'août la révolution éclata. Voutchitch parcourait les districts et appelait les haydouks aux armes; Miloutin Garaschanine, Petroniévitch, Nénadovitch étaient avec lui les principaux chefs de l'insurrection. Michel ne se laissa pas abattre. Il quitte Pescharévatz avec un millier de soldats, dévoile dans une hardie proclamation les rapports de Voutchitch et du sultan. Un instant la fortune lui sourit; Prota et Lazar sont cernés dans leurs districts, Miloutin Garaschanine est surpris et égorgé dans un bois, Yankovitch et Stephanovitch se réfugient en Autriche. Triste chose que cette guerre civile! Mieux encore eût valu suivre les audacieux conseils de Lioubitza, que de répandre un sang précieux dans ces luttes intérieures! Michel fut effrayé de sa responsabilité, il envoya une députation à Voutchitch. Celui-ci répondit : « Que le prince se rassure, il n'a pas de plus dévoué serviteur que moi! Ce n'est pas lui que je veux renverser, c'est Raditchévitch, ce sont les ministres qui le trompent et qui oppriment le peuple. Retournons à Belgrade; soumettons les questions pendantes à l'arbitrage du sultan. » L'armée applaudit à ces paroles, Michel fut consterné. « Non, s'écria-

1. Yankovitch, loc. cit., *p.* 40.

t-il, je préfère renoncer à ma couronne, que de sacrifier de fidèles serviteurs! » Il repousse les propositions de Voutchitch, adresse au peuple une nouvelle et énergique proclamation. Mais ses soldats l'abandonnent, Novakovitch ouvre aux insurgés les portes de Kragoujévatz, toutes les places fortes tombent entre leurs mains. Et cependant la situation de Michel était belle encore; les consuls étrangers l'appuyaient, lui proposaient de se rendre à la citadelle de Belgrade; puis ce furent quinze cents vieux soldats de son père qui vinrent le rejoindre à Rudnik, le supplièrent de les conduire à Kragoujévatz. Le malheureux prince ne savait à quel parti se résoudre; enfin il se décida à déclarer dans une proclamation solennelle qu'il ne voulait pas verser le sang serbe dans une guerre civile. Il dit adieu à ses amis, quitta Jabaré, prit le chemin de Belgrade et se réfugia à Semlin.

Le lendemain, Voutchitch entra à Belgrade en triomphe et prit le titre de chef militaire de la Serbie (30 août 1842).

Voutchitch rêvait de succéder à Michel comme prince de Serbie; mais, pendant qu'il rédigeait une déclaration des droits du peuple et instituait à Belgrade une sorte de tribunal révolutionnaire, la veuve de Kara-Georges avait franchi la frontière avec son fils Alexandre. La skouptchina se réunit; Kiamil-Pascha demanda à être entendu. Parlant au nom du sultan, il consulta la skouptchina sur ses dispositions à l'égard de Michel Obrénovitch. « Il a pris la fuite, nous n'en voulons plus, s'écrièrent les députés, nous voulons Alexandre Kara-Georgevitch. » Et aussitôt le fils du héros de 1804 est proclamé prince de Serbie. C'était un jeune homme faible et indolent, peu ambitieux du pouvoir : « Il fut élu, dit un témoin oculaire, emmené et salué prince, sans avoir eu le temps de comprendre parfaitement ce qui se passait. » Voutchitch devint ministre de l'intérieur et Pétroniévitch ministre des affaires étrangères.

La révolution qui avait renversé Michel avait causé à la cour de Saint-Pétersbourg un vif mécontentement : l'envoyé du czar dut protester et au, nom de l'empereur, contesta la légitimité de la nomination d'Alexandre, avec une violence telle que Voutchitch indigné proposa de déclarer la guerre à la Russie et d'en finir avec un protectorat injurieux. Ce n'était point là le compte du timide fils de Kara-Georges, il négocia, accepta un compromis qui consistait à soumettre son élection à une nouvelle skouptchina, présidée par une commission mixte, tandis que les ministres seraient éloignés. Misérable comédie qui donna au sultan l'occasion de rendre un bérat, où la dignité de prince des Serbes était considérée comme révocable au gré du divan !

Alexandre Kara-Georgevitch régna seize ans, et pendant ces seize ans, la prospérité de la Serbie prit un développement considérable ; l'instruction se répandit dans toutes les classes ; la richesse publique augmenta, des routes nouvelles furent ouvertes, des ponts réparés ou construits. C'est l'époque de la fondation de l'école militaire, de l'école de commerce, de l'école d'agriculture....

L'homme le plus important du ministère était le fils de ce turbulent Miloutin, qui fut tué par les momkes de Michel. Chef du parti national, Garaschanine était l'adversaire déclaré du système qui tend à slaviser ou à germaniser la principauté au profit de la Russie ou de l'Autriche; sa haute raison politique le poussa à solliciter l'alliance et l'appui de la France, comme destinés à assurer l'indépendance de la Serbie. Une stricte neutralité dans les affaires intérieures, l'introduction progressive de la civilisation européenne dans la principauté, tel était le système de l'éloquent chancelier. Ce n'était pas une tâche facile que celle de faire accepter par la nation ce principe de neutralité. Ainsi, lorsque éclata à Pesth la révolution de 1848, on vit au cri de guerre poussé par les Croates du ban Jellachich, des bandes armées se lever en Serbie pour marcher avec eux contre les Magyars. Chose étrange que cette haine violente des Serbes contre les Hongrois! Eux, qui tenaient tant à ne point être confondus avec les Allemands, ils les imitaient en réclamant après dix siècles les droits d'Arpad sur les provinces méridionales du Bas-Danube [1]. D'ailleurs la faiblesse d'Alexandre les encourageait. Les Serbes tiennent à Karlovitz une grande assemblée; ils élisent un voïvode, Chouplicats; un patriarche, Raïatchitch; ils lancent contre Kos-

1. Irangi et Chassin, *Hist. pol. de la Révolution de Hongrie.*

suth une véritable déclaration de guerre, et la lutte commence, au plus grand profit du czar et de l'empereur d'Autriche. Il fallut à Garaschanine toute son énergie pour empêcher le prince de céder à la pression populaire et de prêter aux Croates un concours actif. Il comprit que cette haine des Serbes contre les Magyars était une chose absurde, nuisible aux intérêts du peuple; au lieu de l'exciter, il fallait s'efforcer de la calmer, pour substituer peu à peu à cette animosité une union intime, nécessaire pour sauvegarder un jour et les droits de la Hongrie contre l'empereur d'Autriche, et l'indépendance de la Serbie contre le sultan ou le czar.

La guerre de Hongrie était à peine terminée que la guerre de Crimée éclata. La situation de la Serbie était grave : s'unir à la Russie, c'était s'aliéner les sympathies des puissances coalisées, c'était pour un avantage incertain compromettre l'œuvre d'un demi-siècle, c'était peut-être contribuer à la réalisation de cet événement si ardemment désiré par le czar, si justement redouté par les Slaves du sud : la prise de Constantinople par les Russes. Et, d'autre part, repousser l'alliance moscovite, c'était, pour ainsi dire, faire cause commune avec la Turquie, méconnaître le généreux appui prêté de tout temps par les successeurs de Pierre le Grand aux sujets chrétiens de la Porte. Longtemps Garaschanine hésita ; mais lorsque le roi de Prusse eut repoussé les avances du comte de Budberg, lorsque M. de Bérol eut, au nom de l'empereur François Joseph, refusé de signer le traité d'alliance proposé par le comte Orloff; alors tout doute dut cesser et le ministre serbe comprit qu'il fallait dans ce terrible conflit observer la plus stricte neutralité. Ce n'était point là le compte du czar : avec sa violence habituelle, Nicolas éclata en menaces, déclara que cette ligue de neutres rendait la guerre impossible, qu'autant valait la déclarer franchement. Bientôt aux menaces succédèrent les ordres, les injonctions les plus impératives. De Constantinople, où il venait de faire destituer Tread-Effendi, le prince Menschikoff ordonna à Alexandre de renvoyer Elie Garaschanine; le ministre des affaires étrangères fut aussitôt appelé au palais, le prince lui demanda sa démission, Garaschanine refusa avec indignation; le prince lui montra la dépêche qui enjoignait dans ce cas au consul russe Tourmansky, d'amener son pavillon; Garaschanine persista. L'éloquent exposé des vues du chancelier avait convaincu le sénat de la nécessité de la neutralité; le prince, effrayé par les menaces de Menschikoff, ne put ou ne voulut rien comprendre; il eut la lâcheté de destituer le ministre, dont la sage politique inspirait au pays et à l'Europe la plus entière confiance.

Lorsque la destitution d'Elie Garaschanine fut connue, l'indignation fut profonde. De tous les côtés de la Serbie, des adresses furent envoyées au courageux ministre, le sénat lui vota une pension égale à son traitement, et rédigea une protestation énergique. Alors seulement Menschikoff reconnut la faute qu'il avait commise et remplaça Tourmansky par Moukine, homme calme et modéré.

Mais la destitution de Garaschanine avait déjà porté ses fruits ; le prince Michel Obrénovitch avait publié un manifeste ; l'Autriche avait envoyé à Belgrade le général Mayerhofer ; M. de Fonton accourut : « S. M. I. le czar m'a envoyé près de vous pour vous donner l'assurance de sa constante bienveillance et affection pour la Serbie ; le désir de S. M. est que les Serbes soient unis entre eux dans l'amour et la concorde. » Ces paroles n'avaient d'autre but que d'affermir la position du nouveau consul à Belgrade. Mais cette présence, même quand les escadres alliées jetaient l'ancre dans le Bosphore, c'était une déclaration formelle d'indépendance de la part de la Serbie. Telle était l'excitation du peuple, tel était le mécontentement des cabinets de Vienne et de Constantinople, que le prince après avoir commis la lâcheté de renvoyer Garaschanine, dut reprendre la politique de son ministre. M. Moukine dut quitter la Serbie et la neutralité du pays fut solennellement proclamée. Toutefois ce ne fut pas toujours chose aisée que de la faire respecter par les puissances voisines ; en 1853, l'Autriche voulut occuper militairement la principauté et recula seulement devant la ferme attitude prise par les cours de Londres et de Paris ; puis la Russie réclama une dernière fois l'alliance de Kara-Georgevitch, le menaçant du retour de Milosch. Le prince, soutenu par le sénat, ne se laissa pas intimider, et adressa au czar une catégorique réponse, qui fut communiquée également au sultan : « Le gouvernement serbe ne saurait prendre part à la lutte qui a éclaté entre les deux puissances protectrices de la Serbie; il observera la plus stricte neutralité, et dans aucune occasion, il ne permettra qu'un corps d'armée, à quelque parti qu'il appartienne, viole la frontière de son territoire. »

Cette habile politique fut couronnée de succès : dès le mois de mai 1854 l'Autriche et la Prusse rédigèrent ensemble le célèbre programme des quatre garanties, dont l'article premier était ainsi conçu :

« Le protectorat exercé jusqu'à présent par la cour impériale de Russie sur les principautés de Moldavie, de Valachie et de Serbie, cessera à l'avenir; les privilèges accordés par le sultan à ces provinces dépendantes de son empire seront placés sous la garantie des puissances, en vertu d'un arrangement à conclure avec la Sublime-Porte, et dont les dispositions régleront en même temps toutes les questions de détail. »

La conséquence de cette déclaration fut un firman impérial, abolissant officiellement le protectorat de la Russie sur la Serbie et les principautés danubiennes; Etérim-Pacha porta le firman à Belgrade, et le prince lui répondit en présence du sénat :

« La confirmation des privilèges de la Serbie est acceptée avec reconnaissance; toutefois la Serbie désire le maintien des traités turco-russes de Bucharest, d'Akermann et d'Andrinople, et elle est bien décidée à conserver la position que ces traités lui assurent vis-à-vis la Russie et la Porte. »

Enfin Sébastopol tomba! Le congrès, réuni à Paris sous la présidence de M. Waleski, signa, le 30 mars 1856, la paix qui devait d'une manière définitive, dans la pensée de ses auteurs, régler la question d'Orient. Plusieurs articles du traité étaient consacrés à la Serbie. L'art. 28 disait : « La Serbie conservera son administration indépendante et nationale, ainsi que la pleine liberté de culte, de législation, de commerce et de navigation. » L'art. 29 confirmait le droit que le traité de Bucharest reconnaissait à la Porte d'entretenir des garnisons dans les principales forteresses, droit fâcheux dont les inconvénients se faisaient déjà sentir depuis longtemps; le congrès n'osa pas trancher cette question importante; il se contenta de la déclaration suivante du protocole XIII :

« S. M. le sultan s'engage à rechercher de concert avec les hautes puissances contractantes les améliorations que comporte l'organisation actuelle de la principauté. »

Ainsi l'Europe entière reconnaissait la principauté serbe. On était loin du temps où Napoléon souhaitait la restitution de la Serbie à la Sublime-Porte!

Kara-Georgevitch eût pu profiter de ce traité pour consolider à jamais sa dynastie. Mais, depuis le renvoi de Garaschanine, sa politique était devenue aussi impopulaire que l'était jadis celle de Milosch. Au grand chancelier avaient succédé d'insolents favoris, les Nénadovitch. Milosch avait le colonel Hodges; Alexandre eut le consul général d'Autriche, Radosawliévitch, qui le trompait par le mirage de l'hérédité : aussi, places, dignités, charges lucratives, tout était réservé aux Nénadovitch et aux amis du consul général, insulte perpétuelle à la nation! On avait murmuré pendant longtemps, on se mit à conspirer. Des sénateurs, des hauts fonctionnaires, des knèzes, Stéphanovitch, président du sénat, Kreko Raïovitch, président de la cour de cassation, entrèrent dans ce complot : il s'agissait de renverser Kara-Georgevitch et de rappeler Milosch. Le complot fut découvert, l'instruction qui suivit cette découverte fut secrète, le bruit se répandit que des tortures avaient été infligées; puis tout à coup on apprit la condamnation à mort de la plupart des conjurés. L'émotion fut grande, non-seulement en Serbie, mais dans toute l'Europe (1857). Le sultan, se faisant l'organe des réclamations présentées par les ambassadeurs de France et d'Angleterre, défendit au prince de faire procéder à l'exécution des condamnés. Alexandre, furieux, changea leur peine en celle des travaux forcés à perpétuité; l'agitation continua; à la vue de ces hommes traités comme de vils malfaiteurs, de violentes rumeurs s'élevèrent, on se découvrait sur le passage des condamnés. La Porte, justement inquiète, envoya deux commissaires pour recommencer l'instruction du procès; le peuple les accueillit avec transport; Ethem-Pacha et Kabouli-Effendi adressèrent un rapport au sultan, et la peine des travaux forcés fut changée en celle du bannissement. L'affront fait au prince était cruel, mais le peuple refusa de s'en contenter. Il fallut que le prince renvoyât ses ministres, et appelât, pour former un nouveau cabinet, les chefs du *parti national.* Elie Garaschanine fut nommé ministre de l'intérieur, et le vieux Voutchitch président du sénat.

Il était temps que des hommes capables fussent appelés à présider aux destinées de la Serbie. Les abus que le congrès de Paris avait eus en vue, en rédigeant le fameux protocole XIII, n'avaient été corrigés en rien : les Turcs qui habitaient les villes, dont les garnisons ottomanes occupaient les forteresses, continuaient à être soumis à une juridiction particulière, source perpétuelle de difficultés pour la police serbe; le hatti-chérif de 1830 et le firman de 1833, qui interdisaient le séjour de la Serbie à tous les Musulmans, sauf à ceux qui composaient les garnisons, continuaient également à n'être pas observés. M. Saint-Marc-Girardin s'étonne quelque part que le caractère simple et généreux des Turcs ne fût pas plus sympathique aux Serbes; mais il y avait autre chose que Turcs et Serbes, il y avait Musulmans et Chrétiens. De là des rixes et des disputes sans cesse renouvelées. Bientôt, un grave événement excita l'attention de l'Europe. Le 7 juin 1858, M. de Fontblanque, consul-général d'Angleterre à Belgrade, fut assailli par un soldat turc qui l'aurait assassiné, sans l'intervention de plusieurs bourgeois serbes ; le consul se retira dans son hôtel ; un détachement turc essaya d'abattre le drapeau anglais qui flottait à la porte du consulat. Garaschanine indigné avait averti le commandant turc de ces odieux excès : les misérables qui avaient attaqué M. de Fontblanque, étaient soumis à la juridiction ottomane, ils ne furent pas poursuivis. Un pareil scandale ne pouvait être toléré plus longtemps. Un rapport fut envoyé à lord Malmesbury qui demanda la mise en jugement des soldats turcs, qui s'étaient rendus coupables de cette odieuse violation du droit des gens. En même temps Garaschanine et Voutchitch insistèrent auprès de Kara-Georgevitch pour la prompte convocation d'une skouptchina (1858).

C'était la première skouptchina qui se réunissait, depuis que l'élection du prince avait été confirmée sur la demande du gouvernement russe. Une nouvelle loi électorale était devenue nécessaire; une commission spéciale fut nommée, et la loi fut votée par le sénat au mois de novembre. Elle établissait en principe que tout Serbe est électeur à l'âge de vingt-cinq ans, et éligible à trente; les ecclésiastiques et les fonctionnaires publics ne sont ni électeurs, ni éligibles; l'élection est directe dans les campagnes et à deux degrés dans les villes; les procureurs aux Cours de cassation et d'appel, les archiprêtres des cercles, sont de droit membres de la skouptchina; les députés sont inviolables pendant la session, et ne peuvent dans la suite être poursuivis pour leurs votes; le vote est public; l'assemblée délibère sur les propositions du gouvernement; ses décisions doivent être sanctionnées par le sénat et par le prince; la skouptchina nomme elle-même son président et son bureau [1].

1. *Annuaire des Deux-Mondes,* 1858-1859.

Les élections eurent lieu le 28 novembre. Partout l'opposition triompha. La Porte et Alexandre, devenu son plus fidèle allié, protestèrent, prononcèrent le mot d'illégalité. Les Serbes passèrent outre.

Le 30 novembre, jour de la Saint-André, l'assemblée se réunit pour la première fois. Son premier acte fut de voter une adresse de remerciements aux puissances signataires du traité de Paris; puis, irritée des récentes manœuvres de la Porte et de son envoyé Kalméli-Effendi, elle protesta publiquement et donna acte au prince lui-même de cette protestation hardie.

Quelles étaient alors les intentions de Kara-Georgevitch? Il est difficile de le dire avec certitude. Mais la skouptchina redoutait un coup d'État; les relations du prince avec Kalméli-Effendi l'inquiétaient et inquiétaient la nation. L'assemblée se décide à une audacieuse initiative; elle rédige contre le prince un véritable acte d'accusation, très-énergique et très-passionné; elle lui reproche l'irrégularité de ses rapports avec le sénat, les retards apportés à la convocation de la skouptchina, l'extradition des réfugiés polonais sur la demande du consul autrichien, l'insolente faveur des Nénadovitch, les intrigues nouées avec la Turquie. Ce n'est pas tout; l'assemblée nomme une commission de dix-sept membres, représentant chacun un district, et qu'elle charge de veiller au salut de la patrie.

Ainsi s'annonçait par une imposante manifestation la

révolution qui devait rappeler en Serbie la dynastie des Obrénovitch.

A peine élue, la commission des dix-sept se réunit. Le mandat qui lui avait été imposé lui traçait la conduite à tenir d'une manière évidente. Le jour même elle somma Alexandre Kara-Georgevitch, prince de Serbie, d'abdiquer la couronne qui lui avait été accordée par la confiance du peuple. Le prince refusa d'abdiquer; la commission insista. « La révolution, lui dit-elle, a suivi jusqu'ici une marche pacifique; la nation pourrait bien avoir recours aux armes. » — « Dans ce cas, reprit Alexandre, la constitution me commande de soumettre votre demande à mes ministres. » La commission se retira et informa la skouptchina de la réponse du prince; une députation fut envoyée sur-le-champ au sénat et à Garaschanine. Le prince, effrayé des progrès de la révolution, quitta le palais et se réfugia dans la forteresse occupée par les Turcs.

La skouptchina ne demandait pas mieux : elle proclama la déchéance d'Alexandre et institua un gouvernement provisoire, sous la présidence d'Elie Garaschanine. Il s'agissait de nommer un successeur à Kara-Georgevitch; nul ne songea au fils d'Alexandre; quelques amis de Voutchich prononcèrent le nom du vieux chef du parti national; mais la grande majorité décida le rappel de la dynastie des Obrénovitch et, à la presque unanimité, elle déclara que la couronne serait offerte au prince exilé en 1839, à Milosch, dont le despotisme avait été oublié, mais dont la glorieuse insurrection de 1815 était dans toutes les mémoires; l'hérédité que la Porte lui avait conférée par le bérat d'investiture, était rétablie également. Tout le sens de la nouvelle révolution est dans ces derniers mots du décret de la skouptchina.

Pendant qu'Alexandre se décidait à abdiquer et quittait la forteresse turque, une nombreuse députation se rendait à Bucharest, où Milosch avait passé le temps de son exil. Pendant ces vingt années, les idées du vieux despote avaient changé; certes, il n'avait pas tout oublié et n'avait pas tout appris : mais l'influence de sa femme Lioubitza l'avait conduit à la théorie de l'alliance française; pas un instant il n'avait douté que le peuple reviendrait à lui, et alors, disait-il, il reprendrait en Serbie le rôle de Méhémet-Ali en Turquie d'Asie. Milosch se mit immédiatement en route, après avoir reçu les félicitations du czar et de l'empereur Napoléon; l'Autriche se maintenait d'abord sur la réserve; quant à la Porte, après avoir hésité quelque temps, elle accordait l'investiture, mais sans faire mention de l'hérédité de la couronne serbe. En même temps, Kabouli-Effendi avait invité Milosch à nommer un lieutenant-général de la principauté; le prince nomma Mischalovitch, vice-président du sénat. Cette prompte déférence satisfit le sultan et il écrivit à Milosch, le dispensant, à cause de son grand âge, de venir à Constantinople, faveur bien inutile au fond, car, en vertu des anciens firmans, le prince de Serbie n'était nullement obligé de se rendre à Stamboul. L'Autriche fut bientôt seule à ne pas cacher son hostilité contre

Milosch; elle défendit à la compagnie du Danube de mettre un seul de ses bateaux à la disposition du prince.

Milosch voyagea par terre. Son trajet et son entrée à Belgrade ressemblèrent à un triomphe; le peuple serbe avait perdu le souvenir de ses exactions et de sa tyrannie d'autrefois, et le langage de Milosch ne fit qu'augmenter son enthousiasme: « Dieu et ma nation, dit il, m'ont comblé de toute espèce de biens; je n'ai donc plus besoin de me mettre en peine le moins du monde pour moi et pour ma famille. — Mon unique soin à l'avenir sera de vous rendre heureux, vous, mes frères, et vos enfants, qui sont les miens, et *que j'aime autant que mon fils unique, votre héritier présomptif du trône, le prince Michel.* » De bruyants applaudissements accueillirent ces dernières paroles, véritable défi à l'adresse de la Porte. Des lettres furent adressées à tous les cabinets de l'Europe, où Milosch annonçait sa restauration au trône de Serbie (décembre 1859). Le cabinet de Vienne répondit en signifiant aux puissances signataires du traité de Paris, que les troupes autrichiennes avaient reçu l'ordre d'occuper la forteresse de Belgrade, si la frontière turque était menacée par les Serbes.

Milosch s'attendait à cette hostilité de l'empereur d'Autriche, qui, par l'abdication d'Alexandre, perdait toute influence à Belgrade. Mais cette dernière déclaration, motivée, disait le ministre autrichien, sur une demande de la Porte, produisit dans tout le monde diplomatique une vive agitation. Le divan s'empressa de désavouer l'empereur et de rappeler le texte formel de l'article 29 du traité de Paris. Quelques jours plus tard, les paroles adressées le 1er janvier par M. de Hübner à Napoléon III augmentèrent l'émotion. Alors Milosch agit avec la plus grande hardiesse et affecta une complète indépendance. Des mesures sévères furent prises contre les sujets autrichiens résidant en Serbie, une députation fut envoyée au prince de Monténégro, l'agence à Bucharest rétablie. Enfin, dans le courant du mois d'août, le prince convoqua une nouvelle skouptchina.

L'assemblée, élue conformément à la loi de 1858, se réunit à Kragoujévatz le 8 septembre. Milosch assista à toutes ses séances : il s'agissait de régler d'une façon définitive la transmission de la couronne et les rapports du prince avec le pouvoir législatif. La discussion fut calme et sérieuse : la skouptchina commença par abolir la loi du 5 mai 1858, puis elle décida que la dignité princière serait désormais héréditaire dans la famille Obrénovitch; qu'en cas d'extinction le prince aurait le droit d'adopter un Serbe de famille honorable et appartenant à la religion grecque; la majorité du prince fut fixée à dix-huit ans; pendant sa minorité, le pays serait gouverné par un conseil de régence choisi parmi les sénateurs et les présidents des cours d'appel et de cassation; dans le cas où le prince viendrait à mourir sans désigner d'héritier, la skouptchina se réservait le droit d'élection.

Milosch demanda au sultan la confirmation de la nouvelle loi constitutionnelle; le grand vizir répondit que la dignité de la Sublime-Porte se trouvait à chaque instant compromise par des révolutions qui changeaient ou supprimaient les titres accordés par elle; que par conséquent le divan était résolu à ne pas ratifier les résolutions de la skouptchina.

Ce refus catégorique irrita Milosch; mais au lieu de rompre avec la Porte, l'habile politique lui adressa un long mémoire sur les questions pendantes entre les deux nations.

« La Serbie, disait-il, ne demande pas de nouvelles concessions, elle demande purement et simplement l'exécution des hatti-chérifs et bérats de 1830, 1833 et 1838. Que dit, en effet le hatti-chérif de 1830 dans ses articles 12 et 15 : — Les voïvodes et les moselmi turcs n'existeront plus que dans les places fortes, la juridiction du pays étant désormais confiée au prince. — Défense est faite aux Musulmans, qui n'appartiennent pas aux forteresses, de séjourner en Serbie.

» Ces dispositions ont-elles été obéies? Les misérables qui ont assailli M. de Fontblanque ont-ils été châtiés? Faut-il rappeler encore le firman de 1833 qui accordait un délai de cinq ans aux Musulmans désignés dans l'article 15 pour quitter la Serbie, firman dont pas un sujet de la Sublime-Porte n'a tenu compte ?

» Reste une troisième question très-importante, au sujet de laquelle l'oustav inattendu du 5 mai 1858 est en pleine contradiction avec le hatti-chérif de 1830. C'est la question des rapports du prince avec le sénat. Il suffira de rappeler l'article 3 du célèbre hatti-chérif, article ainsi conçu :

» Le prince continuera, au nom de ma Sublime-Porte, à administrer les affaires intérieures du pays d'accord avec l'assemblée des notables serbes.

En résumé, ce que la Serbie réclame, c'est la reconnaissance de l'hérédité de ses princes, l'application rigoureuse du firman de 1830, l'abolition de l'oustav de 1838. »

C'est le 7 mai 1860 que la lettre de Milosch fut remise au sultan. La réponse impériale arriva à Belgrade le 3 août.

« La Serbie, disait-elle, a le droit d'élire ses princes; la Porte ne conteste pas ce droit. Elle a confirmé le choix de Milosch, elle confirmera celui de Michel. Mais elle ne saurait faire d'autres concessions. Quant au séjour des Musulmans dans la Serbie, libre au prince de s'entendre avec le pacha de Belgrade pour établir des règlements qui ne soient pas en contradiction avec les lois organiques; d'ailleurs, la Porte est toute disposée à accepter la décision d'une commission nommée moitié par le sultan, moitié par le prince. Mais quelle raison la Serbie a-t-elle pour demander l'abolition de l'oustav de 1858 ? Le divan n'en voit aucune, et il est résolu à le maintenir. Les Serbes ne doivent pas oublier que si l'administration intérieure leur appartient, le mode de gouvernement et d'administration dépendent essentiellement du sultan en sa qualité de suzerain »

Cette réponse était une fin de non-recevoir. Milosch se décida à passer outre. Le 22 août il déclara que le peuple serbe et lui regardaient toutes les dispositions contenues dans le mémorandum du 7 mai 1860 comme des droits acquis et irrévocables.

Le vieux prince avait consacré tout ce qui lui restait de force et d'énergie à cette négociation avec la Porte. Un mois après, le 26 septembre, il expirait, fier de son triomphe et de la défaite infligée aux prétentions turques Son fils Michel lui succéda et prit le titre de Michel Obrénovitch III. L'avénement du jeune prince excita l'attention de l'Europe.

« En vertu de la bonté de Dieu, dit-il, et des vœux de la nation serbe, conformément au hatti-chérif impérial de 1830 et à la loi de 1859, qui règle la succession du trône, j'ai pris spontanément le gouvernement de l'État en ma qualité de prince héréditaire. »

Le sultan fit répondre par son envoyé extraordinaire :

« Le prince Milosch Obrénovitch étant décédé, et le peuple ayant, lors de la réinstallation de ce prince, manifesté le vœu qu'après lui la dignité princière fût acquise à son fils Michel, en vertu de la décision que ma Sublime-Porte a communiquée à cette époque aux grandes puissances garantes, nous avons conféré à celui-ci, et nous lui conférons aujourd'hui l'investiture de la dignité princière. » — « M. le colonel, reprit aussitôt Michel, en recevant de vos mains le haut bérat impérial, je vous prie d'assurer Sa Majesté que, fidèle à la tradition de ma dynastie, je ne cesserai pas de professer les sentiments de loyauté et de dévouement envers le haut suzerain de la Serbie, en même temps que je régnerai toujours en prince jaloux de maintenir les institutions et les droits de ma nation. »

Le nouveau prince réveillait les plus généreuses espérances. Tout le monde se souvenait des nobles efforts qu'il avait tentés dans son premier règne, de sa hardiesse vis-à-vis de la Porte, des réformes qu'il avait entreprises avec trop d'ardeur peut-être, mais avec le plus sincère amour du peuple, de la grandeur d'âme avec laquelle il avait préféré l'exil aux tristes victoires d'une guerre civile. Comme toute la jeune génération de la bourgeoisie serbe, il avait parcouru l'Europe, il était allé chercher l'instruction à Berlin, à Heidelberg, à Londres, à Paris surtout qu'il regardait comme une seconde patrie. Michel était un homme tout moderne par l'esprit, par l'instinct et le goût. Son règne devait être l'avénement des idées nouvelles; il annonça que désormais la loi serait la seule autorité en Serbie. Admirable programme que plus d'un État de l'Europe occidentale pourrait emprunter au fils de Milosch!

L'énergique langage tenu par Michel au représentant turc n'avait pas peu contribué à augmenter l'irritation du gouvernement ottoman. Le grand vizir maintenait le mémorandum du 3 août; et de son côté le prince persistait dans la politique inaugurée par son père dans le décret du 22 du même mois. Mais il importait aux yeux de l'Europe de rendre légitime, ou plutôt légale, la nouvelle situation faite à la Serbie; Michel le comprit et envoya Garaschanine à Constantinople pour régler avec le sultan les deux questions qui étaient le principal objet de la fameuse note du 7 mai.

Pendant que Garaschanine se rendait à Constantinople et entamait de pénibles négociations, d'importants événements se produisaient, qui rendaient plus nécessaire encore la prompte conclusion d'un traité entre les deux puissances. C'était l'époque de la guerre monténégrine qui se termina par la glorieuse bataille de Grahovo; Omer-Pacha avait déchaîné contre la Montagne Noire et les provinces voisines une horde de Tartares, dont les ravages répandaient en tous lieux une profonde épouvante; des milliers de Bulgares avaient pris la fuite et étaient allés implorer la protection des Serbes. L'aspect de ces chrétiens, si odieusement persécutés par la Porte, avait produit dans toute la Serbie une vive émotion; on répétait les fortes paroles de Lioubitza à M. Blanqui : « Tous les Slaves sont frères, le temps est venu de débarrasser notre religion de ses oppresseurs. » Dès le 3 juillet 1861 M. Christich adressa à ce sujet à la Sublime-Porte une note des plus virulentes, demandant au sultan d'accorder une amnistie complète aux Bulgares et Bosniaques réfugiés en Serbie. Le sultan céda ; mais les réfugiés adressèrent une députation à Michel, le suppliant de ne pas les renvoyer chez eux, avant qu'on leur eût rendu leurs autorités nationales et chrétiennes. Le prince hésitait, lorsqu'un nouvel acte de violence d'Omer le força à se faire le protecteur déclaré des populations soumises encore au joug ottoman. Comme la guerre continuait dans le Monténégro et la Bosnie, un millier de nouveaux émigrants bulgares se dirigèrent vers la Serbie, poursuivis par les Turcs, qui les surprirent au moment même où ils franchissaient la frontière : il y eut du sang versé. A cette nouvelle l'irritation à Belgrade fut à son comble ; des groupes furieux se répandirent dans les rues, demandant au prince de venger le massacre de leurs frères. Le 17 avril 1862, Michel autorisa par une loi l'établissement en Serbie des familles réfugiées, et convoqua une skouptchina pour les premiers jours de l'été.

Les élections pour la skouptchina se firent au milieu d'une agitation universelle ; partout on s'attendait à une guerre prochaine contre la Turquie, et la skouptchina elle-même semblait disposée à trancher par les armes la question que les diplomates n'avaient pu résoudre. Aussitôt réunie, elle vota la prompte organisation d'une milice nationale, en état de porter les armes, et destinée à venir en aide à l'armée régulière. Michel ne voulut pas se laisser devancer par l'opposition naissante : il se mit lui-même à la tête du mouvement, appela Marinovitch à la présidence du sénat, et Elie Garaschanine à la haute dignité de *Predstavnik*. La Turquie protesta contre ces mesures et adressa sa protestation à toutes les puissances signataires du traité de Paris ; la France, la Russie et la Prusse répondirent en approuvant entièrement la conduite du fils de Milosch; seuls, lord Palmerston et le ministère autrichien soutinrent les réclamations de la Porte, et l'agent anglais à Belgrade eut l'audace de menacer Michel. Elie Garaschanine n'était pas homme à se laisser intimider; il adressa sur-le-champ à MM. Longworth et Vassitch une lettre très-énergique où il établit la parfaite légalité des mesures prises par le prince et la skouptchina. Ainsi l'alliance française, qui avait triomphé dans le Monténégro, allait triompher également en Serbie. M. Thouvenel appliquait rigoureusement les beaux principes de M. Guizot sur la question d'Orient : « Maintenir l'empire ottoman pour maintenir l'équilibre européen, disait l'ancien ministre de Louis-Philippe [1], et quand par la force des choses, par le cours naturel des faits, quelque démembrement s'opère, quelque province se détache de cet empire en décadence, favoriser la transformation de cette province en une souveraineté nationale et indépendante, qui prenne place dans la famille des États et puisse servir un jour au nouvel équilibre européen, voilà la politique qui convient à la France. » Quant à lord Palmerston, il renonçait, avec un aveuglement criminel, aux théories élevées de Richard Cobden qui avait supplié le parlement de soutenir, contre la Porte, les principautés danubiennes, la Serbie, toutes les populations chrétiennes, en prévision du jour, disait l'élo-

1. *Mémoires pour servir à l'histoire de mon temps*, t. V.

quent orateur, où l'on verra l'Europe *quarrelling over the carcass of Turkey* [1].

Telle était la situation, lorsque tout à coup une nouvelle sinistre se répand : en pleine paix, au mépris du droit des gens, le commandant de la garnison ottomane a bombardé la ville de Belgrade, une guerre épouvantable est sur le point d'éclater en Serbie. Quelque incroyable que fût une pareille violence, elle n'en avait pas moins été commise, et de sinistres rumeurs en rejetaient la responsabilité première sur le gouvernement britannique. Voici ce qui s'était passé. La commission mixte, dont le sultan avait proposé la convocation dans la lettre impériale du 3 août, venait de se réunir à Belgrade, et Ali-Pacha avait désigné Saïd-Pacha comme plénipotentiaire turc. Déjà, pendant les premières séances de la commission, des rixes s'étaient élevées dans la ville entre les citoyens et des soldats de la garnison ; les coupables ne furent pas poursuivis, les rixes redoublèrent de violence, et le 16 juin, au soir, un jeune Serbe qui puisait de l'eau à une fontaine fut tué par un sergent turc. Cette fois le gouvernement était décidé à sévir, et le président Marinovitch envoya sur les lieux un drogman accompagné de plusieurs gendarmes ; la police turque accourt et fait feu sur le détachement serbe. Aussitôt la ville se soulève ; deux corps de garde extérieurs sont occupés

1. Chambre des communes ; session 1862-1863. *The debate on Turkey.*, p. 96.

par la garnison ottomane ; des coups de fusil sont échangés de tous côtés. Au bruit de la lutte M. Garaschanine se précipite hors du palais, se jette au milieu des combattants et parvient à calmer les Serbes. Lâchement, les Turcs tirent à bout portant sur l'escorte du vaillant ministre et tuent un officier à ses côtés. Le tumulte redouble. Alors le consul de France intervient avec une remarquable vigueur : le commandant de la forteresse s'engage à retirer ses troupes des deux corps de garde, pourvu que Garaschanine couvre leur retraite dans la citadelle, et assure dans la ville même le respect des personnes et des propriétés turques. Aussitôt le calme renait, les deux partis semblent décidés à respecter la trêve ; les boutiques rouvrent, le mouvement reprend. Mais tout à coup les canons de la forteresse commencent à tonner, pendant cinq heures les bombes incendiaires pleuvent sur la malheureuse ville ; les édifices publics, le palais de l'archevêque, les maisons particulières sont criblés de boulets. L'intervention des consuls étrangers parvient seule à mettre fin à ce sinistre bombardement d'une ville ouverte.

A peine le consul français à Belgrade, l'intrépide Eugène Tastu, eut confirmé au ministre des affaires étrangères, que M. Drouyn de Lhuys proposa aux puissances signataires du traité de Paris, la réunion d'une conférence à Constantinople, pour aviser au moyen de prévenir de pareils attentats. Déjà la Porte avait envoyé à Belgrade deux commissaires, Ali-Bey et Ahmet-Vepyk-

Pacha, chargés d'ouvrir une enquête et d'adresser de leur côté un mémorandum aux principales cours de l'Europe. La conférence se réunit le 6 août, et dès la première séance, tous les plénipotentiaires, *sauf MM. Longwapt et Vassitch*, condamnèrent formellement la conduite de la Turquie. Le lendemain, l'ambassadeur anglais, sir Henry Bulwer, déposa un projet en douze articles, absolument favorable à la Porte et dont le cynisme politique excita les plus vives protestations ; on peut s'en faire une idée, par le texte de l'article 6 :

« La Porte prend l'engagement vis-à-vis des grandes puissances *de ne recourir à la mesure du bombardement de la ville, que dans le cas où la citadelle serait attaquée,* et alors un signal déterminé donnera l'avertissement nécessaire aux consuls douze heures à l'avance. »

L'ambassadeur de France, M. de Moustier, protesta avec toute son énergie, et déposa un contre-projet qui blâmait en termes explicites le bombardement de la ville, demandant l'évacuation de la citadelle par la garnison turque, ou pour le moins, des garanties consistant dans une déclaration officielle des intentions de la Porte, dans la destruction des ouvrages avancés et la diminution de l'effectif de la garnison. Les plénipotentiaires russe et italien appuyèrent M. de Moustier; les plénipotentiaires autrichien et turc votèrent avec sir Henri Bulwer ; le ministre de Prusse ne dit pas une seule parole, pendant toute la durée de la conférence [1]. Enfin, après dix jours

1. *Annuaire des Deux-Mondes*, 1862-1863, p. 656.

de discussions animées et de concessions mutuelles, on convint d'un protocole en douze articles, qui fut communiqué au prince Michel.

ARTICLE 1 : Le gouvernement ottoman transférera en toute propriété au gouvernement serbe à la charge par lui d'en indemniser les propriétaires, tous les terrains des maisons appartenant aujourd'hui à des Musulmans dans le faubourg de Belgrade : les Serbes ne pourront, sur ce terrain, élever aucun ouvrage militaire. — ART. 2 : Rectification de l'esplanade de la citadelle — ART. 3 : Le gouvernement serbe prendra soin de faire restituer en nature ou en valeur tous les objets mobiliers que les Musulmans ont laissé chez eux avant de se retirer dans la citadelle ; pareilles indemnités seront accordées par le gouvernement ottoman aux Serbes lésés. — ART. 4 : La Porte proteste qu'on ne saurait concevoir avec le moindre fondement la crainte que la citadelle de Belgrade puisse servir à porter atteinte aux immunités reconnues de la Serbie. — ART. 5 : Le nouveau périmètre de l'esplanade sera tracé par une commission mixte, composée d'un officier désigné par chacune des puissances garantes, et d'un officier ottoman. — ART. 6 : Démolition des forteresses de Sokol et d'Oujitza, réputées inutiles. — ART. 7 : Limitation du nombre des soldats composant la garnison turque. — ART. 8 : Le gouvernement serbe assure une liberté complète et la vente des propriétés musulmanes en Serbie, conformément au hatti-chérif de 1830. — ART. 9 : Règlements imposés au commandant turc à Belgrade. — Art. 10 : Dissolution des corps d'armée recrutés en Serbie parmi les étrangers domiciliés (Bulgares et Bosniaques). — Art. 11 et 12 : Confirmation des articles 20 et 29 du traité de Paris.

Ce n'était point là le traité qu'attendaient le prince Michel et le peuple serbe. Le prince protesta tout en acceptant le protocole; M. Garaschanine s'appliqua à resserrer les liens qui unissaient la France à la Serbie et remercia M. de Moustier, tandis que le plus vif mécontentement se manifestait en tous lieux contre l'Angleterre et sir Henry Bulwer; mécontentement qu'augmentèrent encore la conduite du représentant anglais à la commission mixte, une lettre insolite de lord John Russell au prince serbe, et la correspondance de M. Longworth publiée dans le *Blue-Book*. M. Garaschanine répondit avec la plus grande vivacité; M. Lazard et lord Palmerston prirent alors la parole à la chambre des Communes pour expliquer leur conduite à la conférence de Constantinople, et répudier plus que jamais la politique de Cobden. M. Christitch, ministre de l'intérieur en Serbie, riposta à son tour, et démentit formellement les assertions du cabinet anglais.

Malgré ces graves préoccupations, la skouptchina n'en persista pas moins dans le système de réformes libérales inauguré par le prince. Sur la proposition de M. Christitch les impôts furent réglés d'une façon définitive et qui faisait entièrement disparaître l'ancien arbitraire : le *porése*, ou contribution personnelle, fut fixé de 25 à 30 francs, par personne, payable au trésor, moitié par capitation, moitié par contribution foncière ; une commission spéciale déterminait la répartition ; le tabac et le sel furent également frappés. En même temps d'importantes améliorations étaient réalisées par le ministre de la guerre et des travaux publics, le colonel français Mondain, et par son éminent successeur, Milivoï Pétrovitch : 412 kilomètres de routes nouvelles furent ouvertes ; le brigandage fut énergiquement réprimé ; l'armée permanente et la milice reçurent une organisation toute française ; l'effectif en fut porté à cinquante mille hommes. Une autre loi régla les rapports du gouvernement avec les émigrants de Bulgarie, de Bosnie et d'Herzégovine.

Cependant la commission mixte, instituée en vertu de l'art. 5 des préliminaires de Constantinople, s'était mise courageusement à l'œuvre, œuvre difficile et pénible, où les représentants de l'Autriche et de l'Angleterre, les colonels Hoffinger et Gardon, persistèrent dans la politique dont sir Bulwer avait donné l'exemple aux conférences du mois d'août ; de leur côté, les représentants de la France, de l'Italie et de la Russie, le colonel d'Andlau, et MM. de Charbonneau et Tideboeckl, défendirent avec persistance la cause de l'indépendance serbe contre les prétentions ottomanes. Mais l'irritation était vive à la cour et dans le peuple ; la fête du mois de juin 1865, cinquantième anniversaire de la révolte de Milosch, fut célébrée avec un tel éclat qu'elle sembla un solennel défi à la Porte et que les puissances étrangères interdirent à leurs consuls d'y assister ; quelques jours plus tard, la skouptchina disait au prince :

« Ce qui nous contriste le plus à voir, ce sont les canons des forteresses turques braqués sur les plus importantes de nos villes. Prince, tout progrès réel est interdit à la Serbie, aussi longtemps que les forteresses entretiennent le pays dans des craintes continuelles. »

Bientôt de nouvelles rumeurs vinrent augmenter l'agitation : le sultan, disait-on, allait céder à l'empereur d'Autriche d'importants territoires situés en Bosnie et en Herzégovine ; la guerre devenait de jour en jour plus probable et plus menaçante : Michel ne recula pas devant cette éventualité ; il passa à Passarovitz une grande revue, adressa aux troupes une brûlante proclamation et reçut du czar une lettre pleine d'encouragements. Les circonstances étaient graves ; le sultan y réfléchit sérieusement. Le traité de Constantinople ne suffisait plus à la Serbie, le prince Michel semblait décidé à faire disparaître les derniers vestiges de la domination turque, fût-ce même au prix d'une guerre sanglante. Dans ce cas quelle eût été l'attitude de l'Europe? les sympathies de la France, de la Russie et de l'Italie étaient connues ; l'Angleterre renonçait de plus en plus à toute action sur la politique continentale ; l'Autriche elle-même avait renoncé aux idées de M. Metternich et de son école, pour adopter les idées plus libérales de M. de Beust. Après le désastre de Sadova, l'Autriche, voyant son autorité en Allemagne détruite par la victoire de la Prusse, comprit que son avenir était sur les bords du Danube, dans un véritable *empire d'Orient*[1].

1. Œster-reich.

Aussi le président du nouveau cabinet, à peine en possession de son portefeuille, assura le prince Michel de toute l'amitié de l'empereur François-Joseph, et M. de Moustier, qui avait en France remplacé M. Drouyn de Lhuys aux affaires étrangères, insista à Belgrade dans le même sens. En présence d'une pareille situation, le sultan ne pouvait plus hésiter; il informa le prince Michel, par un firman solennel, que la Sublime-Porte faisait entière renonciation des forteresses occupées, mais désirait voir le drapeau ottoman continuer de flotter à côté du drapeau tricolore de la Serbie.

Cette décision, bien qu'elle n'eût été arrachée au sultan que par la crainte d'une lutte armée, fut accueillie à Belgrade avec le plus sincère enthousiasme. Ainsi, après un demi-siècle de sanglantes batailles et de luttes diplomatiques, la Serbie pouvait se vanter d'avoir conquis une entière indépendance ! Ainsi les citoyens cessaient d'être exposés aux insultes des soldats ottomans ! Ainsi les canons turcs cessaient à jamais d'être braqués sur les cités serbes, comme un perpétuel et superbe défi ! Aussitôt le prince Michel se rendit à Constantinople pour remercier le sultan. A son retour il passa par Bucharest, où il eut une entrevue avec le prince Charles de Hohenzollern ; il rentra à Belgrade en triomphe.

A ce moment la grande théorie du panslavisme commençait à préoccuper l'Europe. La cession de la Vénétie venait de compléter l'unité italienne ; M. de Bismarck, qui disait en 1847 à qui voulait l'entendre : « On fondra la couronne de Prusse, on n'en fera pas un diadème impérial, » venait, par la victoire de Kœnigsgratz et le traité de Prague, de jeter les fondements d'un nouvel empire germanique. Ces deux grandes entreprises, réalisées toutes deux dans une dizaine d'années, avaient enhardi les partisans de l'unité slave ; ce n'était plus maintenant une timide théorie, c'était une grande et puissante idée qui se discutait publiquement, qui comptait parmi ses partisans des hommes tels que Cyprien Robert, Alexandre Chodzko, Léopold Ranke, Édouard Laboulaye, Saint-Marc Girardin. Dans la Serbie même, Elie Garaschanine s'était fait le chef du parti qui ne considérait l'indépendance de la principauté que comme le premier pas vers l'unité de tous les peuples slaves. C'était toujours la généreuse conception de Lioubitza, mais mûrie par un vigoureux esprit, devenue plus pratique et plus réalisable. Le prince Michel commença par entrer dans les vues de son ministère ; il continua les armements, en dépit des protestations répétées d'Ali-Pacha ; il afficha vis-à-vis du sultan la plus complète indépendance, se dispensant d'aller à sa rencontre, lorsqu'à son retour de Paris (1867), Abdul-Aziz passa par Belgrade. Des bandes nombreuses se formaient, disait-on, pour envahir la Bulgarie et l'Herzégovine, et tendre la main aux enfants de la Montagne Noire : un instant même la guerre sembla sur le point d'éclater, lorsque sous les yeux de Mithad-Pacha et d'un consul autrichien, des soldats turcs égorgèrent à Routchouk le Bulgare Yvan Voïnof et le serbe Parlovitch, accusés de complicité avec les révoltés de la Bosnie. Mais la Porte était décidée à subir toutes les humiliations plutôt que de se risquer dans une guerre dont les conséquences pouvaient être désastreuses; aux réclamations de la skouptchina et de M. Garaschanine, le sultan répondit en désavouant la conduite de ses agents à Routchouk, et en accordant une indemnité à la famille de Zvetko Parlovitch. Les armements n'en continuèrent pas moins; en vain (1868) les cabinets de Paris, de Vienne, de Londres et de Berlin adressèrent au cabinet de Belgrade des protestations énergiques. La situation de la Serbie était alors celle de la France en 1610, lorsque Henri IV préparait l'entreprise grandiose qui eût achevé l'unité nationale et abaissé à jamais l'orgueil de la maison d'Autriche; un misérable assassin poignarda le grand roi la veille de son départ pour l'armée. Ce fut également par la main d'un assassin qu'expira le prince Michel.

Peu de temps après les événements de Routchouk, Elie Garaschanine avait quitté le ministère, où MM. Christitch et Pétroniévitch lui avaient succédé, sans le remplacer. Plusieurs causes avaient motivé cette retraite : M. Garaschanine aurait voulu profiter de l'occasion offerte par le meurtre de Zvetko pour commencer les hostilités contre la Turquie; mais le prince avait répondu qu'une déclaration de guerre serait intempestive, et serait condamnée par l'Europe dans cette circonstance. D'autre part le libéral predstnavik se faisait l'écho dans le cabinet du mécontentement causé à Belgrade par les rigueurs exercées contre la presse étrangère; à quoi M. Léchiarine, ministre de la justice répondait « que les politiques d'estaminet étaient seuls à demander des réformes. » M. Garaschanine avait aussitôt offert sa démission, mais le prince l'avait refusée, et le ministre aurait sans doute gardé son portefeuille, si une troisième cause de mécontentement ne lui avait pas été fournie par le prince lui-même.

Michel avait épousé en 1853 la comtesse Julie Huniady de Tékily; c'était une noble femme, pleine de courage et de dévouement. Malheureusement cette union était stérile, et après treize années de mariage, l'héritier présomptif de la couronne se trouvait être le petit-fils d'Ephraïm Obrénovitch, qui faisait alors ses études à Paris, au lycée Louis le Grand, sous la direction de M. Huet. Sur ces entrefaites et au retour d'un voyage de la princesse, Michel l'accueillit froidement, lui exprima le désir d'une séparation; ce fut une décision fâcheuse, le divorce du prince avec son bonheur. Bientôt des complications surgirent : Michel avait résolu de contracter une nouvelle alliance avec la comtesse Catherine Constantiniévitch, fille de sa cousine germaine Auka; mais Catherine était sa cousine au deuxième degré, et le mariage se trouvait ainsi prohibé par l'Église grecque. Le prince insista pour qu'une exception fût faite en sa faveur, M. Garaschanine s'y opposa avec une certaine vivacité. Michel s'obstina et le ministre lui remit sa démission.

Cependant, depuis quelques jours, de vagues bruits d'une conspiration contre le prince arrivaient jusqu'au palais; M. Léchiarine n'y fit pas attention, négligea d'en informer le prince. Ce fut une faute grave [1]. Le 10 juin, vers cinq heures du soir, Michel se promenait au Kochoutniah, « Parc aux cerfs. » Le prince s'engagea dans un sentier étroit; ses deux cousines le suivirent; plus loin venaient M. Svétozar Garaschanine donnant le bras à la Tomania, la mère de la comtesse Auka, et un valet de chambre du prince. Tout à coup trois hommes apparaissent, qui barrent le chemin; le prince avance, ils se rangent et saluent, le laissent passer, puis à l'instant même plusieurs coups de feu retentissent, et le malheureux prince tombe, frappé à mort. Éperdue, madame Auka se jette sur les assassins qui font feu sur elle, et la blessent mortellement; M. Svétozar accourt suivi du valet de chambre; ces deux hommes intrépides tirent leurs épées et fondent sur les meurtriers; de nouveaux coups de fusil sont tirés du hallier voisin; mademoiselle Catherine reçoit une blessure, et sanglante, hors de soi, se met à fuir à travers la forêt; la Tomania épouvantée rebrousse chemin. En vain M. Svétozar s'efforce de protéger le cadavre du prince, les assassins le repoussent, mutilent odieusement les restes ensanglantés de Michel, et prennent la fuite. Lorsque MM. Longworth et Engelhardt, consuls d'Angleterre et d'Autriche, accoururent sur les lieux au bruit de la fusillade, le cadavre du prince n'était plus qu'une masse informe; madame Auka râlait encore.

1. Perrot : L'avénement du prince Milan.

Belgrade et le pays tout entier furent plongés dans la consternation. A la première nouvelle de l'odieux attentat, Elie Garaschanine accourt au palais; il eut alors une parole antique; apercevant son fils et ignorant le courage qu'il avait déployé : « J'aimerais mieux te voir mort, lui dit-il, que survivant à ton prince sans avoir rien fait pour lui. » Le soir même, un gouvernement provisoire s'installait au palais et procédait aux mesures les plus urgentes.

Il s'agissait avant tout de proclamer le successeur de Michel; la loi du 20 octobre 1859 était formelle : « ..... à défaut de personne apte à la succession dans la ligne directe, disait-elle, l'héritage de la dignité princière passe à une branche collatérale, mais toujours en suivant l'ordre de primogéniture. » Le jeune Milan Obrénovitch se trouvait ainsi appelé à recueillir la succession du grand prince, qui avait fait de la Serbie un véritable *Piémont Oriental*. Les voix de quelques exaltés, qui prononçaient le nom de Nicolas Petrovitch, prince du Monténégro, se perdirent dans une acclamation unanime. Le ministre de la guerre, l'intrépide colonel Milivoïe Blasnovatz, n'hésita pas un instant; il rassembla les troupes et proclama Milan; la municipalité de Belgrade se prononça dans le même sens, et le gouvernement provisoire chargea M. Ristitch, alors à Berlin, d'aller chercher le jeune prince à Paris.

Trois jours après, les funérailles de Michel furent celébrées au milieu d'un concours énorme du peuple. La noble princesse Julie était accourue à Belgrade, à la première nouvelle de la mort de son époux. Le visage baigné de larmes, elle conduisait elle-même le deuil; les ministres, les consuls étrangers, les sénateurs, le comte Zichy, délégué par le cabinet de Pesth, le général de Gablenz, Ali-Bey suivaient le cercueil. Michel fut sincèrement pleuré; il avait les qualités de son père, sans en avoir les défauts; il aimait la liberté, il aimait la civilisation, il s'était fait le champion du panslavisme. Dès son premier règne, il avait eu l'occasion de déployer toutes ces généreuses vertus; mais il était alors trop jeune pour sa tâche; des réformes intempestives, le patriotisme exalté de sa mère eussent perdu le pays; il fut renversé par ceux-là mêmes qui, vingt ans plus tard, devaient être ses plus zélés serviteurs. Pendant son long exil, sa belle intelligence mûrit, il étudia, il voyagea beaucoup, il acquit une profonde expérience des hommes et des choses, qui ne lui enleva pas une inépuisable jeunesse d'esprit. Lorsque son père fut rappelé par la skouptchina, il le suivit à Belgrade, il adoucit par ses grâces et sa bienveillance ce que le vieux Milosch avait de rude et de farouche. Nous avons raconté la grande œuvre de son règne; la Serbie lui doit, et la confirmation de son indépendance, et une civilisation solidement établie. Lui-même, il ne cessa un instant de s'instruire, de travailler; il voyagea, il se rendit plusieurs fois à Paris puiser de nouvelles idées, de nouveaux principes, dans la conversation de ces hommes d'élite, diplomates, magistrats, avocats, historiens, journalistes; précieux trésor, que les étrangers seuls apprécient à son juste prix. La mort de Michel fut pour la Serbie un immense malheur; il fut frappé par de misérables assassins le jour où il allait tenter sa plus belle et sa plus périlleuse entreprise, l'union de tous les peuples slaves autour de la Serbie.

Le 20 juin, le prince Milan arriva à Belgrade. Un conseil provisoire de régence, composé de MM. Blasnovatz, Ristitch, Marinovitch et Gavrilovitch, convoqua immédiatement une skouptchina de quatre cents membres. Les élections se firent au milieu du plus grand calme, et le 2 juillet, l'assemblée se réunit à Belgrade. Elle commença à siéger dès sept heures du matin, vérifia les pouvoirs en moins de deux heures et entendit le rapport de M. Marinovitch sur les actes du gouvernement depuis la mort de Michel. La skouptchina avait maintenant une grave mesure à prendre : fallait-il procéder à l'élection du prince ou appliquer simplement, en dépit des intrigues de la Porte, la célèbre loi du 20 octobre? Ce fut à ce dernier parti que l'assemblée s'arrêta : Milan fut acclamé par la skouptchina tout entière : « La naissance l'a fait notre roi, s'écrièrent les députés, nous n'avons qu'à ratifier son avénement! » Le lendemain, les troupes prêtèrent serment, et le sultan reconnut Milan, tout en renouvelant les déclarations du hatti-chérif de 1830. Mais Milan avait quatorze ans à peine; la constitution investissait la skouptchina du droit de nommer un conseil de régence, pour gouverner le pays pendant la minorité du prince. On songea tout d'abord à M. Garaschanine; mais l'ancien ministre de Michel refusa, alléguant son grand âge et son besoin de repos. La skouptchina nomma alors MM. Blasnovatz, Ristitch et Gavrilovitch.

Le général Milivoïe Détrovitz Blasnovatz était un des hommes les plus distingués de la Serbie; entré très-jeune dans l'armée, il était capitaine à vingt-deux ans. Cependant le règne pacifique du prince Alexandre était peu propice à sa carrière; il s'engagea dans l'armée autrichienne, servit avec éclat dans la guerre contre la Hongrie sous le commandement du général Knitzanine, et, la paix faite, se rendit en France où il fut reçu à l'école militaire de Metz. A son retour en Serbie, le prince Michel l'appela au ministère de la guerre, et ce fut lui qui organisa la milice nationale, qui mit l'armée serbe sur un pied tout nouveau, arrachant au général Aupick cette exclamation : « Je ne puis concevoir cette organisation merveilleuse! Voilà un pays dont la superficie est à peine de 1000 milles carrés, dont la population n'est guère supérieure à un million d'âmes, et tout en n'ayant que deux mille hommes d'armée permanente, il peut mettre sur pied en trois semaines cent mille soldats complétement armés, et cent cinquante mille dans les moments de crises suprêmes; et quels soldats!... »

L'énergie avec laquelle le général Blasnovatz réalisa les réformes dont il fut chargé, l'activité qu'il déploya après le funeste attentat du 10 juin, son courage, sa grande probité, le désignaient aux unanimes suffrages de la skouptchina. C'est le général Blasnovatz qui a été le membre le plus important du conseil de régence; de ses deux collègues, l'un, M. Jean Gavrilovitch était un beau vieillard de soixante-dix ans, fin diplomate, habile homme d'affaires, mais avant tout homme de lettres, plus fier de sa *Géographie de la principauté serbe*, que des faveurs du prince Michel et de son successeur; l'autre, M. Ristitch était un de ces jeunes Serbes qui étaient venus faire leurs études à Paris : chargé d'affaires à Constantinople, il avait pris une part active au congrès qui suivit le bombardement de Belgrade, et avait obtenu de la Porte le célèbre traité qui réglait l'évacuation des forteresses. Ce résultat inespéré lui valut une grande popularité; le prince lui adressa une lettre publique de félicitations et l'appela au ministère des affaires étrangères après la retraite de M. Garaschanine.

A peine institué, le nouveau gouvernement procéda à instruire le procès des meurtriers du prince Michel. Des arrestations importantes avaient été opérées, et dès les premiers jours le prince Alexandre Kara-Georgevitch fut vivement soupçonné d'être l'instigateur de l'assassinat. Avant même qu'aucun jugement eût été prononcé, la skouptchina vota contre le fils de Kara-Georges une résolution violente : « Qu'il soit maudit éternellement, lui et sa famille ! que jamais il ne remonte sur le trône serbe! que son extradition soit demandée! que tous ses biens soient confisqués!... » Les principaux assassins furent arrêtés et firent des aveux complets : les juges eux-mêmes furent effrayés. Assassiner le prince Michel, arrêter les ministres, briser les portes des bagnes et des prisons, livrer la ville au pillage et profiter de la terreur pour rappeler le fils de Kara-Georges, tel était le complot ourdi par une bande de vulgaires et cupides ambitieux. L'âme de cet infâme complot était un certain Paul Radovanovitch, depuis deux ans avocat du prince Alexandre, intrigant perdu de dettes et de débauches. Radovanovitch commença par nier les délations de son complice Lazare; le président du tribunal lui présenta une copie de la correspondance entretenue par lui avec le prince Kara-Georgevitch. Pourquoi s'était-il rendu vingt fois en Hongrie, où il avait eu régulièrement des entrevues avec Tripkovitch, secrétaire du prince? Paul répondit qu'il ne s'était agi que des affaires particulières du fils de Kara-Georges. Mais pourquoi alors une grande partie de sa correspondance était-elle chiffrée? Pourquoi une entente avec Salomon Nénadovitch, directeur du bagne, qui avait fourni le complot de forçats? « Eh bien oui, s'écria l'accusé avec une audace inouïe, eh bien, oui, je conspirais, mais ce n'était pas pour Alexandre qui n'est qu'un imbécile, je conspirais pour la république! » Les débats furent libres et publics; les accusés eurent le droit de choisir leurs défenseurs. Le verdict fut sanglant : dix-sept des conjurés furent condamnés à mort et exécutés. Toutefois le principal accusé demeurait absent, le gouvernement autrichien ayant refusé son extradition. Kara-Georgevitch était-il véritablement coupable? Le tribunal de Belgrade qui le jugea par contumace crut à sa culpabilité, et le condamna à vingt années de travaux forcés [1]. La cour judiciaire de Pesth qui, de son côté, instruisit le procès, rendit une ordonnance de non lieu. En présence de ces jugements contradictoires, il est difficile à l'historien de rien décider. Certes, les révélations des assassins, la correspondance entretenue avec Paul étaient de graves indices contre le prince Alexandre ; la faiblesse de son caractère pouvait d'ailleurs le mettre à la merci du premier intrigant habile, à exploiter le souvenir de son père, tué peut-être avec la complicité de Milosch. Mais d'autre part qui n'hésiterait à appliquer une si cruelle flétrissure au fils de Kara-Georges, au fils du héros qui le premier dans les forêts de la Schoumadia avait levé l'étendard de la révolution ?

Il n'entre pas dans notre cadre de retracer ici l'histoire de la régence et des débuts du règne du prince Milan. Hommes et choses sont trop rapprochés de nous pour que nous en puissions apprécier les véritables proportions. La régence, nous le disons ici et nous aurons l'occasion de le répéter plus loin, la régence fut pour la Serbie une halte, mais une halte utile et féconde. Le prince Michel avait de grands desseins. Quel en eût été le résultat si le poignard des assassins n'avait tranché le cours de cette belle vie, c'est un mystère où il n'est donné à personne de lire. La conception du prince était belle, elle était

1. La peine de mort ne pouvait être appliquée, remarque M. Perrot, car, pour qu'elle pût être appliquée, le code serbe exigeait implicitement soit aveu, soit flagrant délit constaté.

noble et généreuse, et cependant il est permis de se demander si elle n'était pas prématurée, si elle n'eût pas rencontré alors de redoutables, peut-être même, d'insurmontables difficultés.

Mais le problème avait été posé pour la première fois et il avait été posé par le prince Michel avec une fermeté qui étonna l'Europe : chaque peuple a son idéal qu'il poursuit, avait dit le prince, le peuple grec rêve le rétablissement de l'empire de Constantin, le peuple serbe rêve le rétablissement de l'empire de Douchan ; son programme n'a rien d'excessif : ce n'est pas l'unité slave, c'est à peine l'unité iougo-slave, c'est l'unité serbe qu'il revendique. — Est-ce là une vaine théorie spéculative? Je ne le crois pas, et dans les pays qui suivent je veux essayer de montrer que cette unité des Slaves du Sud a dans l'histoire et dans la constitution même de ces peuples de profondes racines.

Le poëte Kollar a dit : « Tous les peuples ont prononcé leur dernier mot; maintenant, Slaves, c'est à votre tour de parler. » Certes, les Slaves ont déjà parlé plus d'une fois; ils ont parlé, s'écrie Miçkiewicz, mais à leur manière, à coups de lance, à coups de canon : ils n'ont pas encore parlé pour l'Europe, pour l'humanité tout entière. Quel est l'avenir de la Serbie?

Un homme qui a foi en sa force triomphe des obstacles de la vie; il en est de même d'un peuple qui a foi en sa destinée. Or, c'est là précisément ce qui fait la grandeur du peuple serbe. Après la sinistre bataille de Kossovo, pendant de longs siècles d'esclavage, les Serbes ne se découragèrent pas un seul jour; ils se recueillirent, ils se préparèrent, ils se fortifièrent pour la lutte; puis seuls, sans l'appui matériel ou même moral de l'Europe, ils se soulevèrent contre leurs oppresseurs; ils conquirent et ne durent qu'à eux-mêmes la liberté. Le peuple qui a réalisé une telle entreprise, le peuple qui a produit un guerrier comme Kara-Georges, un grand politique comme Milosch, ce peuple n'a pas fini son rôle sur la scène du monde, et comme l'a dit le poëte slovaque, il n'a pas encore prononcé son dernier mot.

VIII

LA NATION SERBE. — LA POÉSIE SERBE.

On demandait à Miçkiewiez : « Qu'est-ce que les Serbes? » Le grand poëte de la Pologne répondit : « Un peuple destiné à être le barde et le musicien de toute la race slave. » Nous venons de voir que le peuple serbe a su être le soldat de la race slave, que c'est à lui sans doute qu'est réservée la gloire d'en réaliser l'unité. Mais la parole de Miçkiewiez n'en est pas moins vraie et profonde. Le caractère serbe est essentiellement poétique, et cette poésie ne se traduit pas seulement dans les pesmas, dans les hymnes nationaux qu'on accompagne sur la guzla; elle se retrouve encore dans la manière de comprendre la religion, dans les cérémonies du culte, dans les fêtes, dans l'organisation de la famille, dans les mariages, dans le courage héroïque au milieu des combats, dans les rêves d'un avenir meilleur. Si nous voulons chercher la cause de ce caractère des Slaves, nous n'avons qu'à jeter les yeux sur la contrée qu'ils habitent. Le peuple qui a la Serbie pour patrie, ne pouvait être, comme l'a dit Miękiewiez, qu'un peuple de bardes et de musiciens, et aux heures de danger national, un peuple de héros Les forêts sombres et profondes, les vallées brisées, les hautes montagnes avec leurs crêtes inaccessibles et leurs forêts de chênes, la Schoumadia, les rives accidentées des fleuves, toute cette nature sauvage et pittoresque, recèle et inspire des trésors de poésie. Écoutez les récits des voyageurs [1]. A Golumbaëz, sur le Danube, s'élevait jadis le château fort du haydouk Borutchouck; ce n'est plus aujourd'hui qu'une ruine : le fleuve, toujours tortueux et jaune, y précipite son cours, et de son lit sort une pyramide de rochers; les rochers sont nus, mais de la base au sommet l'œil étonné voit une succession de tours, de donjons, de terrasses, de remparts crénelés, de chemins couverts, jusqu'à l'extrême pointe couronnée par une tour ronde gigantesque. Lorsque le soleil se couche, la teinte rougeâtre des murailles et des rochers prend de fantastiques reflets; à l'horizon apparaît une sombre montagne, couverte d'arbres et coupée par d'énormes crevasses. Plus loin est une immense caverne que le fleuve a creusée dans le roc par un jour de colère; c'est la grotte de Saint-Sava, la grotte mystérieuse où le patriarche pria et rêva, où le

1. Lancelot, *De Paris à Bucharest*, ch. IX. Saint-Marc Girardin, Laboulaye, etc. Miękiéwiez : *Les Slaves*. — Louis Léger : *Le Monde slave*.

fleuve, pour ne pas troubler les pieuses méditations du prêtre, changea tout à coup son cours tumultueux en un courant calme et limpide. Dvoristi est auprès, où résida Milosch Kobilovitch : le jour de Kossovo, le héros arriva seul sur le champ de bataille : « Qu'as-tu fait des guerriers de Zachava? lui cria Lazare. — Sire, ils sont restés chez eux à labourer et à semer. — Qu'ils soient maudits, répondit le czar, et qu'ils ne récoltent jamais que ronces et épines, » et le vœu du czar se réalisa. Ici c'est une haute montagne au pied de laquelle s'élève un monastère, entouré d'arbres séculaires; le soir, au clair de lune, on entend dans les chênes des voix mystérieuses, qui parlent de Marko et de Lazare, et parfois aussi de Miliga ou de la belle Félizo. Là, c'est le confluent de deux fleuves; au milieu des herbes humides viennent se baigner les buffles, tandis que les vautours battent l'air de leurs ailes sinistres. C'est alors que le pâtre solitaire murmure le chant d'Ilia Similianitch : « On gémit douloureusement dans les prairies. Qui se plaint ainsi? Est-ce une vila? Est-ce un serpent?... » Comment le peuple qui habite cette terre de la Serbie, ne serait-il pas un peuple de poëtes?

La vie du Serbe est simple et rustique. Dans les vallées, sur les bords des lacs et des ruisseaux, s'étendent les villages serbes, aux maisons isolées les unes des autres. La plupart de ces maisons sont bâties en plâtre; le toit est de chaume; au milieu est la pièce principale avec le foyer de famille. Le Serbe tient au passé, il en a conservé pieusement les traditions; comme aux temps primitifs, la famille est tout. En général — l'histoire le montre, — à mesure que se développe un État, à mesure que son unité s'affermit, la famille perd de sa force, l'autorité du père de famille se trouve resserrée en des limites précises par le droit public, et ce droit spécial, le *jus familiæ*, disparait peu à peu. C'est le spectacle qui nous a été offert à Rome après la promulgation de la loi des douze tables; et ce même spectacle, toutes les races latines et germaniques nous l'ont offert tour à tour. Seules, les races slaves ont conservé le *jus familiæ*; aujourd'hui la *koutcha* existe encore, comme aux temps d'Étienne Nemanïa ou de Douchan.

La *koutcha* est chez les Serbes, ce que la *familia* était à Rome; littéralement, ce mot signifie maison. Il y a deux sortes de maisons : l'*inokostna*, c'est-à-dire la réunion de quelques têtes mariées; la *zodroigna*, réunion de plusieurs familles, placées sous l'autorité du père, appelé tantôt *stérachina*, le vieux, tantôt *gospodar*, l'hôte. Toutefois ce n'est pas à la tribu patriarcale qu'il faut comparer la famille, grave erreur que plus d'un a commise : la koutcha est essentiellement une association. Quand les enfants deviennent des hommes, lorsqu'ils se marient et que la demeure primitive est devenue trop étroite, le fils ne va pas dresser ailleurs sa tente; mais on construit une nouvelle chambre, puis deux, puis d'autres encore, et la maison, dit l'historien serbe, la maison s'allonge, si bien qu'on en voit qui forment toute une rue. Lorsqu'on étudie l'organisation de la koutcha, on se croit revenu aux primitives coutumes de la Germanie, dont Tacite fait un si magnifique éloge. Autour du père de famille se réunissent les fils avec leurs femmes et leurs enfants : ce sont les *tschéliade*[1]. Trente, soixante personnes se réunissent ainsi, vivent ensemble, travaillent en commun. C'est au staréchina que revient l'administration de la fortune, le soin de maintenir l'ordre dans la maison. En revanche, les tschéliade lui doivent une obéissance absolue. L'autorité du père est sacrée. Ce sentiment de la famille est si fort, que bien souvent le rôle de l'individu y disparaît entièrement; on a pu remarquer, dans le cours de cette histoire, que le fils fait toujours suivre son nom du nom de son père. Lorsque le gospodar devient vieux, il choisit parmi ses fils le plus sage, le plus prudent, qui n'est pas toujours le plus âgé, et lui remet le *staréchinstvo* : le nouvel élu jouit alors de toutes les prérogatives de son prédécesseur, entonnant le premier les chants sacrés et les prières, mangeant seul avec l'étranger. Si le père meurt avant d'avoir fait son choix, la koutcha se réunit en assemblée générale, et nomme elle-même son chef; si celui-ci se montre indigne de l'espèce de sacerdoce dont il est revêtu, la koutcha a le droit de le destituer et de lui nommer un successeur. Telle est cette organisation si simple et si primitive, dont l'étude peut jeter indirectement de vives lumières sur celles des *gentes* romaines; telle elle existe encore chez

1. Vouck, *Dict. serbe-allemand-latin*. Vienne, 1852.

les Serbes et les Croates. Le gouvernement la reconnaît ; parfois il lui apporte des modifications [1], mais qui n'altèrent en rien le principe fondamental.

A côté du grand sentiment de la paternité, celui de la fraternité est le plus développé chez les Serbes; il est si vif, remarque très-justement M. Laboulaye, qu'il jette dans l'ombre une passion qui chez nous étouffe tout autre sentiment. Le frère est fier de sa sœur, la sœur jure par le nom de son frère. On se souvient sans doute de cette scène touchante du pesma de Kossovo, quand Militza dit au czar Lazare : « Tu emmènes déjà avec toi neuf frères chéris, mes frères, les neuf Iugowitz, laisse-moi un seul de mes frères, un seul frère par lequel au moins puisse jurer sa sœur. » On voit la fiancée quitter ses frères, laissant tomber de ses yeux les larmes *comme les grains qui s'échappent d'une grappe trop mûre.* Ce n'est pas l'épouse qui pleure et qui gémit sur le cercueil de l'époux enlevé par la mort ; c'est à la mère et aux sœurs du défunt que revient le soin de ces derniers devoirs.

Écoutez la charmante chanson du malheureux Iowo [2].

« Le jeune Iowo va dans le haut de la maison et voilà que le plancher se brise, et Iowo se casse le bras droit.

1. V. l'ordonnance impériale et royale de l'empereur d'Autriche du 7 mai 1850, et les décisions du Landtag d'Agram en 1872.

2. Madame Voïart : *Chants populaires des Serviens* : *Le malheureux Iowo,* reproduit par M. Laboulaye : *Les Serbes p.* 135.

» Qui le guérira? C'est la vila de la montagne qui connaît si bien les plantes; mais la vila demande beaucoup.

» Elle demande, à la mère, sa blanche main droite; à la sœur, les tresses de ses cheveux; à la femme, son collier de perles.

» La mère donne volontiers sa blanche main droite, la sœur donne les tresses de ses cheveux, mais la femme refuse son collier de perles.....

» Alors s'irrite la vila qui vit sur la montagne; elle jette du poison dans les aliments d'Iowo. Iowo meurt, au grand chagrin de sa mère.

» On entend alors gémir trois coucous : l'un se plaint et ne cesse jamais de se plaindre, l'autre se plaint le matin et le soir, et le troisième seulement quand il lui plaît.

» Qui se plaint et ne cesse jamais de se plaindre? C'est la malheureuse mère d'Iowo. Qui se plaint le matin et le soir? C'est la sœur d'Iowo, profondément affligée. Qui se plaint seulement quand il lui plaît? C'est la jeune veuve du malheureux Iowo. »

« Pas de jeune Serbe sans frère » dit une vieille loi. Telle est l'origine de la sainte institution des pobratim ou frères d'adoption. C'est au nom de Dieu et de saint Jean que se scellent ces alliances, où l'on se doit affection et protection mutuelles. Léopold Ranke rapporte que dans le district de Négotin les jeunes gens du village se rendent en masse au cimetière, le second lundi après Pâques; l'herbe des tombeaux a été renouvelée, les jeunes gens tressent des couronnes vertes. Puis les jeunes garçons entre eux, les jeunes filles entre elles, s'unissent en échangeant des baisers à travers les couronnes, on échange ces couronnes elles-mêmes, et l'union est faite. Ailleurs, c'est à l'église que se rendent ceux qui ont résolu de former cette mystique alliance, suivis de leurs parents et de leurs amis; le prêtre dit la messe et bénit les jeunes hommes qui, devant Dieu, jurent de rester éternellement fidèles, d'avoir désormais toute chose en commun, de combattre l'un à côté de l'autre dans les guerres pour la douce Serbie, et de venger celui qui tombera le premier. Rien n'est plus sacré que cette union. Chose singulière, un homme peut se choisir une sœur d'adoption, une *posestrima,* et dès lors il lui doit le respect et la protection d'un frère, sans que jamais un autre sentiment puisse se mêler à ce dévouement fraternel. « Tels autrefois les Scythes, qui formaient entre eux de pareilles alliances et les consacraient par le sang qu'ils faisaient couler de leurs veines dans un même vase, où ils trempaient à la fois leurs glaives.[1] » Aujourd'hui encore le choix d'un pobratim est propre à presque tous les Slaves du Sud : on le retrouve dans tous les chants nationaux qui serviront à l'entretenir à jamais.

La koutcha en s'étendant a formé le skoupé. Chaque mois, le staréchina du village convoque les chefs des maisons; la réunion se tient en plein air, et pendant plusieurs heures. « Les chefs germains, disait Tacite[2],

1. Marmier, *Voyage...*, p. 343.

2. *De moribus Germanorum* XII.

s'assemblent, sauf les circonstances fortuites et inattendues, à jours fixes, quand la lune est nouvelle ou dans son plein. » Les choses ne se passent pas autrement chez les Serbes, aujourd'hui comme autrefois. « Au chef, ajoute Tacite, sont adjoints comme conseil et comme autorité, cent assesseurs pris parmi le peuple. » — « Au chef, dit un historien serbe [1], sont adjoints des vieillards experts, appelés *startsi*, et qui délibèrent avec lui sur les affaires du village, et sur les ordres du gouvernement. » A côté de la *zadrougna* est la famille particulière ou *inokostna*. Là aussi, le père de famille jouit d'une autorité incontestée, il est le maître de ses enfants, il est le maître de sa femme. Mais celle-ci ne saurait être considérée comme esclave. Elle est avec lui sur le pied d'une remarquable égalité, elle peut disposer de sa fortune, elle prend part aux délibérations. Le mariage est libre, ce n'est pas une *emptio venditio* comme chez les anciens Romains et chez les Germains, c'est essentiellement le résultat d'un *mutuus consensus*. Le jeune homme se présente chez le père de la jeune fille, ou chez le chef de la koutcha, il demande la main de la bien-aimée; s'il l'obtient, il lui donne un anneau, signe de mariage, car un ancien pesma a dit : « Comme gage d'amour, on donne une pomme; — comme parfum, on donne des basilics; — mais l'anneau ne se donne que pour les fiançailles. » Aussi, quand la jeune fille veut refuser son prétendant, elle lui jette la

1. Iankovitch, loc. cit. 106.

pomme au visage et lui dit : « Je ne veux ni de toi ni de ta pomme. Mais parfois les parents recherchent les riches unions, n'attendent même pas que la jeune fille soit nubile. Les pesmas protestent contre cet usage : une jeune fille marche pieds nus sur le sol glacé et frissonne; son frère lui dit : « N'as-tu pas froid aux pieds, petite sœur? » — « Non pas aux pieds, ô mon frère, mais je sens un froid glacial à mon pauvre cœur. Toutefois ce n'est pas la neige qui m'a refroidie, c'est ma mère qui m'a glacée, en me donnant à celui que je hais. » Et dans une autre chanson, douce et parfumée comme les roses qu'elle décrit : « Une fille était au pied de la montagne, et de son visage toute la montagne était illuminée : « O mon visage, dit la jeune fille, ô mon unique souci, si je savais, mon blanc visage, qu'un vieux mari dût te baiser, oh! j'irais dans la montagne verte, j'en cueillerais toute l'absinthe, et de l'absinthe j'exprimerais le suc, pour t'en laver, mon visage, afin, quand le vieillard te baiserait, qu'il en sentît l'amertume. — Mais si je savais, mon blanc visage, qu'un jeune mari dût te baiser, oh! alors j'irais dans le vert jardin, j'en cueillerais toutes les roses, et des roses j'exprimerais le suc, pour t'en laver, mon visage, afin, quand le jeune homme te baiserait, de l'embaumer. »

La cérémonie du mariage est simple et a conservé tous les primitifs symboles. Les frères et les amis de la fiancée la conduisent dans la maison qu'elle doit habiter tous à cheval, au bruit de la musique, des chants et des coups de pistolet. Les sœurs et les belles-sœurs viennent alors à sa rencontre : la fiancée avance, on lui présente un enfant qu'elle doit habiller, elle touche les murailles avec des fuseaux, elle offre aux convives du pain, du vin et de l'eau. Pendant toute une année, la jeune fille porte le nom de fiancée; mais dès qu'elle est devenue mère, elle cesse d'être considérée comme une étrangère, elle fait véritablement partie de la famille. La fiancée reçoit une dot, que les Serbes appellent *percia* ; lorsque le père est mort, c'est le frère qui doit se charger de marier sa sœur et de payer une dot, toujours fixe, et dont l'époux n'a pas le droit de faire usage. Bien rarement la sainteté du mariage est violée; les lois punissent de mort l'adultère et l'inceste. Mais, chose qui peut sembler étrange à notre législation occidentale, l'union libre est parfaitement reconnue; l'article 70 du code monténégrin est ainsi conçu : « Lorsqu'une jeune fille suit librement un homme non marié sans l'autorisation de ses parents, leur union est légale, puisqu'elle repose sur l'amour. » Talvi rapporte à ce sujet une curieuse chanson:

« O je voudrais demander ta main, mais ton père ne veut pas de moi pour son gendre, à moi seul je ne puis t'enlever ! Écoute mes prières, viens à moi, je t'en supplie. — Bel ami ! il est inutile de demander ma main à mon père; mon père te la refusera. Ne tâche pas non plus de m'enlever, car tu périrais, mon bien-aimé. J'ai neuf frères et de nombreux cousins; quand ils montent sur leurs chevaux noirs, leurs tranchantes épées à la main, ils sont terribles à voir. Je ne veux pas que tu meures en les combattant, et si tu prenais la fuite, jamais je ne t'écouterais plus. Je t'aime! appelle-moi, je viendrai de moi-même me jeter entre tes bras [1]. »

D'autres fois, nous sommes en présence de véritables rapts. Vouk rapporte dans son *Dictionnaire* que la coutume d'enlever les filles était générale parmi les Serbes sous la domination turque, qu'elle règne encore chez ceux qui relèvent directement de la Porte Ottomane. « Le rapt a lieu à main armée et souvent il entraîne l'effusion du sang : s'il arrive que la fille résiste et ne veuille point suivre les ravisseurs, ceux-ci l'entraînent en la tirant par les cheveux, la frappent à coups de bâton, comme des bœufs dans un champ de choux. C'est dans un bois : on la marie dans quelque cabane de pâtre : le pope est contraint, bon gré mal gré, de célébrer le mariage. »

Les coutumes des funérailles ne sont pas moins poétiques que celles du mariage. Lorsqu'un habitant de la Koutcha meurt, la clameur des parents est grande [2] : les hommes sortent pendant quelques jours découverts, les femmes et les filles laissent flotter leurs cheveux et retournent leurs habits. Les hommes pleurent silencieusement, mais les femmes, depuis la mort jusqu'à l'enterrement du parent, ne cessent de *naritsati*, c'est-à-dire de

1. Vol 2. p. 35.
2. Iankovitch et Grouitch, loc. cit. III.

chanter à haute voix leur douleur, en plaignant le sort du défunt et le malheur de la famille : « Hélas! hélas! un combat terrible se livre dans mon âme : je tourne mes yeux vers l'ange lumineux de Dieu et je crie : « Oh! faites que ma vie soit courte! » Mais Dieu ne m'entend pas. Hélas! et je regarde vers l'Océan de la vie dont les passions mauvaises sont les vagues, et je voudrais en vain aborder au port de la paix [1]. » Puis, vient la cérémonie des funérailles : le cercueil est porté au cimetière par les amis du mort, et quand il a été descendu dans la fosse, le prêtre jette sur la bière une poignée de cendres et les femmes recommencent à pleurer, longuement et tristement, comme l'Hécube d'Homère ou la Krimhilde des Niebelunges, tandis que les hommes célèbrent en commun le repas de deuil. Chaque année, il y a un jour de souvenir pour tous les morts; c'est le Zadouchnitzi, le jour des morts des peuples catholiques. La cérémonie funéraire terminée, lecture est donnée du testament du défunt. Le code serbe du 25 mai 1844 reconnait en principe la liberté de tester [2]; en conséquence, le chef de famille peut aliéner sa fortune, mais seulement sa fortune mobilière, la fortune immobilière étant considérée comme une propriété commune de l'inokostna. Si le père meurt avant d'avoir testé, ou sans avoir partagé sa fortune de son vivant [3], ses biens sont également par-

1. Rajeosky, Euchalegion.

2. Articles 48 et 49.

3. Articles 50, 51, 52, 53.

tagés entre ses fils; ceux-ci, si leur mère vit encore, sont tenus de lui servir un revenu, et lorsque les enfants ne sont pas majeurs, un procurateur est chargé de la garde de l'héritage, tandis que la mère est chargée de la tutelle de ses enfants. Dans le cas où la femme du défunt est sans enfants, la fortune tout entière lui revient, mais si elle contracte un nouveau mariage elle n'a droit qu'à la restitution de sa dot. Les filles ne peuvent hériter que dans le cas où elles n'ont pas de frères ; un ancien usage veut que, même alors, les armes reviennent au plus proche parent du défunt; Douchan avait décrété dans son code demeuré célèbre, que le cheval d'un noble décédé ne peut être compris dans son héritage, qu'il doit revenir au czar. Un autre règlement [1] du grand empereur, confirmé par le roi Sigismond en 1510, interdisait la vente des propriétés héréditaires. Le nouveau code [2] auquel le Code Napoléon a servi de modèle, a apporté quelques modifications à ces diverses ordonnances.

Heureux le peuple qui a su ainsi conserver les traditions de ses ancêtres, tout en accueillant avec empressement les progrès de la civilisation! Le caractère même des Serbes se prête à merveille à cette combinaison féconde en excellents résultats. Du jour où les derniers vestiges du despotisme ottoman ont disparu, les Serbes sont redevenus ce qu'ils étaient avant Kossovo, un peu-

1. Code de l'empereur Douchan, art. 31.

2. Article 45.

ple jeune, fier, confiant dans sa force et dans son avenir. Les étrangers qui visitent le pays depuis le règne du prince Michel, reviennent étonnés de l'admirable spectacle qu'ils ont pu contempler entre les bords de la Save et le Danube. Écoutez Théophile Lavallée : « Les Serbes forment la population chrétienne la plus recommandable de la Turquie, par la dignité et la gravité de son caractère, son courage, sa bonté, sa générosité, ses mœurs patriarcales, son attachement au sol, à ses usages, à sa religion. » — « *Every Serbian is a gentleman* » dit l'éminent ministre anglican William Danton ; Guillaume Lejean remarque avec insistance la confiance du peuple en son avenir, confiance qui se traduit dans son allure, dans la démarche preste et allègre, dans son langage à la fois coloré, harmonieux et viril. Les observations de M. Lancelot ne sont pas moins intéressantes : « C'est surtout quand on pénètre dans le nouveau Belgrade, dit-il, après avoir franchi les portes de Stamboul et de Widdin que l'on peut juger du changement qui tend à s'opérer depuis quelques années dans les mœurs, les habitudes et par suite dans la situation économique de la principauté. — Des rues spacieuses, régulières, coupées presque à angles droits, de larges chaussées plantées d'arbres sur les côtés, formant avenue, des maisons commodes, élégantes même, remplacent les ruelles étroites, tortueuses, sales, mal bâties du nouveau Belgrade. Nous avons passé tout d'un coup d'Asie en Europe. Restreint d'abord à la capitale, le mouvement a gagné de proche en proche, et a entamé la province. Partout les villes et les campagnes prennent un nouvel aspect. Là règne une meilleure police, ici la culture est mieux entendue. Le paysan est devenu moins thésauriseur; s'il parvient, au bout de l'an, à économiser quelques écus, au lieu de les enfouir, comme il le faisait naguère, dans sa cour ou son jardin, il les emploie à accroître et à améliorer son fonds. La vieille routine s'en va et, partout, fait place à des procédés nouveaux et plus rationnels. » Ainsi la civilisation occidentale s'introduit pas à pas en Serbie; mais l'expérience de 1835 a appris aux successeurs de Milosch qu'il ne faut pas essayer d'y implanter brusquement tous les usages de l'Europe. Milosch Obrénovitch le disait à la skouptchina, et c'est à son système qu'il a fallu revenir après une malheureuse tentative. Et cependant, qui sait si nous ne serions pas en droit d'envier à la Serbie certaines de ses institutions politiques et civiles? si nous ne serions pas alors forcés à reconnaître que sur certains points la Serbie a devancé bien des États de l'Europe occidentale? Qu'on en juge par quelques faits qui peuvent se passer de commentaires. De 1836 à 1863, c'est-à-dire en vingt-sept années, trois cent vingt et une écoles ont été fondées, il a été décrété que l'instruction serait donnée gratuitement à tous les degrés, et aujourd'hui douze mille six cent soixante-six élèves des deux sexes reçoivent l'instruction dans les écoles [1]. En même temps, la décentralisa-

1. Rapport de M. Brankoivitch.

tion la plus complète était réalisée, grâce surtout aux efforts du prince Michel. A la vérité, c'eût été peu de chose de se contenter d'une division de la principauté en dix-huit districts, soixante et un arrondissements et mille soixante-sept communes, avec des préfets, sous-préfets et knètes; mais conformément à la constitution de 1860, *les communes gèrent elles-mêmes leurs affaires dans une complète indépendance de l'autorité administrative par le moyen des maires ou knètes élus, assistés d'une skoupe ou conseil municipal*. Le peuple est dévoué au prince, il obéit scrupuleusement à la loi, ne trouve pas un malin plaisir à l'éluder; pour lui le maître n'est pas un ennemi, parce qu'il sait que le maître, lui aussi, est soumis à la loi *égale pour tous*. Mais cette prompte obéissance n'empêche pas le peuple de vouloir comprendre les règlements qu'on lui impose ; et à ce sujet M. Ubicini rapporte qu'un ouvrier de Belgrade lui dit un jour : « Nous autres Serbes, nous demandons des explications sur tout ! L'an passé, le Gouvernement a décrété une taxe extraordinaire de deux ducats par tête pour achats d'armes. Eh bien, il a fallu que dans chaque village le sous-préfet ou ses aides expliquassent *publiquement* aux anciens la cause de cette surtaxe… »

Nous avons dit [1] l'immense importance de l'Église serbe pendant les siècles de la tyrannie musulmane, sa large part dans le maintien de la nationalité ; de nos jours,

1. Ch. III.

le clergé serbe et le clergé slave, en général, n'ont rien perdu, et de leur influence et de leur popularité. Il est facile d'en découvrir la cause. Les prêtres serbes, fidèles au véritable esprit de l'Évangile, ne forment pas une caste à part, ils demeurent confondus avec le peuple; les popes sont généralement respectés, et, ajoute M. Danton, comme *ils sont mariés* et vivent au milieu de leurs ouailles, ils exercent nécessairement sur eux une grande influence. Le clergé, à l'exception du métropolitain et des évêques, ne reçoit pas de traitement, les moines vivent du revenu de leurs terres, les popes du casuel fixé par Milosch en 1836. Ces derniers reçoivent leur instruction dans le grand séminaire de Belgrade, dit Bogoslovia; ils sont simples, de mœurs très-modestes, très-patriotiques; à la rigueur ils sont soldats. « Si une bande de loups ravisseurs, disait Mgr. Joania, évêque d'Oujitzi, attaque mon troupeau, moi, son pasteur, ne dois-je pas le défendre? » Belle parole, qui montre combien il est vrai que le Serbe est né soldat, qu'il aime la guerre autant que ses pesmas si chers à Miçkiewicz! Quant aux couvents ils ont perdu aujourd'hui l'utilité qu'ils eurent après Kossovo; les moines le reconnaissent eux-mêmes, et plus d'une fois ils ont proposé au kniaze de lui abandonner une partie de leurs revenus pour fonder des écoles. « Nous ne voulons pas, disent-ils, devenir les parasites de la société. » Quand un clergé déclare l'instruction dangereuse et nuisible, c'est qu'il ne se sent pas assuré de sa puissance; mais quand il favorise ainsi le progrès des lumières, c'est qu'il a de bien fortes racines dans le pays. Le patriarche de Constantinople est regardé comme le chef de l'Église; — le synode annuel qui se réunit à Belgrade règle les affaires intérieures, nomme les évêques et choisit le métropolitain, sauf ratification du Gouvernement. Léopold Ranke signale une particularité curieuse : les popes ont renoncé à recevoir la confession, en faveur des moines généralement plus instruits. A des jours fixes le peuple se rassemblait autrefois, et aujourd'hui encore dans certains districts, dans le voisinage des couvents et des monastères, et là il procédait à une confession générale.

C'est grâce à ce clergé si primitif dans ses mœurs, si pieux sans affectation aucune, que le sentiment religieux est resté profondément gravé dans le cœur des Serbes et que le culte du Christ s'est transmis dans toute sa pureté de génération en génération. Ce qui a encore beaucoup contribué à l'entretien de ce sentiment religieux, c'est le continuel contact de l'homme avec la nature; c'est la mystérieuse influence sur l'esprit humain, de la divinité sans cesse révélée par ses créations. Lorsque le joug des infidèles pesait sur la Serbie, c'est la religion, nous l'avons vu, c'est la foi qui a soutenu et consolé les héroïques vaincus; le joug musulman une fois secoué, c'eût été une monstrueuse ingratitude de renoncer à ces antiques traditions, que d'en briser la chaîne séculaire. Cette ingratitude, le peuple serbe ne l'a point commise, il est resté un peuple essentiellement religieux; pendant toute l'année se succèdent de pieuses fêtes qu'il serait un sacrilége de ne pas observer; car la nation a compris avec un admirable instinct que le culte extérieur est nécessaire à la religion, que c'est lui qui entretient la piété, qui empêche les âmes de s'abandonner à des croyances purement passives, et de là, à une indifférence sceptique, plus pernicieuse que l'incrédulité elle-même.

La fête des rameaux est la première fête de l'année, consacrée au printemps naissant, à la vie nouvelle [1]. La veille les jeunes filles se rassemblent sur une colline et chantent un hymne de la résurrection de Lazare : « L'enfant grandit, l'homme vit, le vieillard meurt dans cette idée : Quand viendra l'Empire serbe? » Le lendemain, avant même le lever du soleil, elles vont puiser de l'eau et chantent en dansant en chœur : « Les cornes du cerf rendent l'eau troublé, mais son regard la rend claire et limpide. » Ou, encore pour saluer avec le retour du printemps le retour de l'amour, elles murmurent ces stances étrangement naïves : « Deux amants dans la prairie s'embrassent, ils croient que personne ne les voit, mais la verte prairie les avait vus, et elle le dit au blanc troupeau, le troupeau le répète à son pasteur, le pasteur au voyageur du chemin, le voyageur le redit au marinier sur l'eau, le marinier à sa barque de noyer, la barque le raconte à la froide rivière, et la rivière à la mère de la fillette... » Quelques semaines plus tard, vers la fin d'avril,

1. V. sur les fêtes serbes : L. Ranke, loc. cit. 56-57, sq. Iankovitch et Grouitch, *les Slaves du Sud*. — Vouk, *Dictionnaire serbe*.

à la fête de saint Georges, l'un des patrons de la Serbie, les femmes vont cueillir sur les montagnes des herbes et des fleurs, elles les jettent dans la rivière voisine et le lendemain elles vont s'y baigner. C'est ainsi que la Serbie salue le retour du printemps ; des cérémonies semblables se retrouvent chez les autres peuples slaves ; César et Tacite les signalaient jadis chez les anciens Gaulois et Germains.

Puis vient, dans l'ordre des saisons, la Pentecôte ; la fête de Kralitza, où les vierges célèbrent Lélio, la Vénus de la Slavie, la déesse de l'amour ; et Radischa, « qui fait tomber la rosée des branches des arbres en perles humides, et brûle d'amour pour une blanche vila, qui, assise près de sa mère, fait tourner des fuseaux dorés. » La Saint-Jean arrive ensuite ; c'est le moment de la canicule, alors que, suivant la légende, le soleil s'est jadis arrêté trois fois ; c'est le moment de la moisson. Si jusque-là le temps a été sec, les paysans procèdent à une bizarre cérémonie qui rappelle quelques-uns des symboles sacrés de la Grèce : une belle jeune fille est dépouillée de ses vêtements, et on la couvre de fleurs, d'herbes et de feuilles, pour figurer la *Dovola*, la prairie marchante ; alors elle parcourt tout le village, la femme du gospodar répand sur elle l'eau d'un arrosoir, ses jeunes compagnes demandent au ciel une pluie fécondante et invoquent le soleil et la lune : « *Tako mi Suntza ! Tako mi Semlie !* Que le soleil soit avec moi !

que la lune me protége ![1] Légères nous courons à travers le village : puissent les nuages du ciel, plus rapides que nous, nous rattraper et mouiller les prés et les vignes. *Tako mi Semlie!* » Mais lorsque le temps est à l'orage, les habitants de la campagne implorent tour à tour Élie, qui suivant le Livre des Rois, monta au ciel au moyen d'un tourbillon, adoré aujourd'hui par les Slaves comme le dieu de la foudre; Marie qui lance les éclairs ; Pantélimon qui gouverne les tempêtes et les vents déchaînés. Mais la pensée de Dieu n'est jamais absente ; Ranke fait judicieusement remarquer qu'elle se retrouve dans toutes les pensées, dans tous les actes. Avant de se mettre au travail chacun fait sa prière; on ne termine point de promesse sans ajouter : « J'agirai ainsi si Dieu le veut. » Au voyageur qui passe, on dit simplement : « Si Dieu te soutient, » et l'on sous-entend la véritable question. « Où vas-tu? Quel est ton chemin? » Aussi il n'est pas de peuple plus hospitalier que les Serbes. A la fête du père de famille, on invite les voisins, les amis, voire même les simples voyageurs : « Puisque votre maison, elle aussi, est consacrée à Dieu, venez ce soir chez nous; ce que le saint a apporté, nous le partagerons avec vous, sans vous rien cacher. » Puis, quand la table est servie, le gospodar se lève et dit la chanson des Batschka : « Trois oiseaux ont pris leur vol à

1. *Suntza*, le soleil; allem. Sonne; angl. Sun, — *Semlie,* la lune, Sémélé.

travers les airs, et dans son bec chacun tient un cadeau précieux; le premier un grain de blé, le second une grappe de vigne et le troisième la joie et la gaieté. Le grain de blé est tombé sur la plaine de Batschka, la grappe sur les hauteurs de Gore : puisse sur notre table tomber la joie et la gaieté. »

Mais de toutes les fêtes, la plus sainte, la plus en honneur, est celle de Noël. Le soir, lorsque le travail est terminé, le père de famille va lui-même dans la forêt couper un jeune chêne : il charge l'arbre sur ses épaules et rentre dans la koutcha en disant : « Bonne nuit et joyeux Noël! — Que Dieu te protége, répond la famille, qu'il t'accorde de riches moissons! » Puis le jeune chêne, le badujak, est étendu sur les charbons ardents. Le lendemain, les jeunes gens à cheval parcourent le village, en tirant des coups de pistolet; alors le gospodar apparaît à la fenêtre de la maison et répand quelques graines et semences sur le sol, en criant : « Noël! Noël! le Christ est né! » et les jeunes gens répondent dans le style de l'Évangile : « En vérité, nous vous le disons, le Christ est né! » Alors toutes les familles se rassemblent autour du badujak, on le frappe avec des lanières de cuir, et quand les étincelles jaillissent : « Autant d'étincelles, autant nous aurons cette année de bœufs, de chevaux, de chèvres, de moutons, de porcs, d'abeilles, de bénédictions du ciel! » La fête dure trois jours; mais jusqu'au nouvel an tout le monde s'aborde avec ces paroles : « le Christ est né! — En vérité, nous vous le disons, le Christ est né! »

Chaque village a un saint protecteur, et la fête annuelle du saint porte le nom de *Nositi Kersta*. Ce jour-là, les jeunes gens se réunissent à l'église, prennent les images sacrées, les croix, les drapeaux, la Bible et l'Évangile; rangés deux à deux, les kerstonocha ou porteurs vont dans les champs, les prêtres à leur tête, en habits de cérémonie, avec le starechina du village, et trois fois la procession fait le tour des arbres sacrés, le prêtre appelle la bénédiction de Dieu sur la campagne, et les jeunes gens crient : « Gospodi pomiloni! pomiloni! » Puis on se rassemble autour de longues tables dressées au milieu du village, on invite les étrangers et les voyageurs, les jeunes gens et les jeunes filles forment des danses, et le joueur de guzla chante les exploits de Marko et la mort de Lazare.

« Chants populaires, dit Adam Miękiewicz, chants populaires, arche d'alliance entre les temps anciens et les temps nouveaux, c'est en vous qu'une nation dépose les trophées de ses héros, l'espoir de ses pensées, et la fleur de ses sentiments. La flamme dévore les œuvres du pinceau, les brigands pillent les trésors : la chanson échappe et survit! Vous naissez avec la nation, avec elle seulement vous mourez! »

Le Serbe est naturellement poëte, il chante comme un autre parle; c'est un besoin pour lui. Le pâtre chante en menant paître ses troupeaux, la jeune fille en puisant de l'eau à la source, le caloyer retiré dans son monastère, le haydouk en parcourant la montagne : chaque maison a sa guzla, espèce de mandoline ou de guitare qui n'a qu'une seule corde faite de crin : il n'y a pas que les artistes à jouer de la guzla, tous les Serbes savent en jouer, pour accompagner leurs chansons, souvent improvisées, plus souvent encore conservées par une pieuse tradition. Pas de fête, pas de cérémonie religieuse sans chanson et sans guzla. Dans le cours de ce travail, nous avons cité plusieurs de ces pesmas serbes, les uns disant les grands événements de la nation, les autres de poétiques légendes ou les sentiments du cœur. Depuis longtemps déjà, l'Europe occidentale avait été frappée de l'originalité de ces poésies; Gœthe avait traduit la triste ballade de la noble épouse d'Asan Aga, d'après une imitation en italien de l'abbé de Fortis; Charles Nodier et Mérimée l'ont traduite après lui. Puis, le recueil de Vouk Stefanovitch, traduit successivement par Talvi, Boving, madame Voïart, rendit ces poésies populaires. A quelle cause faut-il attribuer ce succès? Est-ce au mérite véritable de ces poésies? Est-ce au mouvement romantique qui les accueillit avec joie, comme une nouvelle confirmation de ses théories? Je ne sais : mais puisque tant de fois ce sont les contrastes qui plaisent par eux-mêmes, c'est ainsi, ce me semble, que notre civilisation avancée se plait à l'expression naïve de sentiments primitifs et simples. On en revient toujours au mot de Mendelsohn, qu'un prélude de Chopin plongeait dans un indicible ravissement : « J'aime cette musique, s'écriait-il, je ne saurais dire ni combien ni pourquoi; c'est peut-être que je n'aurais jamais songé à la composer. » Telle est sans doute la cause du plaisir que nous prenons à lire les pesmas des Serbes, sans nous arrêter, bien entendu, à ces admirations de parti pris que le temps rend toujours ridicules, car alors il faut revenir à cette fine critique que faisait Mérimée de l'enthousiasme de certains hommes de lettres pour ce genre de littérature. « Vers l'an de grâce 1827 j'étais romantique, avoue Mérimée. Nous disions aux classiques : vos Grecs ne sont point Grecs, vos Romains ne sont point Romains; vous ne savez pas donner à vos compositions la couleur locale. Point de salut sans la couleur locale. Nous entendions par couleur locale ce qu'au XVIIe siècle on appelait les mœurs; mais nous étions très-fiers de notre mot, et nous pensions avoir imaginé le mot et la chose. En fait de poésies, nous n'admirions que les poésies étrangères et les plus anciennes; les ballades de la frontière écossaise, les romances du Cid, nous paraissaient des chefs-d'œuvre incomparables, toujours à cause de la couleur locale. » La plus sévère critique de toute cette poésie primitive, c'est incontestablement la Guzla de Mérimée. Le spirituel romancier était alors un jeune homme plein de projets, désireux de voir du pays, mais manquant absolument d'argent. Un jour, il lit un ouvrage sur la Slavie de l'abbé Fortis, apprend cinq à six mots de slave, et en quinze jours écrit une trentaine de ballades pleines de couleur locale et qu'il attribue à un joueur de guzla imaginaire, Hyacinthe Maglanovitch. Le livre est publié à Strasbourg, et aussitôt, succès immense, non pas en France, où, de l'aveu de l'auteur, il ne fut vendu d'abord qu'une douzaine d'exemplaires, mais en Allemagne « d'où M. Gerhart, conseiller et docteur quelque part, dit Mérimée, m'envoya deux gros volumes de poésies slaves traduites en allemand, avec la Guzla traduite aussi, *et en vers*, ce qui lui avait été facile, écrivait-il dans sa préface, car sous ma prose il avait découvert le mètre des vers illyriques. » N'est-ce point là une grave objection à opposer à la poésie étrangère et *très-ancienne*, en général, et à la poésie serbe, en particulier, qu'un sceptique parisien, comme Prosper Mérimée, puisse du fond de son cabinet composer des pesmas aussi poétiques que ceux des bardes mêmes de la Schoumadia? Cette facile imitation, a-t-on dit, c'est la punition de ce qu'en matière d'art, on appelle le genre, la manière. Mérimée se serait bien gardé de tenter une imitation de l'*Iliade*, de la *Divine Comédie*, ou même des grands poëmes indiens; il aurait risiblement échoué, et il le savait trop bien pour se risquer dans une semblable entreprise.

Cette réserve une fois faite, il est impossible de refuser à la poésie serbe une véritable élévation d'idées, une grande pureté de sentiments, une extraordinaire richesse d'images, une délicieuse naïveté, un profond souffle de patriotisme et de foi. La strophe serbe est, dit-on, ample et mélodieuse, généralement courte; l'accompagnement de la guzla ne prend que dans les derniers vers; les chants nationaux sont composés de trochées, les chants d'amour admettent des dactyles. Mais ce qui pour les Serbes eux-mêmes constitue la véritable valeur de leurs pesmas, c'est ce que Mickiewicz a si admirablement exprimé, en disant que ces chants sont l'arche d'alliance entre les temps anciens et les temps nouveaux. Toute l'histoire serbe est contenue dans les pesmas. Vouk Stephanovitch Karadchith l'a bien compris, le jour où il a eu l'heureuse idée d'aller recueillir de toutes parts et d'écrire ces chansons traditionnelles, au grand étonnement, dit M. Laboulaye, de ceux-là mêmes qui les récitaient sans en comprendre le prix.

Les pesmas, dit le poëte, sont nés avec la nation elle-même. Dès la période la plus primitive, ces chants ont eu un caractère religieux très-marqué. Nous avons vu que les dogmes polythéistes ont longtemps été en honneur chez les Serbes; mais ce polythéisme même a quelque chose d'élevé. « Les Slaves, dit Procope, adorent un Dieu créateur de la foudre et seul maître de toutes choses. » Aussi, dans la suite, lorsque Cyrille et Méthode auront introduit chez ces peuples le Christianisme, on s'adressera plus souvent aux saints qu'à Dieu même. Pourquoi pas? Chateaubriand présente dans son admirable *Génie du Christianisme* [1] une judicieuse défense du merveilleux qu'on peut tirer de la vie des saints. « On se moque des saints et des anges; mais les anciens eux-mêmes n'avaient-ils pas leurs demi-dieux? Pythagore,

1. Seconde partie, livre II, chap. VII.

Platon, Socrate, recommandent le culte de ces hommes, qu'ils appellent des héros : honore les héros pleins de bonté et de lumière, dit le premier dans ses vers dorés... Les Muses aiment à rêver dans les monastères remplis des ombres des saints. Ces premiers apôtres prêchant l'Évangile aux premiers fidèles dans les catacombes ou sous le dattier de Bethanie, n'ont pas paru à Michel-Ange et à Raphaël des sujets si peu favorables au génie. » A côté des saints et des anges, apparaissent les vilas, mystiques créatures, qui président aux vœux des populations, qui planent silencieusement sur l'existence des hommes. Elles sont légères et belles ; leurs longs cheveux sont le jouet des vents, elles habitent sur les collines et près des ruisseaux, sur le Lotchen dont la cime est couverte d'une neige éternelle et où l'orage mugit incessamment ; ou encore sur une montagne de nuages qu'éclairent les rayons du soleil, que la lune protége de sa blanche lueur, que couronnent les étoiles. « C'est là que la vila élève trois portes : le première en or, la seconde en perles, la troisième avec la pourpre. A la porte d'or, elle marie son fils ; à la porte de perles, elle marie sa fille ; à la porte de pourpre, elle se tient assise et regarde au-dessous d'elle comment l'éclair joue avec la foudre, la sœur avec ses frères, la fiancée avec ses beaux-frères, comment la sœur domine ses frères et la fiancée ses beaux-frères. » On ignore si les vila sont immortelles, mais elles aiment et chérissent les vaillants guerriers. Écoutez le pesma célèbre de Marko Kraliévitch.

« Marko, fils du roi, fuit l'ennemi vers les montagnes d'Uroma; tout à coup son bon cheval Scharaz se met à broncher et à verser des larmes. Alors la vila crie à Marko du haut des montagnes : « Frère d'adoption, sais-tu, ami, pourquoi ton cheval a bronché? Sache donc que Scharaz s'afflige pour son maître, car il faudra bientôt vous séparer! » — « Que le cou te fasse mal, blanche vila! répond Marko. Comment pourrais-je me séparer de Scharaz qui m'a porté par les campagnes et les villes, et au loin, du levant au couchant? Il n'y a pas de meilleur cheval sur la terre, comme il n'y a pas de meilleur héros que moi. Non, aussi longtemps que ma tête sera sur mes épaules, je ne veux pas me séparer de Scharaz. » Et la blanche vila reprend : « Frère d'adoption, Marko, fils de roi, ce n'est point la force qui t'arrachera Scharaz; nul n'a pouvoir, ami Marko, de le tuer; ni le bras d'un héros, ni le tranchant d'un sabre, ni la massue, ni la lance de bataille; tu ne crains rien sur la terre! mais tu mourras, pauvre Marko, par la main de Dieu qui verse le sang. Si tu n'en crois pas mes paroles, galope jusqu'au sommet de la montagne, regarde de droite à gauche; là, tu verras deux sapins élancés, qui dépassent de leurs cimes tous les arbres de la forêt; ils sont parés d'un vert feuillage. Mais entre ces arbres est une fontaine; conduis jusque-là ton Scharaz à reculons, descends et attache-le au sapin, penche-toi sur les eaux de la fontaine, de manière à voir ton visage dans le miroir de l'onde, et là tu verras s'il te faut mourir? »

Les vilas existent encore : lorsque Kara-Georges abandonna sa patrie vaincue, la vila du Rudnik poussa un cri de douleur [1] et lança contre lui une superbe malédiction, l'éternel remords du héros devenu déserteur.

Mais s'il y a des vilas dans les montagnes sombres et les vallées profondes, s'il y a des génies bienfaisants et amis des hommes, qui planent dans la rosée humide ou habitent l'étoile du matin, sœur des vierges, il y a aussi toute une armée d'esprits des ténèbres, d'êtres surnaturels, machinant sans cesse la perte du genre humain. De là, la croyance à la magie, source d'effets dramatiques, dont les pesmas abusent ; car la magie, comme le remarque encore Chateaubriand [2], manque évidemment de grandeur; « en empruntant quelque chose de son pouvoir aux hommes, ceux-ci lui communiquent leur petitesse. » Voici les viétchizés, impudiques sorcières, qui savent dépouiller leur corps, comme un vêtement, et qui volent dans les airs, suivies d'une traînée de feu; elles approchent silencieusement des pâtres endormis, leur entr'ouvrent la poitrine avec un bâton magique, fixent dans l'avenir le jour marqué pour leur mort, leur mangent le cœur, referment la poitrine et disparaissent de nouveau; alors le pâtre se réveille, il peut vivre encore quelque temps; mais peu à peu sa respiration faiblit, il expire sans que ses amis devinent la cause de sa mort.

1. Voir notre chap. IV.

2. *Génie du Christianisme II*, ch. VI.

Puis voici les génies de la peste, de grandes formes féminines vêtues de blanc, qui transportent le fléau de maison en maison, de village en village. De fantastiques animaux apparaissent aussi dans les chansons mystiques et les images : le balaurul, serpent noir aux écailles vertes, les corbeaux, les faucons, tantôt amis, tantôt ennemis des Serbes.

Mais de toutes les créations mystiques de l'imagination slave, aucune n'est plus sinistrement poétique que celle des vampires, aucune n'est plus répandue et n'a plus de croyants. Dans les nuits de pleine lune, les tombeaux des vampires s'entr'ouvrent : le corps du vampire, comme celui des autres morts, n'est pas rongé des vers, ses veines sont pleines de sang, ses ongles et ses cheveux continuent à croître dans la fosse, les yeux creux conservent le sens de la vie. D'habitude il se nourrit de cadavres étendus auprès de lui, souvent même de sa propre chair. Mais parfois il a soif de sang humain; alors, il sort de son cercueil, se précipite sur ceux de ses parents ou amis qu'il rencontre, leur serre la gorge, et les mord en tâchant de les étrangler. Toutefois la vengeance divine ne se borne pas à ces meurtres sauvages commis par les vampires; le vampirisme est contagieux; « le seul remède, dit le savant dom Calmet, est de se frotter la partie du corps mordue par le vampire, avec le sang que contiennent ses veines et la terre de son tombeau. Quant au vampire lui-même, on le déterre, on lui transperce le cœur, lui coupe la tête, brûle son cadavre et jette les cendres dans la rivière. »

De tous les pesmas, les pesmas historiques sont les plus remarquables. Comme les autres chants de la Serbie, ils sont anonymes, mais ils n'en sont que plus nationaux. Le XIVe siècle a été pour la Serbie l'époque de la suprême grandeur, c'est le siècle du grand czar, le siècle de Douchan. Un véritable cycle héroïque raconte cette glorieuse période, composé de chants épars, de récits détachés, sortis spontanément du cœur des joueurs de guzla et qu'il est éphémère de vouloir réunir pour en former un poëme d'une haleine, une espèce d'Iliade serbe. Dans ces pesmas, Étienne Douchan occupe le premier rang; la poésie le représente aussi fidèlement que l'histoire même, au milieu des fidèles Jugowitz, comme Charlemagne au milieu de ses douze pairs : Marko est de la famille des Némania, Marko, le Cid et le Roland de la Serbie, qui est resté le type le plus populaire du grand cycle, car Douchan et Lazare n'ont que les vertus du peuple serbe; mais Marko joint à ses vertus ses vices et ses défauts. Il est violent, il est sensuel et brutal, il a le prestige d'une grandeur de géant, sinistre sous la tête d'ours qui se balance sur son front, tandis qu'est suspendu à sa ceinture « le terrible sabre qui coupe en deux l'armure du forgeron et tranche les rochers. » Le héros n'a pas combattu à la journée de Kossovo, et cependant on n'a pas dit de lui ce que le fils de Jug craignait qu'on dise de lui, s'il était resté à Krujévatz, avec sa sœur, la blanche czarine Militza : « Voyez le poltron, voyez ce lâche qui n'ose pas aller à Kossovo, qui ne veut pas verser son sang pour la croix, qui ne veut pas mourir pour la foi sainte. » Au grand jour de la lutte nationale le fils du roi était absent, banni, fugitif, errant dans de lointaines forêts. Milosch le remplace alors, Milosch qui se dévoue pour sa patrie et tue Mourad au milieu de son camp, second Mucius Scévola. Ce n'est qu'après la mort de Lazare que reparaît Marko ; sa longue vie durera encore cent années, et pas un jour il ne cessera de monter son fidèle coursier, avec lequel il partage sa nourriture, auquel il verse lui-même à boire un vin céleste dans des urnes d'or ; la vila d'Urvina le reconnaît pour son pobratim, et alors, malheur aux infidèles, malheur aux Turcs! Un vizir a brisé l'aile de son faucon chéri ; il l'égorge sous sa tente ; et, au fait, le faucon de Marko était très-digne d'une pareille expiation, il disait à son maître : « Te souvient-il, lorsque *nous* combattions ensemble, lorsque *nous* soutenions l'attaque des Osmanlis? » Tantôt c'est un nègre gigantesque qui a ravi la fille du sultan ; tantôt un guerrier d'Albanie, terrible comme un démon, que Marko combat et dont il triomphe. Dieu seul « le vieux tueur, » peut venir à bout de lui. De nos jours, de nouveaux pesmas historiques ont été composés pour célébrer Kara-Georges, la bataille de Michen, la bataille de Grahovo. Le souffle poétique est le même ; la haine du Turc y domine toujours, haine terrible, éternelle, que nous autres, égoïstes, fils du froid Occident, comprenons avec peine, et cela sans doute à notre honte ; un philosophe l'a dit avec tristesse : « Si nos cœurs affadis ne savent plus haïr, c'est que trop souvent aussi ils ne sont plus capables d'aimer! » Aussi, que l'amour en Serbie est passionné et fort! La jeune fille ne cache pas sa flamme, elle la dit avec une chaste naïveté : « O tchardak [1], un feu brûlant me dévore : personne, pendant la nuit, n'est à ma droite ou à ma gauche, je tourne autour de moi ma couverture, et dans la couverture mes douleurs! » Et le jeune homme répond : « O fillette, o Miléva, assieds-toi à mon côté. Nous ne sommes point des sauvages, et nous savons où l'on s'embrasse : les veuves entre les yeux, et les fillettes entre les seins. » Puis encore cette gracieuse peinture dans un pesma héroïque : « Devant la maison se dansait le *kolo*, ayant pour chef la sœur de Stoïan : elle est plus belle que la blanche vila, ses yeux sont deux pierres précieuses, ses joues deux roses vermeilles, ses sourcils des sangsues marines, ses cils des ailes d'hirondelles, ses blanches dents sont deux rangées de perles; elle est mince comme un rameau et grande comme un sapin; quand elle danse, on dirait d'un paon qui marche; quand elle parle, c'est comme un pigeon qui roucoule, et quand elle sourit, il semble que le soleil brille... » L'amour maternel n'est pas moins vif, n'est pas moins célébré. La mère de Konda ne veut pas être séparée de son fils unique; elle fait enterrer auprès d'elle, sous les orangers d'or, son cadavre glacé et chéri, et chaque matin elle se glisse dans le jardin vert, soupi-

1. *Tchardak*, lit, couche.

iant, pleurant, gémissant, pour demander à l'enfant si la terre ne lui pèse pas.

Dans l'étude des poésies serbes, il faut distinguer, nous apprend Vouk Stéfanovitch, les pesmas héroïques que les hommes déclament en s'accompagnant de la guzla, et les poésies domestiques ou féminines, plus musicales, plus mélodieuses que les premières, et que chantent également les femmes et les jeunes filles. « Aujourd'hui encore on compose des poésies héroïques, qui ont ordinairement pour auteurs des hommes de moyen âge, des vieillards, souvent des aveugles. Dans les pays où le goût en est général, il n'y a pas un homme qui ne sache plusieurs chants, quelquefois même jusqu'à cinquante et même davantage, et pour ceux dont la mémoire est si bien garnie, il n'est pas difficile d'en composer de nouveaux. » Ce qui est surtout remarquable, c'est cette inspiration collective qu'Auguste Dozon nous montre comme fondement de la poésie épique : de là cette simplicité, cette naïveté primitive qui tient encore à l'isolement moral des Serbes et des Slaves en général, au milieu des Turcs d'Europe. Point d'altérations sensibles, depuis les temps de Marko jusqu'à ceux de Georges le Noir : le poëte serbe est toujours celui de la ballade de Gœthe, qui chante comme chante l'oiseau sur les branches. Aussi tout reste national, essentiellement personnel : mais qui saura déterminer l'âge exact des pesmas?

Ce n'est que très-tard que les Serbes commencèrent à écrire leurs pesmas; d'ailleurs, comme chez la plupart des nations, dans la littérature, la poésie chez eux précéda la prose, créée seulement par Dosithée Obradovitch, dans la véritable acceptation du terme, au milieu du siècle dernier. Ce développement tardif étonne au premier abord; mais il faut songer que toute l'œuvre civilisatrice des Némanias fut détruite par la bataille de Kossovo, et que vers 1810 la Serbie dut recommencer une œuvre hérissée de difficultés et interrompue pendant quatre siècles. Pendant cette triste période de l'oppression musulmane, le Monténégro fut le refuge des lettres et des arts; dans ses libres montagnes, il accueillit l'imprimerie, récemment découverte, tandis que Raguse ouvrait ses portes aux Grecs bannis de Constantinople, et aux Serbes bannis de leur patrie infortunée. Cependant ce n'est qu'avec la réforme que la littérature prit son véritable essor; on cessa d'écrire en latin ou en allemand les ouvrages de droit, de théologie, de grammaire, et peu à peu la prose serbe se forma. A peine libre, la Serbie, sous Kara-Georges et Milosch, commence à organiser l'instruction : Volnik, Louis Gaï, le prince Pétrovitch Niégosch sont à la tête du mouvement, secondés courageusement à partir de 1858 par l'académie iougo-slave d'Agram. Cette renaissance n'a pas un caractère artificiel; elle est durable, la jeunesse veut s'instruire, elle veut instruire le pays, et elle réussira dans son œuvre. Louis Léger causait un jour avec Ilia, un des plus célèbres haydouks du Balkan : « Frère, disait celui-ci, notre peuple est un bon et digne peuple, mais il lui manque une chose, la civilisation. »

Cette civilisation, qui faisait défaut il y a un demi-siècle, aura dans une vingtaine d'années atteint un degré très-élevé. L'homme qui est destiné à réaliser le plus de progrès dans cette voie nouvelle, grâce à une vaste influence due à son noble caractère, est l'évêque de Diakovo, Monseigneur Strossmayer, protecteur de l'académie d'Agram. Au mois d'avril 1867, l'académie se réunit sous la présidence de l'historien Raczki, et celui-ci, à la fête du 31 juillet, prononça, sous l'inspiration de l'Évêque, un remarquable discours, qui expose la situation présente, au point de vue intellectuel, de la Serbie et des pays iougo-slaves, et trace le véritable programme de l'avenir. Le président disait entre autres [1] :

« Entré plus tard que les races germaniques et romaines sur le théâtre de l'histoire, le peuple slave est aussi entré plus tard qu'eux dans le champ de l'activité intellectuelle. Placé par la Providence entre l'orient et l'occident, il a pendant des siècles couvert de sa poitrine la civilisation occidentale. Aujourd'hui il est prêt à greffer, sur sa souche jeune et forte, la civilisation germanique et romane, à l'arroser de sa sueur, à la cultiver de sa main, à lui faire produire des fruits pour la gloire et le bien de l'humanité. Nous ne cachons pas, à la vérité, qu'après être nés à une vie nouvelle, comme chante le poëte de la solidarité slave, « nous avons trouvé un grand désert que le sort n'a pas encore fécondé. » Nous ne nous

1. Louis Léger : *Le monde slave*, p. 62.

cachons pas que les peuples romans et germaniques « marchent dans une voie frayée et que nous les suivrons d'un pas lent et tardif. » Mais d'un autre côté, nous sommes un peuple jeune : « nous savons ce que les autres ont fait, et les autres ignorent ce que nous devons être dans les annales de l'humanité. » D'ailleurs nous ne voulons pas d'une victoire qui tombe du ciel, sans sueur et sans travail..... Oui, nous pouvons affirmer, nous, Iougo-Slaves, que nous aurions aujourd'hui le même degré de civilisation que l'Europe occidentale, si le mahométisme ne nous avait arrêtés au milieu de notre développement. C'est ce que suffisent à démontrer les progrès accomplis dans ce siècle; malgré tant d'obstacles, malgré la différence des noms géographiques, malgré celle des alphabets serbes et croates, nous nous sommes reconnus frères : il n'y a plus ni fleuve, ni montagne, entre le Serbe, le Croate, le Slavène et le Bulgare. Nous avons fondé une littérature une et identique sur la base de la langue qui, des bords de l'Adriatique aux bouches du Danube, résonne sur les lèvres de plusieurs millions d'hommes. Le principal théâtre de cette lutte morale a été, est encore le royaume triunitaire et *la principauté de Serbie, ces deux pôles autour desquels gravitent le passé, le présent et l'avenir de notre race.* Il nous faut aujourd'hui ou avancer dans la science et acquérir toutes les ressources qu'elle donne, ou rester les esclaves, ici de la science romane, là de la race germanique, et n'être plus que l'instrument de la grandeur des peuples voisins! »

Les paroles de M. Raezki ont été entendues par les Serbes, et elles ont donné à toute l'instruction un essor plus vigoureux encore. Nous avons déjà parlé de l'instruction primaire; l'instruction secondaire n'a rien à lui envier. Un grand nombre de jeunes gens, à l'exemple des princes Michel et Milan, ont terminé leurs études en Allemagne et surtout en France. C'est l'État qui paie l'enseignement secondaire, qui se fait aux gymnases ou lycées, dont chacun a quatre classes et deux classes facultatives de rhétorique et de poésie. Il y a, à Belgrade, trois facultés : celle de théologie; celle de philosophie avec une chaire de littérature française; celle de droit. M. Garaschanine a fondé une académie militaire, qui correspond, moitié à notre école centrale, moitié à notre école de Saint-Cyr. Enfin, il existe depuis 1841 une société littéraire serbe (Droujtvo slovenesti) fondée *en vue du perfectionnement de la langue et de la diffusion des lumières au sein de la nation.*

Ce généreux programme ne peut se réaliser qu'avec le temps. La fondation d'un théâtre à Belgrade ne peut manquer d'y contribuer dans une large proportion. Le drame parut tard chez les Slaves du sud; c'est en Dalmatie, au moment même de la renaissance italienne que furent tentés les premiers essais dramatiques. Annibal Lousitch fut le premier qui écrivit pour le théâtre; vinrent ensuite Vetranitch, Cubranovitch, Naleskovitch, Zlatarich, Brézoracki; mais tandis que les pesmas se distinguaient par une vive originalité, les drames et comédies n'étaient que de serviles imitations des poëtes italiens, de Métastase, d'Alfieri, de Guarini. Hécube, Électre, Galathée, Cléopâtre, Adonis, Dion, tels étaient les sujets exotiques que choisissaient pour la scène les poëtes dramatiques de la Serbie et de la Croatie. Étienne Popovitch fut le premier qui comprit que les sujets nationaux convenaient seuls au théâtre serbe ; aussi ses tragédies : *Svetozar et Milava*, *Skanderbeg*, *Milosch Obilitch*, sa comédie principale, *Belgrade autrefois et aujourd'hui* eurent le plus grand succès sur les théâtres provisoires d'Agram et de Belgrade. En admettant que les pesmas pussent entrer en comparaison avec l'Iliade, nous dirons qu'Étienne Popovitch a été l'Eschyle de la Serbie, dont Martin Ban est aujourd'hui le Sophocle, avec ses deux beaux drames de *Lazare* et de *Meirima*. C'est cette dernière pièce qui passe pour son chef-d'œuvre ; l'amour d'un chrétien pour une musulmane, tel est le sujet de Meirima, sujet que nous connaissons par Voltaire et Byron, et que Martin Ban a su rajeunir par la grande réalité des peintures, par la vigueur du style, l'étude approfondie du caractère, une ardente et mâle poésie. L'admirable chant des chimariots dans le Childe Harold de Byron, n'est guère supérieur au chant des haydouks dans le drame serbe :

« Oh! qu'elle est belle, la vie du haydouk ! vivre au sommet des montagnes, près du ciel et du brillant soleil, là, où, assises sur des nuages d'or, flottent dans l'air les vilas vaporeuses, répandant le bonheur sur les héros !

Là, l'homme n'a point de maître, il ne craint personne, hormis Dieu. Il est libre, heureux et fier, comme l'aigle gris sous les nuages. Oh! qu'elle est belle, la vie du haydouk!

» Lorsque le ciel se couvre d'un voile noir, voir là-haut jouer au-dessus de sa tête, jouer les éclairs enflammés; entendre autour de soi résonner le tonnerre furieux; sentir la montagne sous ses pieds trembler jusqu'en ses fondements, et debout sur elle, au milieu de ces épouvantes, chanter sur la guzla un héroïque pesma : Oh! qu'elle est belle la vie du haydouk!

» Du haut de la montagne, fondre comme l'ouragan sur les demeures des spahis turcs ; couper la tête des spahis ; s'emparer de tous leurs biens, et, avec tous leurs biens, des jeunes musulmanes; brûler leurs demeures sans qu'il reste trace des maudits, et revenir en chantant dans la montagne : Oh! qu'elle est belle la vie du haydouk!... »

Le dénouement du drame est triste : Meirima, la fille d'Ali-Pacha, la belle musulmane qu'aime Jiran, le fils du serbe Norko, se sacrifie à sa triste passion. « Ne vous querellez pas à mon sujet, dit-elle à son père et à son amant, je vais mourir,..... je me suis empoisonnée, » et elle tombe morte, ces paroles de concorde sur la bouche. Le drame est véritablement national. « Vive la Serbie une et libre! » Tel est le dernier cri qui résonne sur la scène. « Le poëte a compris sa tâche; comme le guerrier sert sa patrie avec ses armes, lui, il la sert avec sa lyre, discordante parfois, mais ne résonnant toujours que de sentiments élevés. Le véritable héros du drame, ce n'est pas Jivan, ce n'est pas Meirima, c'est la patrie aujourd'hui opprimée, demain, peut-être, triomphante. C'est la Serbie, dont la gloire et l'avenir occupent toutes les pensées [1]. »

« Tu te meures, mon frère, disait à Koursoula un voïvode de Kara-Georges, dis-nous ce que tu regrettes le plus dans ce monde. » Koursoula répondit : « Je ne regrette pas de devoir mourir ; je ne regrette pas mes amis et ma famille ; mais ce que je regrette, c'est de mourir sans savoir ce que deviendra notre Serbie ! »

1. L. Léger, loc. cit., ch. v.

IX

DE L'AVENIR DE LA SERBIE. — LE PANSLAVISME.

L'idée de nationalité n'est pas une conception nouvelle dans l'histoire : l'une s'établit par l'autre; mais si toutes deux remontent aux origines des races humaines, la théorie politique de l'unité des peuples n'apparaît nettement qu'au début du XIXe siècle; c'est à cette date qu'une école nombreuse s'efforça pour la première fois de développer la théorie d'une solidarité étroite entre les peuples de même race et de même origine, de montrer chez les fractions éparses des diverses nations la constante et perpétuelle volonté de revenir à l'unité primitive. A quelle cause attribuer le développement spontané de ce principe? est-ce à l'étude plus attentive des origines historiques des peuples? est-ce peut-être, comme l'a soutenu M. de Rémusat, à je ne sais quelle indignation tardive, bien que juste et légitime, contre le partage de la Pologne, contre tous ceux qui avaient commis ou laissé commettre cette destruction criminelle d'une nationalité et dont la cupidité ambitieuse avait souillé les pages de l'histoire? Il est bien difficile de le dire : toujours est-il qu'il n'est guère de principe que dans son acception absolue la science politique doive plus sévèrement condamner, principe le plus souvent dénué de toute logique, principe contraire à l'intérêt général des constitutions modernes. Où donc, si ce n'est à la première page de la Bible, se trouve écrite l'unité des peuples? il est impossible de détruire le passé historique d'une nation pour la ramener à son origine physique [1].

Au commencement du siècle, l'idée de nationalité s'est présentée sous trois formes : italisme, germanisme, panslavisme. L'italisme a été réalisé ou à peu près en 1866; le germanisme a été inventé contre la France; c'est le panslavisme dont je veux essayer d'exposer ici les différentes phases.

J'ai montré dans les premières pages de cette étude comment les Slaves s'étaient à l'origine divisés en trois groupes principaux; division nullement artificielle, confirmée par la tradition historique et les légendes illyriennes, et qui s'est perpétuée jusqu'à nos jours. C'est ainsi que l'Europe compte trois grandes familles slaves :

1. Mickiewicz, *les Slaves*, cours professé au collége de France. Tome Ier, leçon Ire. — Hilferding, *Histoire des Serbes et des Bulgares*, IIe partie, p. 100. — Louis Léger : *Le monde slave*, p. 308, sq.

les Slaves orientaux ou Russes; les Iougo-Slaves qui comprennent les Bulgares et les Serbes ; les Slaves occidentaux qui comprennent les Polonais, les Tchèques, les Lusaciens et les Slovaques. C'est un ensemble de près de cent millions d'hommes. Unir ces peuples dans un immense empire, fondre ces trois grands groupes slaves sous la souveraineté du czar, tel est l'objet que se proposent les apôtres du panslavisme, le but que depuis vingt années poursuit avec ardeur le comité slavo-moscovite.

Il semble au premier abord que le comité de Moscou n'aspire qu'à la formation d'une vaste confédération ou alliance de tous les peuples d'origine slave; et à ce mirage pacifique, à cette conception bien faite pour frapper l'imagination populaire, plus d'un esprit généreux s'est laissé prendre. Mais il n'en est point ainsi, et c'est l'historien des panslaves russes, le très-savant Hilferding, qui lui-même a pris soin de nous en avertir; nous traduisons textuellement ses paroles : « L'unité des peuples slaves, dit-il dans son histoire des Serbes et des Bulgares, ne peut être réalisée que dans les plus grandes proportions : c'est là une chose évidente. Pour être véritablement unis, les peuples slaves ont besoin d'un immense empire. Une confédération de divers États est chose impossible; ces sortes de confédérations n'ont jamais eu et ne sauraient jamais avoir de consistance : nous en avons eu la preuve chez les Allemands et chez les Grecs : au premier choc, les liens sont brisés. »

Ainsi, il n'y a pas d'illusion possible : c'est un gigantesque empire que rêvent les chefs politiques du parti moscovite, le comte Popow, le comte Folstoï, le prince de Motchersky, M. de Smirnow, le comte Komarowski ; c'est un gigantesque empire qui s'étendrait de l'Oural à la Baltique, aux Alpes de Souabe, jusqu'aux sources du Danube, jusqu'aux Carpathes et au Bosphore ; au nord, Saint-Pétersbourg en serait la capitale, et Constantinople au sud ; les préfectures en seraient Prague, Cracovie, Cétinié, Belgrade.... Mais au nom de quel principe tant de peuples seraient-ils unis? Ils sont de même race, disent les Slavomanes ; mais quel lien commun rattache de nos jours un Russe et un Croate, un Serbe et un Tschèque, un Polonais et un Slovace? Ce n'est pas nous qui accepterons jamais la trop fameuse formule du poëte Arndt : l'Allemagne s'étend partout où résonne la langue allemande. Mais ce principe même, comment lui trouver une application dans le projet moscovite? Il y a longtemps que justice est faite de l'affirmation de Kromérius, popularisée au XVIIe siècle par le Dalmate Orbini : « La nation slave est la plus grande de toutes celles qui existent : la langue slave s'étend de la mer Caspienne jusqu'au Timok, et de la mer Adriatique jusqu'à la Baltique. En tous ces pays se trouve la nation slave. » Argument impuissant que celui de Kromérius ; non moins impuissant l'argument dit historique, celui du poëte de 1845 : « Nous sommes couverts de gloire, mais il nous faut revendiquer la gloire de nos aïeux. Il faut que nous ressuscitions l'empire d'Attila dans toute sa grandeur ; car c'est avec les fortes mains des Slaves qu'Attila a soumis l'Orient, c'est à la tête des Slaves que, dans le magnifique orgueil de sa puissance, il menaça l'Occident de son fouet. »

Tel est dans sa brutale simplicité le système des panslaves de Moscou; mais ce qui constitue la force de ce parti, ce qui lui permet de fonctionner en toute liberté à côté du gouvernement russe, c'est que le fameux comité du 23 janvier 1859 se propose deux buts, l'un prochain et ostensible, l'autre lointain et secret. Le but lointain, c'est l'unification de toutes les races slaves sous le sceptre moscovite ; le but prochain, c'est le rapprochement de la Russie et des Slaves non Russes. Le jour où ce rapprochement aura été effectué, le premier pas sera fait, et alors seulement le but principal pourra être déclaré sans crainte ni subterfuge. Aussi, depuis les quinze années que fonctionne le comité, reconnu de fait et sanctionné par l'empereur, une activité prodigieuse a été déployée : « Notre action, disait au mois de janvier 1874 le secrétaire comte Popow, notre action ne s'est tout d'abord étendue que chez les Slaves du sud, en Serbie, en Bosnie, en Bulgarie, dans le Monténégro, se concentrant sur l'éducation des jeunes Slaves dans nos écoles, ayant pour objet d'augmenter tout à la fois l'influence russe et de diminuer l'influence française. Puis le théâtre des opérations s'est agrandi, un temple orthodoxe a été élevé à Prague, le comité a envoyé des sections à Kiev, à Kischenev, à Odessa; il a fondé une société pour la propagation de l'instruction chez les Bulgares. »

Je crois inutile d'insister sur le danger du panslavisme ainsi entendu; déjà, Thucydide disait des Scythes, et sous ce nom il désignait l'universalité des races slaves: « Si jamais ces peuples s'unissent sous un même chef ou dans une même idée, aucune puissance ni d'Europe ni d'Asie ne pourra leur résister. » Écoutez aujourd'hui les strophes ardentes du Slovaque Stur, des Bohêmes Kollar et Czélakovsky, du Moscovite Chomiakov: « Ne t'enorgueillis pas devant Belgrade, Prague, ô reine des pays tchèques. Ne t'enorgueillis pas devant Prague, Moscou aux coupoles dorées. Souvenons-nous que nous sommes frères, enfants d'une mère unique. Aux frères, les embrassements fraternels! la poitrine contre la poitrine, la main dans la main! Qu'il ne s'enorgueillisse pas de la force de son bras, celui qui a tenu bon dans le combat; qu'il ne soit pas honteux celui qui dans une longue lutte a succombé sous la rigueur du destin. Car le temps de l'épreuve est dur; mais celui qui est tombé se relèvera: il y a beaucoup de pitié chez Dieu; sans bornes est son amour. La brume funèbre se dissipera; attendu depuis longtemps, le jour luira enfin, les frères seront réunis. Tous seront grands! tous libres! Contre l'ennemi marcheront leurs rangs victorieux pleins d'une pensée noble, forts d'une foi unique! »

Tout autre est le système iougo-slave; la formule en est simple : Reconstitution de l'empire de Douchan.

Quatre races principales occupent la péninsule des Balkans : au nord-est, la race latine, représentée par les

Roumains; au sud, la race pélasgienne, Grecs et Albanais; à l'ouest, les Iougo-Slaves, divisés en deux branches principales, Serbo-Croates et Bulgares; puis un peu partout, et très-inégalement répandus, des Turcs et des Tartares, « campés en Europe, dit Chateaubriand, pour un temps limité, et s'attendant eux-mêmes à reprendre un jour le chemin des steppes d'où ils vinrent autrefois. »

Qu'est-ce que le peuple serbe? politiquement[1], il ne comprend que le million d'hommes qui vit à peu près indépendant dans les deux principautés de Serbie et de Monténégro; ethnologiquement, il comprend la plus grande partie des Slaves du troisième groupe, les Iougo-Slaves ou Slaves méridionaux. Il est difficile de dresser un recensement exact des Iougo-Slaves, comme de la race slave en général; car, ainsi que le remarque très-justement M. Louis Léger, les différents peuples qui dominent la race slave ont trop d'intérêt à la dissimuler, pour qu'on puisse compter sur l'exactitude des chiffres qu'ils nous fournissent. Ceux qui suivent n'ont donc qu'une valeur approximative.

Les Iougo-Slaves comprennent les deux millions de Serbes de la Principauté, de la Bosnie, de l'Herzégovine, du Monténégro, les deux ou trois millions de Slovènes de l'Istrie, de la Dalmatie, de la frontière militaire autrichienne, de la Corinthie, de la Carniole, des confins Styriens. Tous ces chiffres réunis donnent un total de

1. L. Léger, *Le monde slave*, Iatr. 8. — Ubicini.

dix millions au moins, de quinze millions au plus. Les liens de famille qui unissaient ces peuples sont brisés depuis longtemps ; les aspirations de tous sont les mêmes.

Restent maintenant six ou sept millions de Bulgares. Jetez les yeux sur une carte de Turquie : limité par le Danube et les systèmes montagneux de l'Hœmus et du Rhodope apparait un vaste espace quadrangulaire : c'est là, dit Élysée Reclus, le véritable pays des Bulgares : « Mais, quoique le nom de Bulgarie soit appliqué officiellement au seul versant septentrional des Balkans, la véritable Bulgarie s'étend sur un territoire au moins trois fois plus considérable. Des bords du Danube inférieur aux versants du Balkan, tout le sol de la Péninsule appartient aux Bulgares, sauf pourtant les îlots et les archipels ethnologiques où vinrent des Turcs, des Valaques, des Zingares ou des Grecs. Race étrange que les Bulgares : de Touraniens qu'ils étaient, comme les Huns, ils sont devenus Slaves, comme leurs voisins les Serbes. Si l'hégémonie de l'empire devait appartenir aux plus nombreux, c'est aux Serbo-Bulgares qu'elle reviendrait, et non aux Grecs, comme on le croyait naguère. »

Ainsi, ce n'est pas aux frontières de la petite principauté dont Belgrade est la capitale, que finit la Serbie. Par delà ces frontières, s'étendent d'autres contrées entièrement serbes par la race et par l'histoire : c'est la Sirmie avec le Banat, c'est la Bosnie et l'Herzégovine, c'est le Monténégro, c'est la vieille Serbie avec le champ de bataille de Kossovo et Ipek, la cité natale de Marko Kraliévitch. Mais les diverses branches de la race iougo-slave ont eu un sort différent : seuls, parmi les Slaves du sud, les Monténégrins et les Serbes proprement dits ont conquis une indépendance réelle, et avec l'indépendance sont venus, comme une conséquence naturelle, la culture, la civilisation, le développement matériel et moral. Comparez la misérable Serbie de 1790 courbée sous le joug ottoman, plongée dans l'ignorance, ensanglantée par les luttes des raïas et des spahis, à la Serbie de Kara-Georges et de Milosch qui, depuis un demi-siècle, n'a cessé d'avancer d'un pas ferme et assuré dans la voie du progrès, nous empruntant notre législation, notre organisation judiciaire, notre administration; proclamant la tolérance religieuse, multipliant les écoles. N'est-ce pas là un spectacle bien fait pour réveiller les espérances les plus secrètes, pour entretenir chez tous les chrétiens de la Bosnie, de l'Herzégovine, de l'Albanie, la haine de l'oppresseur et l'amour de l'indépendance? « Jamais, a-t-on dit avec une remarquable intelligence de l'histoire, jamais l'Europe occidentale ne saura assez combien la conquête musulmane a été funeste à la croissance intellectuelle de ces peuples, avec quelle puissance néfaste, elle les a empêchés de suivre la loi de leurs progrès, que d'aptitudes, que de grandes capacités elle a étouffées parmi leurs enfants. La postérité s'étonnera un jour que la diplomatie européenne ait pu se proposer comme principal objectif, l'abrutissement de plusieurs millions de chrétiens. »

Au milieu de ces populations asservies, accablées d'impôts et de corvées, ne devant qu'à une merveilleuse vitalité la conservation de leur nationalité, l'œuvre entreprise par la Serbie ne saurait mieux être comparée qu'à l'acte héroïque d'Arnold de Winkelried à la bataille de Sempach. De même que le guerrier suisse, se précipitant sur les impénétrables phalanges de l'ennemi et saisissant une poignée de lances, ouvrit à ses frères une large brèche, ainsi en 1804 la Serbie se rua sur l'oppresseur au risque de périr, porta le premier coup à la puissance ottomane. La brèche une fois ouverte, d'autres l'y suivirent, d'autres l'y suivront. Mais ce n'est pas seulement son histoire, ce n'est pas seulement son passé qui dans la lutte pour l'indépendance des Slaves chrétiens de la Péninsule assigne le premier rang à la Serbie ; c'est encore sa position prédominante sur le Danube, ses relations avec l'Europe, son haut degré de culture intellectuelle. En Albanie, l'amour de l'indépendance a conduit à la haine de la civilisation, et ce que l'Occident appelle civilisation, l'Albanie l'appelle servitude. Il n'en est pas de même sur les bords de la Save et du Timok.

J'ai déjà insisté sur la politique intérieure et la constitution de la Serbie. Il est peu de peuples qui aient mieux compris leurs véritables intérêts, qui progressivement aient réalisé plus de réformes. Ce n'est pas contre la Porte que fut dirigée sa première révolte, ce fut contre des oppresseurs plus directs, ces dahis qui faisaient trembler le sultan lui-même. Les dahis vaincus, et seulement alors, les Serbes commencèrent à secouer le joug ottoman. Les chansons populaires, les idées nationales pouvaient suffire à pousser tous les citoyens à la guerre ; elles ne pouvaient suffire à fonder l'État même, à l'organiser, à le constituer. Aussi, la nécessité d'une alliance se fit bientôt sentir : au défaut de l'alliance française que Napoléon refusait à Georges-le-Noir, fut choisie l'alliance russe. Alors se développèrent peu à peu la justice, l'administration, le commerce ; la civilisation pénétra dans les forêts de la Schoumadia ; Milosch créa la vie civile qui n'avait point existé jusque-là ; « le raïa, dit Léopold Ranke, devint nation. » Puis de nouveaux hatti-chériffs furent arrachés à la Porte ; l'habile politique suivie pendant la guerre de Crimée fixa l'attention de l'Europe ; le traité de Paris consacra formellement l'indépendance politique de la Serbie. Mais il restait encore des vestiges de la domination turque ; des garnisons ottomanes occupaient encore les citadelles : l'odieuse violation du droit des gens, commise lors du bombardement de Belgrade, excita dans toute l'Europe une indignation profonde. La dernière arme de l'oppression fut brisée entre les mains des Turcs. Sans le poignard d'un assassin le prince Michel eût poussé plus loin encore ses patriotiques entreprises.

La période de la régence fut une halte, mais une halte utile : les semences, jetées par Michel, eurent le temps de germer et de se développer. Ce qu'il importe à présent de déterminer avec précision, ce sont les rapports de la Serbie avec les puissances étrangères.

« Qu'est-ce que le peuple serbe? » demandait Napoléon au duc de Cadore, lorsque, au mois d'août 1809, Kara-Georges adressait à l'empereur la lettre remarquable où il implorait l'appui de la France, et le duc de Cadore s'embarrassait dans de vagues et indécises explications. Telle était, au moment où les héros de la Shoumadia, abandonnés à leur propre force, fondaient sur les bords du Danube une principauté chrétienne, telle était l'ignorance de la diplomatie de l'Europe occidentale : telle elle sera encore, lorsque, au congrès de Vienne, Milosch enverra à M. de Metternich, pour solliciter son intervention, le prêtre intrépide de Valiéro, Mathieu Nénadovitch, jeune barbare dont l'auguste assemblée ne semblera pas comprendre les prétentions. Trop longue et trop coupable insouciance! On ne peut s'empêcher de participer à l'éloquente indignation de Possart, apostrophant en 1838 l'Allemagne et les nations de l'Occident : « Que vous êtes injustes! De tous les peuples chrétiens de l'Europe orientale, les Serbes les premiers se sont levés contre la domination ottomane, et par leurs seules ressources, par leur seule intrépidité, ils ont vaincu les grandes armées de l'empire turc; ils ont fait plus encore : après une lutte de vingt années entremêlée de chances contraires, ils ont purifié leur terre de la présence de l'ennemi et jeté partout dans le sol des germes durables de liberté, d'ordre, de prospérité pour l'avenir. Et vous, de ces luttes gigantesques, vous êtes demeurés les spectateurs indifférents!... »

On sait comment Kara-Georges, repoussé par Napoléon, se résigna en 1810 à l'alliance russe. Il ne faut pas s'étonner de cette alliance. Si elle a été si longtemps forte et solide, ce n'est pas comme simple résultat de la politique de deux gouvernements unis par des intérêts communs, mais comme étant l'expression des sentiments les plus intimes des deux nations, toutes deux issues d'une même branche, professant une même religion, ayant dans la Porte ottomane un ennemi commun. Le Serbe considère le Russe comme un frère, et cette fraternité est comme l'essence même de son patriotisme. « Il n'y aura pas deux nations, ni deux troupeaux, s'écrie dans ses rêves d'unité le croate Krijanich; mais il n'y aura qu'un seul troupeau et un seul pasteur. » Et entraîné par son émotion, ayant à la fois toutes les passions de son époque et toutes les aspirations qui ne se feront jour que plus tard, l'éloquent poëte du XVIIe siècle s'adresse en ces termes à l'empereur russe : « Vers toi seul, ô grand czar! se tourne la grande nation slave! daigne t'occuper, comme un père, de tes enfants dispersés, pour les rassembler! Efforce-toi de rendre la raison à ceux qui sont séduits par les mensonges des étrangers! Beaucoup d'entre eux sont comme enivrés par un breuvage magique, au point de ne plus sentir les affronts que leur infligent les étrangers; ils ne connaissent point leur honte, au contraire ils s'en réjouissent et la recherchent, ils appellent eux-mêmes des maltres et des rois étrangers. Toi seul, ô czar, tu nous as été donné par Dieu pour venir en aide aux Slaves du Danube et aux autres. »

Mais ce n'était pas une protection, une nouvelle suzeraineté que les Serbes cherchèrent chez les Russes; c'était une alliance, suite logique de la fraternité des deux peuples, de leur commune origine. Le Serbe et le Russe sont pobratimes, ils se croient destinés à vivre et à prospérer ensemble; la grandeur de la Russie, c'est la grandeur de la Serbie; l'infortune de l'une est immédiatement ressentie par l'autre : « Vous détestez et calomniez les Russes, disait Pierre Ier, vladyka de Monténégro, au maréchal Marmont qui rapporte ces paroles dans ses mémoires, mais nous autres Slaves, nous ne connaissons d'espérance et de gloire qu'avec nos puissants frères de Russie; s'ils périssent, tous les autres Slaves périront; et qui est contre les Russes est contre les Slaves. » Tel est dans toute sa force le sentiment qui a régné chez les Serbes et qui y règne encore : il n'a pu toutefois empêcher un événement qu'avait dès 1808 prévu la perspicacité de Kara-Georges. Dans une alliance entre deux peuples dont l'un est plus puissant que l'autre, il n'y a jamais parfaite égalité, et le plus puissant compte trouver dans l'autre un obligé, souvent un serviteur : « Nous serons vos alliés, disait Milosch au consul russe, mais nous ne serons jamais vos vassaux! » Politique véritablement nationale que Garaschanine et le prince Michel eurent le courage de reprendre, ne voulant pour la Serbie ni de la suzeraineté du czar de Stamboul, ni de celle du czar de Moscou. C'est ainsi que les Iougo-Slaves ne veulent pas voir les armées russes sur le Bosphore. M. Laboulaye écrivait il y a plus de vingt ans : « Le Serbe ne connaît pas Constantinople : c'est le nom d'une ville grecque ; ni Stamboul, c'est le nom d'une ville turque : Byzance pour lui, c'est Czarigrad, la ville du czar, la capitale de la Serbie, le séjour de l'empereur des Serbes. »

« J'entretiens une haine profonde contre les Allemands ; c'est à eux que j'attribue tous les malheurs de la race slave. » Ces sévères paroles sont du poëte de la Croatie, de Krijanich, et le sentiment qui le lui dictait, n'est pas éteint en Serbie : « Autre chose est le peuple allemand, autre chose est le peuple serbe ! » s'écriaient en 1846 les partisans de Voutchitch. Il n'est pas difficile d'indiquer les causes de cette haine ; le caractère allemand est antipathique au caractère serbe ; le Serbe trouve l'Allemand lourd, égoïste, toujours prêt à s'incliner devant le maître ; et en revanche l'Allemand méprise le Serbe, comme inconstant et léger. « Ce n'est point un sol favorable à la constance et à la persévérance que celui de la Serbie, » ne craint pas d'écrire Léopold Ranke. Puis à ces causes, pour ainsi dire nationales, sont venues se joindre des causes purement historiques. C'est au nom de tous les Slaves que parle Krijanich, lorsqu'il s'écrie, emporté par une éloquente et juste colère : « Les Allemands nous ont chassés de régions tout entières, de la Moravie, de la Poméranie, de la Silésie. En Bohême, il ne reste plus que peu de Slaves dans les villes; en Pologne, toutes les villes sont pleines d'étrangers et nous sommes leurs esclaves; c'est pour eux que nous labourons la terre, pour eux que nous faisons la guerre, et eux, ils restent à banqueter dans leurs maisons et nous traitent de chiens et de pourceaux. Ils ont, par leurs attaques et leurs injures incessantes, réduit beaucoup de Slaves qui vivent parmi eux, à une situation désespérée, si bien qu'ils ont honte de leur langue et de leur race et se donnent pour être d'une autre nation. Les Allemands... il faut les fuir, comme des dragons ou des diables! » Deux siècles plus tard, bien qu'avec plus de retenue, Possart exprimera les mêmes sentiments; et déjà, cependant, avec une perspicacité remarquable, un de ces hommes, trop souvent et trop longtemps méconnus, mais qui sont des *voyants* en histoire, Jacques-Philippe Fallmerayer répondait ainsi à Possart[1] : « Vous qui vous plaignez des dédains de l'Allemagne, je vois bien que vous ne la connaissez pas. Consolez-vous, car l'avenir saura vous dédommager du passé. Quand les Slaves auront accompli leur mission, quand ils auront renouvelé l'Orient et peut-être tenu l'Occident en échec, les Allemands ne vous dédaigneront plus. Alors ils construiront des systèmes pour vous glorifier. Ces philosophies de l'histoire qui vous

1. J. P. Fallmerayer. Gesammelte Werke : blick auf die Donau-Lander, t. II. (traduit par M. Saint-René Taillandier, *a Serbie au XIXe siècle, p.* 2-3.)

suppriment aujourd'hui seront toutes pleines de vous. Hégel, il y a cinquante ans, à l'heure où vous souteniez cette lutte prodigieuse, affirmait que les Slaves ne comptaient pas dans le travail de l'humanité; les Hégels du xxe siècle trouveront aisément de nouvelles formules où resplendira votre génie. Attendez que la Russie domine l'Europe, l'Allemagne sera la première à s'incliner devant la mission historique des Slaves. Alors, héros de la Serbie, pâtres devenus chefs de peuples, vous aurez votre place dans les théories germaniques. Les Allemands sont des érudits et des contemplatifs, le présent ne les touche guère, l'avenir les inquiète peu; mais qu'ils sont admirables pour expliquer philosophiquement le passé! » A l'heure où je reproduis ces lignes, la prédiction de Fallmerayer est plus qu'à moitié accomplie.

L'Autriche, pendant longtemps, n'a guère rencontré plus de sympathie chez les Serbes, que l'Allemagne: « Le peuple serbe, disent MM. Iankovitch et Grouitch, aime les étrangers; il s'étonne de la puissance russe, il estime la gloire militaire des Français, sait seulement que l'Angleterre est sur la mer, et n'a pas de confiance aux Autrichiens. » Tel est en effet le sentiment de défiance qui pendant de longues années a dominé dans les rapports de la Serbie et de l'Autriche; les intrigues du cabinet de Vienne contre Milosch, les événements de 1848, les menaces d'invasion faites pendant la guerre de Crimée, l'appui prêté par l'empereur au prince Alexandre, suffiraient pour justifier cette défiance. Mais déjà Krijanich s'était efforcé d'inculquer ce sentiment aux Slaves : « Votre mal, c'est d'être trop hospitaliers; dans votre naïveté vous vous laisserez enguirlander par les étrangers, et vous les croyez en tout; tandis qu'ils se nourrissent de votre sueur, vivent chez vous, puis se moquent de vivre à vos dépens, vous méprisent, vous appellent barbares, et vous rangent plutôt parmi les animaux que parmi les hommes. » Toutefois, depuis la bataille de Sadowa il faut signaler d'importantes modifications dans les rapports des deux puissances voisines. La victoire de la Prusse ayant pour longtemps, si ce n'est à jamais, chassé l'Autriche de l'Allemagne, M. de Beust, alors ministre des affaires étrangères, comprit que le véritable intérêt de l'Autriche était sur le Danube, que l'alliance serbe pouvait dans la suite mériter d'être recherchée. M. Garaschanine avait prévu la possibilité de cette alliance, lorsque, dès 1848, il s'opposait de toute son énergie aux folles entreprises de l'assemblée de Karlovitz. Les espérances du grand homme d'État seront peut-être un jour réalisées; c'est l'intérêt de l'Autriche, qui compte tant de Slaves dans sa population, de ne pas s'aliéner les Serbes; c'est l'intérêt de la Serbie, d'unir sa cause à celle de l'Autriche, pour résister plus efficacement, comme disait le général Georgeï, aux ennemis de la nationalité slave, aux destructeurs de l'équilibre européen.

Lorsque MM. Iankovitch et Grouitch disent des Serbes qu'ils savent seulement que l'Angleterre est sur la mer, et qu'ils estiment la gloire militaire des Français, ils caractérisent avec une grande exactitude les véritables sentiments de leurs compatriotes. Que leur est en effet l'Angleterre? Ce ne fut que dans les dernières années du règne de Milosch, qu'un consul anglais apparut à Belgrade, et ce fut pour soutenir la politique alors si justement impopulaire du prince. Dans la suite le rôle de sir Henry Bulwer aux conférences de 1862 n'était guère fait, on s'en souvient, pour changer les sentiments des Serbes envers la Grande-Bretagne. L'Angleterre fut pour les ministres du prince Michel, la grande puissance mahométane; et rien de plus. Mais, grâce à ces mêmes conférences de 1862, la popularité de la France prit un nouveau développement; l'attitude de M. de Moustier, attitude hautement approuvée par le gouvernement impérial, fut considérée comme un gage éclatant de sympathie; la Serbie vit accueillir en France ses justes griefs, ses appréhensions, ses aspirations légitimes, et le cabinet de Belgrade s'empressa de reprendre le système politique de Kara-Georges. Il y a plus encore: le caractère serbe resemble parfois au caractère français, il en a les qualités, il en a les défauts. Bonaparte avait frappé les Serbes d'admiration; Milosch aimait à s'entendre comparer au grand empereur; aujourd'hui même on oublie, on ignore peut-être, quelle fut la véritable politique de Napoléon dans les affaires serbes, et le plus grand éloge qu'on puisse faire de Kara-Georges, c'est de rappeler les paroles que Napoléon aurait prononcées à son sujet: « Un soir de bataille, l'empereur a demandé à ses généraux: « Quel est le plus grand héros? — Sire, c'est vous. — Non, c'est Kara-Georges. Je me bats avec des canons et une armée régulière, tandis qu'il se bat avec le seul secours du peuple et sans canons, et il triomphe partout... Oh! si je pouvais voir ce Kara-Georges. » Un autre lien encore rattache la Serbie à la France; ce sont tous ces jeunes hommes qui viennent terminer leurs études à Paris, apprendre à connaître et à admirer les chefs-d'œuvre de nos poëtes et de nos artistes, de nos philosophes et de nos historiens; aspirer à pleins poumons pendant quelques années l'air vivifiant de notre civilisation, et rapporter ensuite dans leur patrie avec le souvenir de nos musées et de nos bibliothèques, les principes de progrès, de liberté, de tolérance que la France professe toujours, quel que soit le gouvernement qui préside à ses destinées.

A l'heure où j'écris ces lignes, ce n'est plus dans les cabinets de quelques hommes d'État, c'est sur les champs de bataille que se décide le problème de l'avenir de la Serbie : pour la première fois depuis les temps de Kara-Georges et de Milosch, le peuple serbe a repris les armes; alors, il ne songeait qu'à conquérir l'indépendance, à mettre fin à une insupportable oppression; aujourd'hui, sa pensée s'étend à toutes les populations chrétiennes encore courbées sous le joug de la Porte, à la Bosnie, à l'Herzégovine, à la Bulgarie. Quel sera le résultat de la lutte maintenant engagée? Si la victoire sourit aux descendants de Lazare, sans doute la diplomatie européenne interviendra pour les empêcher de porter le dernier coup au *grand malade* ; si la fortune les trahit, cette même diplomatie ne saurait tolérer le retour des horreurs de 1813, et la défaite de la Serbie serait une défaite de Novare.

En présence de ce soulèvement héroïque, de cette guerre entreprise par une poignée d'hommes pour la délivrance de leurs frères opprimés, les sympathies de la France ne sauraient être douteuses. Autrefois, dans des temps plus prospères, la France a eu la gloire unique de contribuer, en moins d'un siècle, à l'affranchissement de l'Amérique, de la Grèce, de la Belgique, de l'Italie, de la Roumanie : qu'importe si son dévouement n'a pas toujours été payé de retour? dans l'accomplissement de ces œuvres de liberté, *gesta Dei per Francos*, sa gloire n'en aura été que plus belle aux yeux de l'histoire. Qu'aujourd'hui encore, la vaillante avant-garde des Slaves du sud sache, en marchant au combat, que les vœux de la France l'accompagnent dans sa lutte pour l'indépendance et l'unité!

Août 1876.

FIN

PIÈCES JUSTIFICATIVES

DIVISIONS POLITIQUES

DE LA SERBIE

TABLEAU

DISTRICTS[1] ADMINISTRATIFS	VILLES PRINCIPALES		POPULATION en 1866
SCHABATZ 2,313 kil. car.	SCHABATZ, ch.-l. RAÇA PROWO	SCHABATZ (1,000 habitants; château-fort et gymnase).	57,438
PODRIN 1,267 kil. car.	LOSNITZA, ch.-l. LJUBOWA SOKOL KRUPANJI		142,466
VALJÉVO 2,953 kil. car.	VALJÉVO, ch.-l. OUB MIONITZA		20,133
BELGRADE 1,707 kil. car.	BELGRADE, ch.-l. GROTZKA RAPANI	BELGRADE, (30,000 habitants fabrique d'armes, de coton, de soieries, etc., tanneries).	61,713

1. *Okroujé*, cercle.

DISTRICTS ADMINISTRATIFS	VILLES PRINCIPALES		POPULATION en 1866
SMÉDÉRÉVO 1,156 kil. car.	SMÉDÉRÉVO ch.-l. PALANKA	SMÉDÉRÉVO ou SÉMENDRIA (12,000 habitants; siége d'un archevêché)	57,969
USCHITZÉ 6,057 kil. car.	USCHITZÉ, ch.-l. RATCHA ARILIÉ MOKRAGORA IVANJITZA	USCHITZÉ (6,000 habitants; la ville est entourée de vergers; son château couronne la route de Nissa à Bosna-Seraï).	81,827
KARANOVATZ 2,863 kil. car.	KARANOVATZ ch-l SAMAILI STUDÉNITZA		67,849
KRAGUJÉVATZ 2,853 kil. car.	KRAGUJÉVATZ ch l		67,849
JAGODINA 1,597 kil. car.	JAGODINA, ch.-l. VARVARIN		61,272
KRUSCHÉVATZ 2,533 kil. car.	KRUSCHÉVATZ ch-l VITKOVO BAUJA		48,176

DISTRICTS ADMINISTRATIFS	VILLES PRINCIPALES		POPULATION en 1866
Pescharévatz 3,634 kil. car.	Pescharévatz, chef-lieu. Golumbaz Prowo Swinge Shagubitza	Pescharévatz, (3,000 habitants; citadelle importante).	47,262
Kraina 2,974 kil. car.	Négotin, ch. l. Kladowa Praovo Médanpek	Kladowa, (station des paquebots du Bas-Danube).	66,063
Tjuprija 2,092 kil. car.	Tjuprija, ch.-l. Puratjin		104,808
Kiaschévatz 1,817 kil. car.	Kiaschévatz, chef-lieu.		96,626
Zaitschar 2,753 kil. car.	Zaitschar, ch-l. Brestorvatz		51,966
Alexinatz 2,148 kil. car.	Alexinatz, ch.-l.		46,910
Rudnik 1,927 kil. car.	Milanovatz, ch-l		71,192

TABLEAU DE LA POPULATION SERBE

RÉCENSEMENT DE 1866

Superficie de la Serbie.......... 3,535 kilomètres carrés.
791 milles carrés.

Population.............................. 1,216,186 âmes.
Des évaluations statistiques du mois de décembre 1870 indiquent une augmentation de.......... 90,468
La population probable en 1875 est de .. 1,366,000[1]

Dans le chiffre de 1,216,186 habitants,

les Serbes entrent pour..........	1,058,189
Moldo-Valaques	127,555
Bohémiens.................	24,607
Allemands..................	2,589
Divers................... ...	3,256

(Extrait de l'*Almanach de Gotha)*

Catholiques du rite grec......	1,205,900
Catholiques romains	3,409
Protestants................	322
Juifs	1,560
Mahométans..............	4,991
Population de la ville de Belgrade	25,089

1. Élysée Reclus, *Nouvelle Géographie universelle*, p. 292.

ARMÉE

1° Troupes de garnison.

Infanterie.....................	4 bataillons...	2,400 h.
Cavalerie.....................	2 escadrons...	300
Artillerie.....................	7 batteries ...	1,400
Pionniers, Pontonniers, }	4 compagnies.	620
Train.....................	»	»
Total..................		4,720 h.
Canons..................		42 pièces

2° Réserve.

Infanterie.......... {	1er ban : 80 bataillons...	67,280 h.
	2e ban : 80 bataillons...	48,400
Cavalerie.....................	33 escadrons...	4,950
Artillerie.....................	28 batteries....	5,120
Pionniers, Pontonniers, }	9 compagnies {	2,872
		700
Train..........		21,168
Total..................		150,490 h.
Canons..................		168 pièces

BUDGET ET COMMERCE DE LA SERBIE[1]

1873-1874

N. B. — 100 piastres d'État valent environ 42 francs; 100 piastres de commerce valent 20 francs.

REVENUS (*Évaluation en piastres d'État ou d'impôt*).

1° Impôts directs :

Impôt personnel	18,720,000 piastres.
Impôt foncier, ...	1,200,000
Impôt sur les Bohémiens de passage ..	20,000
Total	19,940,000

2° Impôts indirects :

Douanes	5.300,000
Denrées	1,100,000
Monopole du sel	600,000
— du tabac	250,000
— des mines	25,000
Total	7,275,000

3° Taxes :

Taxes judiciaires	1,400,000
Enregistrement	600,000
Taxes de licitation	100,000
Taxes forestières	50,000
Total	2,150,000

1. Voir l'*Almanach de Gotha.*

4° Propriétés et Biens de l'État :

Domaines	500,000
Intérêts	160.000
Imprimeries de l'État	400,000
Haras	50,000
Postes	300,000
Télégraphes	400,000
Banque de crédit	500,000
Produit des mines	140,000
Total	2,740,000

5° Recettes extraordinaires.

Épargnes	650,000
Héritages	10,000
Amendes	250,000
Recettes imprévues	1,600,000
Instruction publique	1,500,000
Total	4,010,000
Total général	36,115,000 piastres.

DÉPENSES.

Liste civile	1,200,000 piastres.
Tribut	1,176,255
Traitement du patriarche de Constantinople	5,040
Skouptchina	160,000
Conseil d'État	427,160
Pensions	1,086,433
Dépenses extraordinaires	1,200,000
Ministère de la Justice	3,594,010

Ministère de l'Instruction publique et des Cultes	4,172,818 piastres.
Ministère des Affaires étrangères	1,044,892
Ministère de l'Intérieur	6,724,708
Ministère des Finances	2,175,541
Ministère de la Guerre	10,346,896
Ministère des Travaux publics	1,718,230
Total	35,031,983 piastres.
Excédant des Recettes sur les Dépenses	1,083,017

Il n'y a pas de Dette publique.

COMMERCE (*Évaluation en francs*).

Importation en	1857	15,500,000 francs.
	1866	21,680,000
	1867	26,450,000
	1868	26,960,000
	1869	26,340,000
	1870	27,940.000
	1871	27,731,789
	1872	30,985,504
Exportation en	1857	17,500,000
	1866	19,000,000
	1867	24,810,000
	1868	37,820,000
	1869	33,860,000
	1870	30,600,000
	1871	27,627,379
	1872	32,949,208

Objets principaux d'importation : Sel, cotonnades, soieries, acier, draps, cuivre, cuirs, tabac, vin, etc.

Objets principaux d'exportation : Bestiaux, blés, peaux brutes, cire, suif, laine, crin, noix de galle, bois, sangsues.

EXPORTATION.

PRINCIPAUX ARTICLES D'EXPORTATION.

Années.	Céréales. (Kilos.)	Bétail.	Porcs.	Peaux brutes.	Eau-de-vie (Kilos.)
1872	5,258,778	118,867	469,960	1,606,395	2,644,200
1873	11,766,445	114,753	295,954	1,018,628	2,765,800
1874	33,794,902	34,104	271,214	1,142,571	»

N. B. — Le Conseil d'État a décidé la construction d'un chemin de fer de Belgrade à Nisch.

Le rapport de l'administration des télégraphes pour 1872 donne la statistique suivante :

Étendue du réseau télégraphique...		1,376 kilomètres.
Nombre de bureaux...............		30
Dépêches expédiées................		189,221
Dépêches	internes................	96,239
	internationales.........	90,762
	de service	2,220

TABLEAU CHRONOLOGIQUE
DES PRINCES DE SERBIE

IXe SIÈCLE....	VOISLAV.
	RADOSLAV.
	PROSSEGOL.
	VLASTIMIR.
Xe SIÈCLE....	MUNTIMIR.
	STROIMIR.
	GROINICK.
	PREBISLAV.
	PIÉRRE.
	PAUL STROIMIRVITCH.
XIe SIÈCLE....	ZACHARIE.
	TSCHESLAV.
	TICHOMIL.
XIIe SIÈCLE....	ETIENNE NEMANIA, 1143.
	EMIENNE OUROCH, 1197.
XIIIe SIÈCLE....	VOUK, 1204.
	RADOSLAV ETIENNE NEMANIA III, 1224.
	VLADISLAS, 1230.
	ETIENNE OUROCH LE GRAND, 1337.
	DRAGOUTINE, 1272.
	MILOUTINE, 1275.
XIVe SIÈCLE....	ETIENNE OUROCH III, 1321.
	DOUCHAN, 1336.
	OUROCH V, 1356.
	VOUKACHINE, 1367.
	LAZARE, 1374.
	ETIENNE LAZAREVITCH, 1389,
XVe SIÈCLE . .	GEORGES BRANKOVITCH, 1403.
	LAZARE III, 1457.

DOMINATION TURQUE

Mahomet II, sultan... 1451
Bajazet II 1489
Selim................ 1512
Soliman II 1520
Selim II 1566
Amurat III............ 1574
Mahomet III 1595
Achmet Ier............ 1603
Mustapha Ier.......... 1617
Othman II 1618
Mustapha Ier.......... 1622
Amurat IV............ 1622
Ibrahim............... 1640
Mahomet IV.......... 1649
Soliman III........... 1687
Achmet II 1691
Mustapha II........... 1695
Achmet III............ 1703
Mahmoud Ier 1730
Othman III............ 1754
Mustapha III.......... 1757
Abdoul-Hamed......... 1774
Selim III............. 6181
Mustapha IV.......... 1807
Mahmoud II........... 1808
Abdoul-Medjid 1839
Abdoul-Azis 1861
Mourad V............ 1876

RÉVOLUTION SERBE (1804)

Kara-Georges 1804-1813
Milosch Obrenovitch I............ 1814-1839
Milan Obrenovitch II............. 1839
Michel Obrenovitch III.......... 1839-1842
Alexandre Kara-Georgevitch...... 1842-1858
Second règne de Milosch......... 1858-1860
Second règne de Michel 1860-1868
Milan Obrenovitch IV............ 1868

STATISTIQUE APPROXIMATIVE DES RACES & RELIGIONS DE LA TURQUIE D'EUROPE[1]

RACES.		POPULATION probable.	MUSULMANS.	CATHOLIQUES		ARMÉNIENS.	AUTRES CHRÉTIENS.	JUIFS.
				GRECS.	LATINS.			
SLAVES	Serbes	1,775,000	650,000	945,000	180,000	»	»	»
	Bulgares	4,500,000	60,000	4,400,000	40,000	»	»	»
	Russes, Ruthèques, Cosaques	10,000	»	»	»	»	10,000	»
	Polonais	5,000	»	»	5,000	»	»	»
LATINS	Roumains	75,000	»	75,000	»	»	»	»
	Zingares	200,000	»	200,000	»	»	»	»
GRECS		1,200,000	»	1,200,000	»	»	»	»
ALBANAIS	Gaigues	600,000	400,000	50,000	150,000	»	»	»
	Tosques	800,000	600,000	200,000	»	»	»	»
TURCS	Osmanlis	1,500,000	1,500,000	»	»	»	»	»
	Tartares	35,000	35,000	»	»	»	»	»
SÉMITES	Arabes	5,000	5,000	»	»	»	»	»
	Israélites	95,000	»	»	»	»	»	95,000
ARMÉNIENS		400,000	»	»	20,000	380,000	»	»
TCHERKÈZES		90,000	90,000	»	»	»	»	»
TSIGANES		140,000	140,000	»	»	»	»	»
FRANCS		50,000	»	»	45,000	»	5,000	»
Population totale		11,480,000	3,480,000	7,070,000	440,000	380,000	15,000	95,000

1. É. RECLUS, *Nouvelle Géographie universelle*, I, p. 238.

TABLEAU DE LA POPULATION MONTÉNÉGRINE EN 1866

DISTRICTS OU NAHIÉS.	VILLES PRINCIPALES.	NOMBRE DES TRIBUS.	NOMBRE DES VILLAGES.	POPULATION.
Katounska.	Cétinjé. Niégousch. Grahovo.	11	88	27,000
Riéka.	Gradiani.	5	25	13,000
Tsernitska.	Podgar.	7	28	14,000
Liéchanska.	Grada.	3	8	6,800
Biélopavlitj.	Danilograd.	4	53	16,800
Piperska.	Piperska.	3	10	16,600
Moratcha.	Rovtsi.	4	15	11,600
Vajocévici.	Liéva.	6	13	20,200
Total.............		43	402	120,000

Population du Monténégro :

D'après M. Lavallée............. 125,000
D'après M. E. Reclus, en 1864.... 196,000

Population kilométrique 44

TABLEAU CHRONOLOGIQUE DES SOUVERAINS DU MONTÉNÉGRO

DYNASTIE DES BALSCHIDES

BALSCHA Ier.
1356-1367.

STRACHIMIR. 1367-1373.	GEORGES Ier. 1373-1379.	BALSCHA II. 1373-1386.
GEORGES II. 1373-1405.		
BALSCHA III. 1407-[illegible]20.		
HÉLÈNE.		

DYNASTIE DES TSERNOIEVITJ

ÉTIENNE Ier.
1423-1441.

GOUVERNEMENT DES VLADIKAS

1516. — Vavyl.
1520. — Germain.
1530? — Paul.
1540? — Nikodim.
1549. — Makarios.
1598. — Pachomios.
1600. — Rouffim Ier.
1620. — Rouffim II.
1650. — Vassili II.
1680. — Vissarion.
1692. — Sava.
1750. — Vassili Petrovitj.
1766. — Sava.
1768. — Étienne le Petit.
1774. — Pierre Ier, Petrovitj.
1780. — Pierre II, Niegosch.
1851. — Daniel.
1860. — Nicolas.

TABLE.

IMPRIMERIE GÉNÉRALE DE CHATILLON-SUR-SEINE, J. ROBERT.

www.ingramcontent.com/pod-product-compliance
Lightning Source LLC
LaVergne TN
LVHW020540230826
846091LV00002B/330